第二语言测试问题研究

柴省三 / 著

Research on Second Language Testing

对外经济贸易大学出版社
中国 · 北京

图书在版编目（CIP）数据

第二语言测试问题研究/柴省三著. —北京：对外经济贸易大学出版社，2018.8

ISBN 978-7-5663-1945-6

Ⅰ.①第… Ⅱ.①柴… Ⅲ.①汉语—水平考试—研究 Ⅳ.①H19

中国版本图书馆 CIP 数据核字（2018）第 150274 号

第二语言测试问题研究

Di-er Yuyan Ceshi Wenti Yanjiu

柴省三 著

责任编辑：史伟明

对 外 经 济 贸 易 大 学 出 版 社

北京市朝阳区惠新东街 10 号 邮政编码：100029

邮购电话：010－64492338 发行部电话：010－64492342

网址：http://www.uibep.com E-mail：uibep@126.com

北京九州迅驰传媒文化有限公司印装 新华书店经销

成品尺寸：170mm×230mm 17 印张 333 千字

2018 年 8 月北京第 1 版 2018 年 8 月第 1 次印刷

ISBN 978-7-5663-1945-6

定价：49.00 元

国家社会科学基金重大项目资助（项目批准号：17ZDA305）

前　言

语言测试的理论研究与开发实践，特别是第二语言测试研究与实践是应用语言学中发展最快的领域之一。基于现代教育测量理论的第二语言测试研究与实践虽然只有不到 60 年的历史，但其发展速度却是有目共睹的。20 世纪初，大规模、标准化第二语言测试研究始于美国；1964 年，世界上第一个针对英语作为第二语言学习者（ESL）的大规模、标准化英语水平考试（即 TOEFL）正式开考，标志着在英语作为第二语言测试的理论研究和应用实践两个方面，均已取得了令人瞩目的成就。

20 世纪 80 年代初，随着国内来华留学生人数的高速增长，我国针对汉语作为第二语言的水平测试研究也取得了重大进展。1984 年，北京语言大学（前北京语言学院）敏锐地意识到汉语作为第二语言的测试工具在语言水平测量、对外汉语教学标准构建和教材研发等方面的重要地位，正式启动了以测量母语非汉语者的汉语水平为主要目的的中国汉语水平考试（HSK）的调研和实验探索工作；1989 年，北京语言大学（前北京语言学院）正式组建了中国国内第一个以汉语作为第二语言测试的研发、实施和推广为主要目标的专业化考试机构（即汉语水平考试中心）。1993 年，作者有幸成为北京语言大学汉语水平考试中心的一员，从此对第二语言测试和习得研究产生了浓厚的兴趣。

近 15 年以来，作者一直对第二语言测试的效度与信度问题、语言测试的公平性（fairness）问题、常模参照性（NRT）语言测试和标准参照性（CRT）语言测试工具长度的决策理论与方法问题、语言测试的信息化问题、中美留学生教育考试体系的比较研究以及各种面向社会的语言测试研究等问题抱有浓厚的兴趣，并将针对上述问题的部分理论研究成果、实证研究成果陆续发表在《世界汉语教学》《语言教学与研究》《语言文字应用》《中国远程教育》《中国考试》《中国教育信息化》和《云南师范大学学报》等学术期刊上。受期刊版面的限制，很多研究成果存在系统性、完整性不足以及深度不够的问题，因此，作者决定以上述研究内容作为基本线索，针对有关问题进行了更深入、全面的探讨，并从更多的角度进行了较大幅度的充实与完善；此外，为了保证专著的系统性，书中还有许多内容属于最新的、从未公开发表过的研究成果。

本书正文由七章构成，研究内容不仅注重对理论、方法的探索，更注重基于实测数据的实证研究。

第一章以北京语言大学汉语水平考试中心研发的中国汉语水平考试（HSK）的效度和信度问题为研究对象，针对阅读理解和听力理解测验的效度问题、考生的听力理解应试策略和 HSK 测验分数的历时稳定性等问题进行了实证研究。

第二章首先针对第二语言测试公平性的理论问题进行了探讨，然后以实测数据为基础，通过 DIF 检验方法和蕴含量表分析法（implicational scaling）分别对中国汉语水平考试（HSK）阅读理解测验的题目和篇章偏差及公平性问题进行了实证研究。

第三章首先以经典测量理论为基础对实用汉语水平认定考试（C. TEST）测验长度的合理性进行了分析，然后以概化理论为基础，对中国汉语水平考试（HSK）阅读理解测验长度的科学性问题进行了检验，最后，基于边际效应递减法则（LDMU）和概化理论对中国汉语水平考试（改进版）的测验长度问题进行了研究。本章的研究思路、方法和结果将有助于测验开发者、用户和其他读者正确地理解一个科学的语言测验究竟使用多少题目才算合理的实用性问题。

第四章专门对标准参照性语言测试的长度决策理论和方法进行了探讨。由于在标准参照性语言测试中所获得的测验结果通常与某个或某些外在的目标、领域或标准等直接关联，常模参照性测验（NRT）和标准参照性测验的潜在能力假设及分数分布要求并不相同。因此，本章在对标准参照测验的概念、特征、信度估计理论和方法进行简要考察的基础上，系统探讨了标准参照性语言测验长度决策的标准、过程与方法。

第五章研究的重点在语言测试的信息化问题。本章针对计算机自适应性语言测试的智能选题方法、中国汉语水平考试（HSK）考生信息资源库的建设与应用、汉语水平考试（HSK）远程 CAT 阅读理解测试模式以及 HSK 网络系统的使用现状等问题分别进行了理论探讨和实证研究。

第六章在对来华留学生的发展规模、学习层次和专业结构等特征进行详尽调研的基础上，专门对我国来华留学生教育招生考试体系与美国留学生教育招生考试体系的基本框架与功能进行了对比研究，探讨了我国留学生教育考试体系中存在的缺失与错位问题，并对构建和完善我国的留学生教育招生考试体系提出了相应的对策、建议和具体的开发路径。

第七章针对语言测试的产业化发展趋势，对国内外面向社会的各种第二语言测试工具（也包括少数母语测试）进行了归纳、总结和分析。

书中的绝大多数研究内容都是围绕中国汉语水平考试（HSK）的信度、效度、公平性、考试的信息化和测验工具的长度等具体实践与理论问题而展开的。研究方法涉及经典测量理论（CTT）、项目反应理论（IRT）和概化理论（generalizability theory），研究目标力争紧密结合第二语言测试的实践问题和现实问题。作者希望研究成果能够为语言测试和语言习得研究领域，特别是将汉语作为第二语言的测试与习得专业的硕士研究生、博士研究生，对外汉语教师以及国内英语教学与测试研究者提供些许启发与借鉴。

特别值得说明的是，这本专著的出版过程实际上也是作者对自己职业经历和学术轨迹进行阶段性反思和梳理的过程。北京语言大学汉语水平考试中心是国内最早从事汉语测试的专业机构，具有良好的学术传统、研究氛围和独特的研究资源，但遗憾的是，由于本人禀赋不足，“熏”而无成。因此，书中的纰漏和不妥之处，恳请读者不吝赐教。

柴省三
2018 年 6 月于北京

目　　录

第一章

语言测试效度与信度研究

效度（validity）和信度（reliability）是语言测试领域中两个最重要的概念，也是评价语言测试分数解释和使用有效性以及测量误差大小的重要标准。如果语言测试缺乏效度，那么测验结果就不能充分反映被试者在拟测构想（constructs）上的实际水平；如果语言测试的分数缺乏信度，或者说信度不高，那么也就意味着测验工具的测量误差太大，考试分数也不能反映被试者的真实语言水平。效度和信度是教育测量和语言测试领域中永恒的话题，是测验的设计者、开发者、考试的用户和考生最关心的问题。本章首先以真实的测量数据为基础，对中国汉语水平考试（HSK）听力理解测验的构想效度问题进行研究；其次，在大样本抽样的基础上，从 22 582 名参加 HSK（初、中等）考试的考生中分别抽取低分组考生、中分组考生和高分组考生各 1 000 名作为研究样本，借助多元聚类分析法（cluster analysis）对汉语水平考试的阅读理解分测验（sub-section）的效度问题进行了研究；再次，基于问卷调查法对 HSK 的考生在听力理解测试中的应试策略（test-taking strategies）使用情况进行了实证研究，通过考察应试策略与考试结果之间的关系，为 HSK 听力理解测验的效度论证提供了必要的证据；最后，对中国汉语水平考试（HSK）的测验分数的复本（alternative-forms）稳定性进行了实证研究，为 HSK 考试的信度提供了比较有说服力的统计证据。

第一节　汉语水平考试（HSK）听力测验构想效度研究

听力理解能力是语言水平高低的重要标志之一，因此，作为测试母语非汉语者一般汉语水平为主要目的的中国汉语水平考试（HSK），主要从听力理解和阅读理解两个方面来测量考生的汉语语言能力。本节在对语言测试构想效度验证和测验方法进行探讨的基础上，使用等级聚类分析法（HCA）专门针对 HSK（初、中等）听力理解测验的项目维度（dimension）进行了研究。基于测验构想效度和任务真实性（authenticity）考虑，并参照听力理解测验项目的实证聚类结构与句子、简短对话、讲话或长对话三种测验任务的操作结构对应关系，对中国汉语水平考试（HSK）的听力理解测验任务形式的有效程度和改进方式，提出了自己的改进建议。

一、问题的提出

信度和效度是评价语言测验质量高低的核心指标，不过，信度具有一定的静态性，是效度的必要而非充分条件，信度的高低可以从测验分数本身获得刚性的佐证。效度（validity）则是柔性的，只能依据各种经验证据、理论证据或统计证据论证测验效度的高低。效度验证（validation）必须以测验分数的使用、解释或推断为参照点，依靠各种内、外部证据证明效度的高低。对于语言能力测验而言，最重要的是构想效度（construct validity）问题，即“语言测验实际测得的东西与理论假设的语言能力要素或心理特征相吻合的程度”（舒运祥，1999）。如果测验的构想效度不高，那么测验结果（测验分数或测验表现）就无法对被试者语言能力的高低做出有效的解释或推断（inferences），更无法准确地对考生在非测量情景中的语言表现水平做出有效的概括。

很久以来，关于效度，特别是构想效度的定义问题，在心理测量学界颇具争议。有不少学者主张将效度划分为内容效度（content validity）、效标效度（criterion validity）和构想效度等不同形式，但 Messick（1981，1989，1996）、Cronbach（1971）和 Bachman（1990）等人则认为，内容效度和效标效度是获得构想效度的手段，三者具有一元结构性。通过专家评判获得的内容效度，以及通过测验之间的相关分析所获得的效标效度，只是为构想效度提供证据和输入而已（Shohamy，1991），因此，在所有的语言能力测验中，构想效度问题都是测验设计、开发和使用中无法回避的首要问题。

在构想效度的验证过程中，获取证据的来源越广泛，证明测验使用或分数解释有效的说服力就越强。效度验证时所获得的各种类型的证据，包括重要的、但未必支持测验使用或解释的证据，都应该被测验开发者予以评估甚至采纳，以编制出更有效的测验或对现行测验进行必要的改进（modifications），使之更合理。证明测验使用或解释具有构想效度的过程是一个不断积累证据的动态过程。比如，我们可以通过考察测验实际所测的东西与某种理论依据（theoretical basis）是否吻合来说明测验是否有效，或者依靠专家的经验判断（judgmental reasons）从测验内容方面探讨效度的高低，也可以使用各种统计方法获得实证证据（empirical evidence）对效度进行验证。总之，效度验证不是一劳永逸的即时（synchronous）过程，而是一个使用多种方法从多方面、多渠道不断进行证据积累的历时性（diachronical）论证过程。

中国汉语水平考试（HSK）是以测试母语非汉语者的一般汉语能力为唯一目的的国家级标准化考试，其测量结果对考生求学、求职以及汉语能力评价的影响后效（backwash）均具有高风险性（high-stakes），因此，HSK 从设计之初就十分重视测验的效度问题。HSK 考试的基本理念是，以听力理解和阅读理解为主线，语言能力测试为核心，标准化形式（多项选择题）为基本方向（刘英林，1989）。为了比较准确地测量考生的一般语言能力，在测验任务设计时，要对考生的目标语言使用域及交际特征进行分析与概括，并从中选取若干典型样本作为测验任务。

考虑到听力理解能力测试在汉语水平考试中的特殊性，本书拟将使用实证统计法专门研究听力理解测验的构想效度问题。研究的基本思路是：首先运用多元等级聚类分析法对 HSK 听力理解测验的三种任务形式，即句子、简短对话和长对话（或讲话）三种听力测验项目所测量的潜在纬度（dimension）结构进行考察，然后验证测验项目纬度结构与 HSK 听力理解能力的一元结构构想是否吻合，最后以本研究的统计证据为基础，从提高测验任务的真实性（authenticity）角度出发，在不损害测验效度并维持现有分数体系的前提下，对 HSK（初、中等）听力理解测验任务类型的改进提出了自己的建议，以期研究结果为未来 HSK 测验方式的改进与完善提供借鉴。

二、听力测验的构想与测验方法

听（listening）是语言交际活动、第二语言习得的前提，是获取信息的重要途径之一，同时也是语言学习者生存、发展所必备的一项社会文化技能（Socio—cultural skill）（Anderson，1999）。在语言习得过程中，以听和读为主要形式的接受型（receptive）技能总是先于表达型技能（邹申，2005）。从语言能力结构角度来看，几乎所有的语言能力模型（models）都将听力理解能力看作模型的重要组成部分。听力理解能力被公认为是一个人语言水平高低的重要标志，在第二语言教学和测试中都占有重要的地位，因此，国内外几乎所有的综合性语言测验均以相当大的权重将听力理解能力列为必考的内容之一（如：TOEFL，IELTS，MELTB，TEF，J-TEST，CET，PETS 等）。不过，语言理解能力属于一种非常复杂的构想，因而对听力理解能力的认识是人类从心理学、语言学角度不断探索的漫长过程。从现有的 L1 和 L2 听力研究文献中，我们还没有找到一个测验可以依据的、被普遍接受的听力能力解释理论（explanatory theory）。在实践中，测验设计者往往在参考其他相关测验的基础上，凭知觉或个人经验来编制听力理解测验（Buck，1991），因此，测验质量保证的理论依据是什么？或者说使用什么样的测验任务来测量听力理解能力问题，无疑是影响测验使用或分数解释效度的关键。

由于听力理解能力是一种抽象的特质（trait），它本身不能像物理测量那样进行直接测量，只能建立在对经验事实或行为观察的基础上（陈宏，1997）。因此，测验设计和开发者必须根据构想定义的能力要素，从那些与一般语言能力具有潜在对应关系的目标语言使用域（target language use domain）中，选择若干有代表性的听力材料作为测验任务（test tasks）输入，然后针对听力理解材料设计一个或若干个多项选择题，要求考生以对输入材料的理解加工为基础，从备选项目中选出正确答案。最后，再根据被试在测验任务上的表现情况，来推断其在目标语言使用域中的一般听力理解能力或特征。在应用性测量中，了解考生在特定测验任务上的表现，并不是测量所期望达到的最终目的，我们更感兴趣的是，把被试在测验上的表现或分数解释为个人语言能力水平指标（indicator）的有效性、合理性和恰当程度，而不是仅仅把被试的测验表现解释为其参加特定测验的应试能力（Bachman & Savignon，1986）。听力测试的有效程度就在于测试结果能否真正反映考生在现实生活（real-life）中应该具有的听力理解能力，因此听力测验任务的特征（characteristics）与目标语言应用任务特征的吻合程度，是影响测验构想效度的关键要素之一（Bachman & Palmer，1996）。如果两种任务特征脱节，那么考生在测验任务上的表现水平对考生在目标语言应用域中的语言使用表现就没有足够的概化能力（见图 1—1），即测验缺乏构想效度。

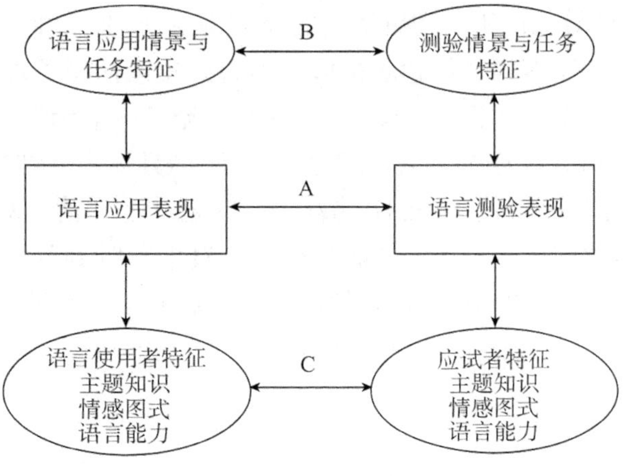

图 1—1　构想效度解释体系（引自 Bachman & Palmer，1996）

HSK（初、中等）的听力理解（listening comprehension）测验部分，在遵循 HSK 总体设计原则的前提下，主要承担对考生一般汉语听力理解能力的测量，即："通过测量考生能否听懂语速正常的句子、对话和一般题材的讲话（或长对话）来考察考生的听力理解能力"（刘英林等，1989）。测验所选用的语料在内容和题材等方面适当广泛。在语料集（sets）层面上追求多元性、平衡性和中立性（neutrality），避免语料在风格和内容等方面具有明显的专业倾向性，以便为不同地点、以不同方式和依据不同教材学习汉语的考生群体提供均等的考试刺激条件。

HSK（初、中等）的效度问题，一直是设计和开发者最关注的问题。不少研究人员（刘英林，1994）对 HSK（初、中等）设计的理念进行过最基本的探讨。张凯（1991）用因素分析法对 HSK（初、中等）测验的构想效度进行了研究，郭树军（1995）、陈宏（1997 ）分别用 Grant Henning 的内部结构效度法和多质多法（multitrait-multimethod）分别就 HSK（初、中等）的构想效度作过考察。这些研究所得出的结论比较一致，即：HSK（初、中等）考试，尽管其测验操作结构由 4 个分测验、9 个小部分（sub-sections）所构成，但从测验实际所测量到的能力因子来看，HSK（初、中等）主要测量了听力理解能力和阅读理解能力。HSK（初、中等）的听力理解测验构想就是考生的一般汉语听力理解能力。

三、听力测验项目的聚类分析

HSK（初、中等）的听力理解测验任务，是由基于三种不同类型的言语刺激形式所设计的 50 个多项选择题所构成，测验试题包括句子理解 15 题（用 S01 至 S15 表示题号）、简短对话理解 20 题（用 S16 至 S35 表示题号）以及长对话或讲话理解 15 题（用 S36 至 S50 表示题号）。测验的具体操作结构请参见图 1－2。通过三种相对独立的测验任务来测量考生能否了解句子、简短对话和讲话的基本大意，跳跃障碍，抓住主要信息或重要细节，根据所听到的材料进行推理和判断，以及对说话人的目的和态度的理解能力。本研究主要通过对测验项目进行聚类分析来探索句子理解测验任务是否测量了相对独立的因子。

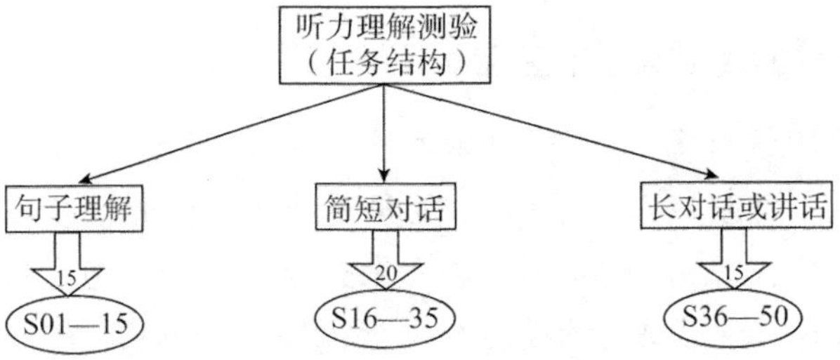

图 1—2 HSK 听力测验操作结构图

（一）研究样本

研究所采用的数据来自中国国内 32 个考点的 7 828 名参加 HSK（初、中等）考试的考生实测数据。本研究只针对由句子理解、简短对话和长对话（或讲话）三部分所构成的听力理解测验部分进行统计分析。为了确保研究样本具有足够的代表性，我们从考生团体中随机选取 1 000 名考生的数据作为研究样本。样本结构和测验分数描述情况，请见表 1—1。

表 1—1 **样本结构与测验分数描述**

样本结构		听力测验分数描述	
样本数	N=1 000	最高	50
男	44.30%	最低	1
女	55.70%	均值	30.74
考点数	32	全距	49
国家数	58	SD.	10.37

（二）研究目标

HSK（初、中等）的听力理解测验部分，一共由 50 个多项选择题构成。出于对 HSK 试卷进行等值处理（equating）之需要，在听力理解测验的第一部分和第二部分分别嵌入了 4 个“锚题”，为了排除“锚题”曝光率因素给研究结果可能带来的统计噪音，本研究不考虑考生在“锚题”上的作答反应情况，只针对卷标为 J323 卷的 42 个有效测验项目进行实证聚类分析。

（三）研究方法与研究过程

本研究采用的统计方法是等级聚类分析法。等级聚类分析（Hierarchical Cluster Analysis，简称 HCA）是一种根据变量之间相似程度或距离远近进行聚类的多变量分析程序。在对测验项目进行聚类以前，先不考虑每个测验项目所属的刺激结构，也不局限于项目预期测量功能（functioning）的先验判断，而是把测验项目看作是平行变量，淡化每个测验项目在试卷卷面中的自然结构和篇章或任务类型的约束关系，根据被试作答的认知反应模式，以考生实际认知反应的相似程度为分类基础。

聚类分析的基本原则是，被分在同一类内的测验项目应该具有尽可能大的同质性，而被分在不同类内的项目之间则应该具有尽可能大的异质性。

由于测验采用的是（0/1）二分记分法，因此聚类研究可供选择的测度指标有简单匹配系数、雅可比系数和果瓦系数等三种（郭志刚，1999）。本研究采用雅可比系数为测度指标，以组间平均联结法（average linkage）为聚类方法，用逐次聚类的方式将 3 种听力测验任务的 42 个多项选择题进行统计分类。

（四）聚类输出结果

聚类分析的结果，最终以聚类树状图（dendrogram）的形式将所有项目成员之间的嵌套关系、等级层次关系等形象地显示出来。据此我们可以比较直观地观察项目间的聚合、亲疏关系。项目树状图可以从横向上揭示类和类之间的异质程度，在同一类内可以反映项目之间的同质性；在纵向上可以揭示亚类和母类之间的等级层次关系。通过考察测验项目聚类结构与测验任务操作结构之间的对应情况（测验任务与测验项目的操作结构情况，请参见上图 1－2），来探讨测验项目与任务类型之间的约束关系。研究样本的统计聚类结果请见图 1－3 所示。

（五）聚类结果解释

根据对聚类树状图的直观分析，我们可以明显地发现：所有的听力测验项目几乎均以“从下而上”（bottom-up）的方式逐级递增而被聚合为一个大类。测验项目的聚类顺序与测验任务的顺序之间没有对应性。项目的聚类结构具有如下基本特征。

（1）在以句子、简短对话和长对话（或讲话）三种任务为约束关系的 42 个听力理解测验项目中，只存在两组连锁项目（interlocking items），他们分别是第 15 题和第 37 题、第 47 题和 48 题。

(2) 从整体上看，测验项目并没有按照测验任务的分类约束关系进行对应聚类。

(3) 测验任务之间基本上不存在等级嵌套关系，测验项目的潜在纬度只有一个。

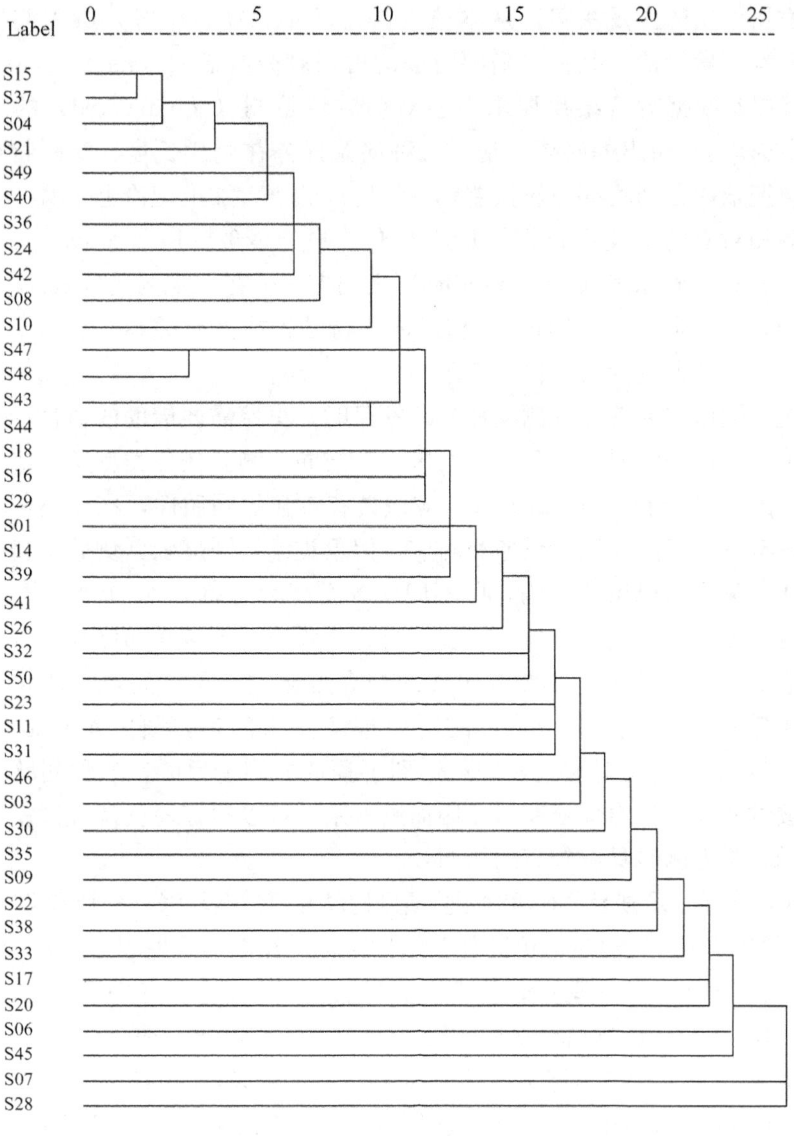

图 1—3　样本聚类结果树状图

四、研究结果讨论

语言测验任务的选择，是测验设计理念的体现，是测验开发者依据不同的语言能力模型，结合测量目的、用途及可行性，并从保证测验使用具有较高效度的角度出发所做出的主观决策。从本质上讲，HSK（初、中等）听力测验的任务由两个基本要素构成：其一是需要听解的言语刺激或输入（listening stimuli/input)，其二是根据听解结果要求考生对命题者编制（constructed）的二级刺激（即多项选择题）做出的必要反应。三种测验任务在刺激长度、交际特征、信息密度和语境依赖方面均存在较大差别。从传统的语言加工理论上来看，与同一类测验任务相对应的测验项目之间理应具有较强的聚敛效应（convergent)，与不同测验任务对应的题束（item bundles）之间应该具有一定的判别效应（discriminant)，即测验项目应该按任务类型形成平行结构或嵌套关系。然而，项目的实证聚类结构与预期的项目结构完全不同。

首先，被试在回答三种测验任务的题目时，虽然需要借助的语言知识、背景知识、策略知识和短时记忆负担有所区别，与同一测验任务类型所对应的测验项目所发挥的测量功能（functioning）应该具有较强的同质性，在聚类树状图上至少应该各有一个亚类与测验任务相对应。但聚类结构图显示，测验项目并没有按照三种任务类型形成聚类结构，以不同任务类型为约束的 42 个听力测验项目实际所测得的因子比预期的要单一得多。听力测验项目的潜在纬度只有一个。假如HSK（初、中等）听力理解测验设计的初衷是通过句子、简短对话和讲话或长对话来测量一元结构（unitary）的听力理解能力的话，研究结果表明：HSK（初、中等）的听力理解测验较好地达到了预期的测量目的，三种测验任务共同测量了被试的汉语听力理解能力，因而测验结果可以很好地反映被试汉语听力能力的高低，听力测验具有较高的构想效度。

其次，聚类结果显示，有两对测验项目的局部聚敛性较强，分别是 S47 题和 S48 题，S15 题和 S37 题。通过与测验任务结构对比，我们不难发现，测验项目 S15 和 S37 分别属于测验的第一部分和第三部分，显然这两个测验项目并不受同一个输入刺激约束，因此不属于影响测验效度的构想无关变异（construct-irrelevant variance)。不过，测验项目 S47 和 S48 则受同一段长对话材料的约束，因而发生了连锁项目关系（interlocking item)（Aiken，2003)。通过考查，第 47 题和 48 题之所以发生连锁关系或者缺乏局部独立性（local independence）的原因，很可能是题目所考查的东西重叠或彼此间具有较强的暗示效应。如果测验中存在过多的连锁项目，无疑会导致不恰当的项目聚敛关系，从而影响测验的构想效度。研究结果表明，由于有完善的命题、预测和分析等质量控制体系，HSK（初、中等）的听力测验部分将项目的连锁现象已经降低到最低限度，从而保证了测验项目具有良好的性能。

最后，项目实证聚类结构并没有显示相对独立的因子与测验任务相对应，从测量一元结构的听力理解能力角度来看，HSK（初、中等）的任何一种听力任务类型在测量功能方面均不具有不可替代性。

五、研究结论与建议

语言测验的基本目的是通过被试在测验任务上的表现水平，来推断其在现实生活中的语言能力，因此，测验任务要尽可能反映与构想定义相对应的目标语言使用域中语言使用任务的基本特征。如果测验任务特征与非测量情景中的语言使用任务特征相比具有足够的真实性（authenticity），那么测验结果就可以准确反映考生在真实生活中运用语言的能力；反之，如果测验任务与语言使用任务特征的吻合性不高，那么测验结果就只能反映考生完成特定测验任务的表现水平，而不能据此推断或解释考生在非测量情景中的语言能力。

经验证据显示，在 HSK 听力理解测验的三种任务类型中，句子理解测验任务与其他两种测验任务相比，在任务真实性、交互性（interactive）等方面均处于劣势（见表 1—2）。而本研究的统计证据则进一步表明，在测量目标方面，句子理解测验部分并未测量到其他听力测验任务所无法测量的独立纬度，三种测验任务在测量目标方面具有相当强的一致性。一方面证明现行 HSK 的听力理解测验在测量考生的听力理解能力方面具有较高的构想效度，但另一方面，如果从听力测验任务的拟测功能来考察，那么使用其中任何一种测验任务置换（replace）另外一种测验任务形式的话，测验仍可以实现期望测量的目标。

表 1—2　　测验任务性质评价表

	任务类型 1（句子理解）	任务类型 2（简短对话）	任务类型 3（长对话或讲话）
真实性	一般	较高	高
交互性	无	较强	强
测量目标	听力	听力	听力

语言能力不是考生静态语言知识的简单再现，而是语言知识、语用知识、社会语言能力以及策略能力在现实交际活动中的综合反映。在语言测验的设计、开发和使用中，应尽可能保证所选择的测验任务特征与非测量情景中的语言使用任务特征具有最佳对应性（correspondence）。考虑到句子层次（statement level）的听力理解任务与其他两种任务类型相比，在真实性、交互性方面较差，而句子理解题目在实证研究中又没有体现出测量不同因子或特质的独特功能，因此，可以考虑通过增加简短对话和长对话或讲话题目的数量，取代句子听力理解测验任务，这样不仅可以结合交际语境全面考察考生的语言知识、语用知识、策略能力，而且还可以在保证甚至提高测验构想效度的前提下，明显提高测验任务的真实性、交互性，同时还可以确保现有记分方法和分数体系的稳定性。

第二节　汉语水平考试（HSK）阅读理解测验构想效度研究

中国汉语水平考试（HSK）是以测量母语非汉语者的一般汉语能力为唯一目的的国家级标准化考试，因此在 HSK 阅读理解测验中所选择的阅读文章是否涉及了非语言理解方面的特殊知识或额外认知要求是决定测验效度高低的关键因素之一。本研究首次运用聚类分析法对 HSK（初、中等）阅读理解测验的构想无关变异进行了探讨。实证研究的结果显示，HSK（初、中等）阅读理解测验材料对目标考生而言具有较理想的普适性，聚类结果没有发现与阅读能力无关的篇章效应，测验的分数可以解释为考生一般汉语阅读理解能力的有效指标，因而测验分数使用具有较高的构想效度。

一、问题的提出

阅读是获取信息的重要途径，是语言学习者生存和发展所必备的一项社会文化技能（socio-cultural skill）。对阅读理解能力的培养一直是对外汉语教学总体设计的基本目标之一，因为阅读能力是考生语言水平高低的重要标志。在第二语言习得过程中，以读和听为主要形式的接受型（receptive）技能总是先于表达型（productive）技能（Anderson，1999）。就语言能力结构而言，所有的语言能力模型无不将阅读能力作为模型的重要组成部分。国内外几乎所有的综合性第二语言测验，均以相当大的权重将阅读理解能力列为必考的内容之一（如 TOEFL、IELTS、MELTB、TEF、J-TEST、CET、PETS 等），因此，在阅读理解能力测验中，选择什么样的阅读材料以及通过什么样的测验方法来准确地测量考生的阅读能力问题，始终是国内外语言测试理论和实践共同面对的核心问题（Clapham，1996）。

中国汉语水平考试（HSK）是为测量母语非汉语者的一般汉语水平而设计的标准化考试，其测量结果对考生求学、求职以及汉语能力评价的影响后效（consequences）均具有高风险（high-stakes）性。因此，如何确保 HSK 考试结果的使用具有令考生、用户和对外汉语教学界认可的效度问题，一直是测验开发者所关注的焦点。不少研究人员（刘英林等，1994）对 HSK（初、中等）的设计理念进行过若干基础性研究；张凯（1995）用因素分析法对 HSK（初、中等）测验的构想效度进行了考查；郭树军（1989）和陈宏（1999）等分别用内部结构效度法和回归分析法就 HSK（初、中等）的效度作过探讨。但迄今为止，专门针对 HSK 阅读理解测验的效度研究，特别是针对 HSK 阅读理解测验构想无关变异方面的实证研究几乎没有。影响语言测验效度的潜在因素很多，但各种效度证据之间并不是非此即彼的互斥关系或取代关系，而是具有内在统一性的互补关系。因此，对构想效度的考察不仅要针对测验的整体进行，还必须针对语言测验的每一部分进行更深入的研究，况且，效度验证并不是一劳永逸的过程，而是一个连续不断的动态过程，必须使用多种方法，从多角度、多层次寻求证据并进行检验的过程（Messick，1996）。基于上述考虑，本研究将在对 HSK（初、中等）阅读理解测验构想无关变异进行理论探讨的基础上，专门针对 HSK（初、中等）阅读理解测验的构想效度问题进行实证研究。

二、阅读理解测验及其构想效度

在大规模、标准化语言测试的设计、开发和使用中，效度是最核心的问题，因为缺乏效度，测验结果就不能反映考生的真实语言水平，因而测验也就失去了使用价值。所谓效度（validity）就是指实证证据或理论依据（theoretical rationales）对测验分数解释或基于分数所做决策的充分性、恰当性支持程度的综合性评判（Messick，1989）。简而言之，效度是对分数解释和使用证据及潜在影响（implications）的归纳总结。很久以来，关于语言测试效度的内涵与外延问题，在应用语言学界和心理测量界颇具争议，但随着语言学理论和心理测量理论与实践的不断发展与完善，现有的研究成果已越来越倾向于将效度视为一元综合概念（Messick，1989；

Bachman，1990，1996），即构想效度（construct validity）。通过专家经验判断所获得的内容效度，通过对不同测量工具之间的相关分析获得的效标关联效度（criterion-referenced validity）等只是为构想效度提供证据而已（Shohamy & Inbar，1991；Messick，1996）。任何一个语言测验都有一个或若干期望测量的特定构想（constructs）。构想是源于要测量的语言能力理论的心理学概念。构想效度指的是测验实际测得的东西与理论所假设的能力要素或心理特征相吻合的程度。对阅读能力测验而言，构想效度是指考试结果能在多大程度上解释考生的阅读理解能力以及与语言能力有关的心理特征。如果考试所测的东西与语言学理论对语言能力的构想相吻合（correspondence），那么我们就认为考试具有较高的构想效度。

由于考试的结果通常是以分数对考生的答题表现进行赋值来表征的，而测验分数的意义是对分数所概括的语言行为规律性（regularities）以及测验分数与其他语言能力变量之间关系模式进行理论解析的建构（construction），因此，在语言测试和心理测量研究文献中将测验分数意义的建构这一根本问题称之为构想效度（Messick，1996）。构想效度是评价语言测验，特别是语言能力测验质量高低的关键指标。但是，语言测验解释或使用效度的高低，不是由测验的设计者和开发者用考试大纲、考试文件等简单地断言或声称考试是否有效，而必须借助多种方法搜集经验证据、统计证据或理论证据来论证（argument）测验分数解释和使用的合理性、恰当性，证明测验分数的确是考生语言水平的真实反映，即必须进行构想效度验证（construct validation）。

阅读是读者对书面语言编码信息进行释义、理解和接收的心理认知过程（Urquhart & Weir，1998）。阅读能力是读者语言知识的反映，并与阅读过程、阅读策略和非语言知识结构密切相关。因而，阅读理解能力是一种内在的、个性化心理特质（trait），读者对阅读材料进行释义的过程属于阅读目的或任务导向性（task-oriented）的个性化过程。从认知加工的角度来看，阅读不是单纯的从下而上（bottom-up）或从上而下（top-down）的线性约束（engagement）过程，而是以图式（schemata）激活为基础的从下而上和从上而下的具有交互补偿性质（interactive compensatory）的并行加工过程。读者并非词法—表音—句法—语义（graphic-phonetic-syntactic-semantic）序列的被动解码器（Alderson，2000），而是篇章意义潜势（meaning potential）的主动建构者（Halliday，1979）。读者总是尽可能最小限度地利用篇章信息（textual information），并最大限度地借助既有的、与所读篇章主题内容相关的背景知识（Background Knowledge），取得语义完形（closure）的最佳效果，从而得出符合原文写作目的的、连贯的心理表征

(Rupp，2006)。因此，阅读理解能力是一种内在的、抽象的概念，依靠现有的语言学研究水平和心理测量手段尚无法对考生的阅读能力进行直接测量，只能通过可观察的、外显的语言行为或表现，根据有关的语言习得理论和认知心理学理论来间接推断其阅读水平的高低（Lee，1986）。因而经典的、常用的测量方式是，命题者根据测验目标的任务要求，以考试细目列表为操作指南，选择若干长度适中的阅读文章，并基于每篇文章编制一定数量的多项选择题（multiple choice question），要求考生以个人对文章内容的理解为基础，针对每个多项选择题题干的设问，从备选项目中找出正确答案。这种经典的测验方法，具备从多角度、全方位、立体地测量考生对文章理解程度的操作优势，在命题、施测和评分方面具有成本低、效率高和可行性强的优点（Thissen et al.，1989）。

不过，这种传统的以刺激—反应为核心的间接测量法，实际上是通过对阅读文章的选择和多项选择题的设计以特殊的方式对阅读构想进行了操作化处理(Rupp，2006)。考生的阅读理解测验结果（测验分数）实际上并不是其阅读理解能力的直接反映，而是阅读能力、阅读文章和多项选择题项目三者的函数（见图 1—4 所示）。因此，阅读理解测验中所选择的文章与测量目标是否吻合，针对每篇文章所设计的多项选择题是否合理，以及阅读文章本身的难易程度与相应的多项选择题难易度之间的匹配程度等，是引起构想缺失或构想无关变异的主要来源，因而也是对阅读理解测验构想效度进行考察的主要途径。

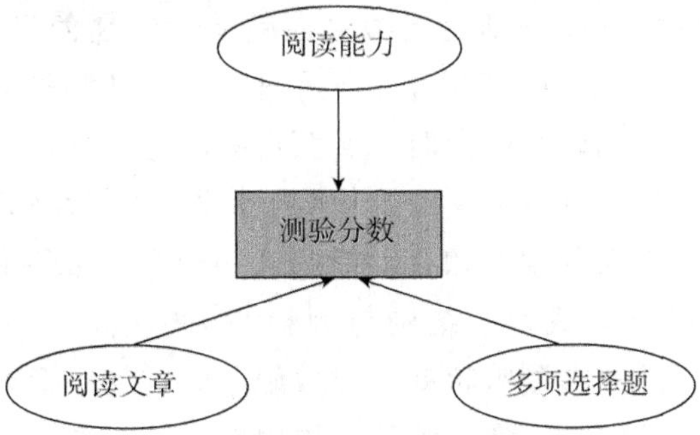

图 1—4 阅读理解测验示意图

就汉语阅读能力测试而言，影响阅读理解测验构想效度的因素基本上可以归结为两类。其一是测验测量了与阅读能力无关的东西；其二是阅读测验构想的操作抽样不完整（incomplete），测验实际测量的东西与期望测量的构想相比过分狭隘（narrow），测验结果对考生的阅读能力没有足够的概括性（Messick，1996；Hale，1988）。前者对构想效度的威胁称为构想无关变异（construct-irrelevant variance)，而后者则称之为构想缺失（construct-underrepresentation）。所谓构想无关变异是指测验实际测量的构想要素、特质、能力因子等超出了测验构想理论定义的范围，测验实际测量了不期望测量的额外维度，比如，在以测量考生的一般汉语阅读能力为主要目的测验中，阅读理解材料所涉及的较强专业知识就属于典型的构想无关变异；而构想缺失则是指因测验任务设计不恰当、测验方法选择不合理等，从而导致测验实际所测量的构想要素，与期望测量的语言技能等构想要素相比，没有足够的代表性。比如，在汉语阅读能力测验中，如果针对阅读材料设计的测验题目过分集中在对个别字、词、句等字面意义理解方面的考查上，那么测验结果就不足以反映考生对文章整体的理解能力，测验实际测得的东西并不是期望测量的全部语言能力因子或技能的典型抽样（sampling）。构想无关变异和构想缺失的实质是语言测验实际测量的目标（target）与拟测的构想域（construct domain）发生了"脱靶"现象，因而导致测验分数结构（structure）不能准确反映考生的语言水平或结构特征。

构想无关变异和构想缺失对语言测验分数表征的影响反映在无效低分（invalid low scores）和无效高分（invalid high scores）两个方面（Messick，1996）。所谓无效低分，就是因为测验任务的抽样代表性不足，忽视或缺失了某些应该测量的部分核心要素时，考生不应该获得的测验低分，或者测验本身包含了一些对考生真实语言能力的发挥具有干扰或抑制效应的"额外"题目或任务时，考生实际所获得的低分；而无效高分则是指考生在测验恰好涵盖或测量到的语言技能、能力要素上，由于应试准备比较充分而发挥良好，而在测验本不应该缺失的部分要素上正好不具备相应的语言能力时，所获得的测验高分，或者是指善于应对构想无关变异难度的应试型（test wise）考生所获得的测验高分。由于构想效度所考察的是测验结果在多大程度上和我们根据某一理论所做预测相吻合的程度，或者说测验实际测到的能力或因子结构与测验的构想结构（construct structures）之间的一致性程度，因此在测验解释或分数使用时，如果把无效分数的高低解释为考生语言能力高低的标志，那么测验的构想效度就不高。因为考生的无效低分是对期望测量的语言能力水平的低估分数（underestimated score），而无效高分则是测验对考生实际具备的语言能力水平的高估分数（overestimated score）。

三、HSK 阅读理解测验构想无关变异及研究设计

由于中国汉语水平考试（HSK）的测试对象（主要是外国留学生）在母语

背景、年龄结构、个人经历和学业修养等方面均具有相当强的异质性（heterogeneity），因此，HSK 的阅读理解测验所关心的不是考生阅读某一本（类）教材或某一类文章的阅读能力，而是具有普遍意义的一般阅读理解能力（郭树军，1989）。在具体的命题实践中，通过选择题材广泛、内容中性、体裁多样、难度适中的一般性短文作为阅读材料，将考生在专业知识和背景知识方面的差异对构想效度的影响降低到最低限度，以便为考生提供公平的表现机会，确保测验结果对考生在非测验情景中的一般汉语阅读能力具有足够的推断价值。

由于篇章主题可以显化（externalize）读者背景知识的差异，读者背景知识的结构和性质也会强化（exaggerate）篇章主题效应对测验结果的影响，因而篇章主题和背景知识在阅读测验中互为"镜像"。如果测验所选择的阅读文章（passages）在主题内容上具有明显的专业倾向性（specialization），那么理解文章内容所要求的背景知识对目标考生而言必然缺乏普适性（universality）。当考生恰好具备与文章主题内容相关的背景知识时，考生的测验结果很可能明显优于那些不具备相应背景知识的考生。测验在很大程度上考查的未必是考生的一般阅读理解能力，考试的结果很可能反映的是考生在背景知识方面的差异（Lee，2004）。在阅读理解测验中如何对阅读构想以及背景知识进行理论定义和操作定义问题是构想效度考察的基点之一。考虑到阅读材料的主题内容和考生背景知识的交互作用对效度的影响问题，Bachman 和 Palmer（1996：120－127）建议在对阅读理解测验的构想（construct）进行定义时，可按下列三种方式进行。

（1）把背景知识排除在阅读测验的构想之外；

（2）把背景知识和阅读能力定义在测验的同一构想中；

（3）把背景知识和阅读能力分别定义为期望测量的不同构想。

值得强调的是，这里的背景知识不是指考生普遍拥有的、共同的、一般性知识（generalized knowledge），而是指理解阅读材料所需要的非语言方面的特殊知识（particular knowledge），是指阅读理解材料所涉及的非专业人员仅凭语言能力和语言知识无法弄懂的内容（郭树军，1989）。HSK 的阅读理解测验构想定义显然属于上述第（1）种情况，即 HSK 期望测量的构想不是考生的非语言方面的背景知识，而是一般阅读理解能力（刘英林，1989：32）。因此，在选择 HSK 的阅读理解材料时，要最大限度地选择那些考生普遍感觉熟悉的一般性文章作为阅读材料。

然而，阅读材料的中立性（centrality）和普适性是相对的，从绝对意义上讲，任何阅读材料的主题内容都有一定的专业倾向性（Chihara et al.，1989）。

考生对所读篇章主题的个人兴趣、与主题有关的背景知识的性质以及考生对所读文章内容的情感反应（affective response）等因素对考生的测验成绩难免产生不同程度的积极或消极影响，因为篇章本身的主题特征或专业倾向对考生阅读成绩产生的综合影响称之为篇章效应（passage effects）。在阅读理解能力测验中，测验构想无关变异最重要的来源是篇章效应，因此，要确保阅读理解测验结果对考生的阅读能力解释具有足够的效度，就必须通过实证证据证明 HSK 所选择的阅读材料的确不存在篇章效应方面的构想无关变异。

本研究拟用 HSK 的实测数据为研究资料，以阅读理解测验的多项选择题为研究对象，考察测验题目的认知分类结构（cognitive structure）是否与相应的阅读材料形成对应关系。实证方法采用多元等级聚类分析法。研究的潜在（非零）假设是：HSK 的阅读理解测验部分至少有一篇阅读材料存在篇章效应方面的构想无关变异。研究采用证伪法（falsification）。用实证聚类分析的结果来验证阅读理解测验题目之间是否存在以篇章为支配因子的潜在聚敛效应。如果统计聚类的结果显示以同一个阅读篇章为基础的若干项目之间，存在系统性的局部项目依赖性（local item dependence），那么阅读材料的主题效应很可能是构想无关变异的重要来源（Johnston，1984；Koh，1985）。因为所读篇章的专业倾向性较强，对一般阅读理解能力的测量目标产生了干扰，因而测验的构想效度就会受到影响；反之，如果研究的结果没有发现阅读理解测验存在篇章效应方面的统计证据，那么我们就可以拒绝上述非零假设，而接受虚无假设，即 HSK 的阅读理解测验中所选择的阅读材料不存在篇章效应方面的构想无关变异，或者说篇章的专业倾向性较弱，因而我们有较大的把握断定阅读测验实际测量的能力因子与期望测量的构想域吻合良好，测验测量的是考生的汉语阅读能力，而不是与篇章有关的专业知识，亦即测验具有较高的构想效度。

四、实证聚类分析

（一）研究对象

本研究所使用的数据来源于中国国内 43 个考点的 22 582 名参加 HSK（初、中等）考试的考生实测数据。研究只针对阅读理解测验部分的 6 篇阅读理解材料以及相应的 30 个多项选择题进行统计分析。考虑到不同语言水平的考生在阅读理解过程中，其背景知识和阅读能力的补偿效应可能存在差异，为保证研究结果具有较强的推广价值，首先将全部考生按照 HSK 总分划分为低分组、中分组和高分组三个组别，然后从低分组、中分组和高分组中分别随机选取 1 000 名考生的阅读理解测验结果作为研究样本。各组别的样本结构描述、各组别样本的阅读理解测验分数的统计描述请分别参见表 1—3 和表 1—4。

表 1—3　　样本结构描述

	低分组	中分组	高分组
样本数	N=1 000	N=1 000	N=1 000
男	54.20%	43.80%	38.90%
女	45.80%	56.20%	61.10%
考点数	42	43	43
国家数	33	28	29

表 1—4　　阅读测验分数统计描述

		低分组	中分组	高分组
总分：30	最高	20.00	25.00	30.00
	最低	3.00	9.00	18.00
	均值	10.37	17.52	24.37
	全距	17.00	16.00	12.00
	SD	3.10	2.73	2.70

（二）研究目标

HSK（初、中等）的阅读理解测验包括词汇和阅读试题两部分。由于 HSK 具有明确的选材和命题原则，而且在正式拼卷之前对测验题目都要采取预测分析和等值技术处理，因此，在考生的样本数量足够大时，以某一试卷为分析对象所获得的研究结果作为其他平行试卷（parallel forms）的效度证据具有相当强的概括性。基于该考虑，本研究仅以卷标为 M05N09X 的试卷的阅读理解测验第二部分试题为研究目标，探讨阅读材料与相应的多项选择题之间是否存在约束关系，重点考察针对同一篇阅读材料所编写的测验题目之间是否存在局部聚敛效应。构成本卷的阅读材料共 6 篇，每篇阅读材料与题目的操作对应关系请参见图 1—5。

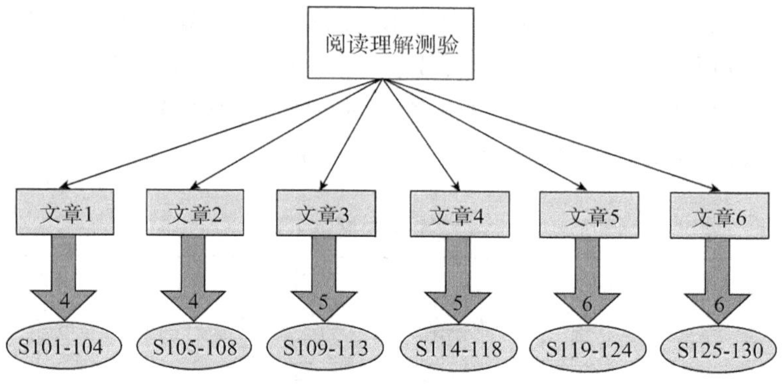

图 1—5　阅读材料与题目操作对应关系

（三）研究方法与过程

本研究采用的统计方法是多元等级聚类分析法（分析软件采用 SPSS17.0）。等级聚类分析法（hierarchical cluster analysis，简称 HCA）是一种根据变量之间的相似程度或距离进行聚类的分析程序。在对测验项目（items）进行聚类以前，不以每个测验项目所属的刺激输入为约束条件，而是把研究的项目视做平行变量，根据测度指标之间的相似程度对项目进行归类。聚类的基本原则是：被分在同一类内的测验项目间应该具有最大的同质性，而被分在不同类内的项目间则应该具有最大的异质性。

由于测验采用的是（0/1）二值记分法，因此聚类研究可供选择的测度指标有简单匹配系数、雅可比系数和果瓦系数等三种（郭志刚，1999：122—124）。本研究采用雅可比系数为测度指标，以组间平均联结法（average linkage）为聚类方法，用逐次聚类的方式将 6 篇阅读材料的 30 个多项选择题进行统计分类。

（四）聚类输出结果

聚类结果最终以树状图（dendrogram）的形式将所有阅读测验项目之间的嵌套关系、亲疏关系等形象地展示出来，据此我们可以比较直观地观察项目间的聚合关系。通过考察项目的认知结构与操作结构之间的对应程度，对测验的效度证据进行评价。低分组样本、中分组样本和高分组样本的聚类输出树状图，请分别参见图 1—6、图 1—7 和图 1—8，图中左侧第一列（label）的题号（如 S119 等）表示题目在试卷中的结构顺序号，第二列（num）表示 30 个阅读理解测验题目的自然顺序号，题目之间的聚合关系可结合图 1—5 进行解释。

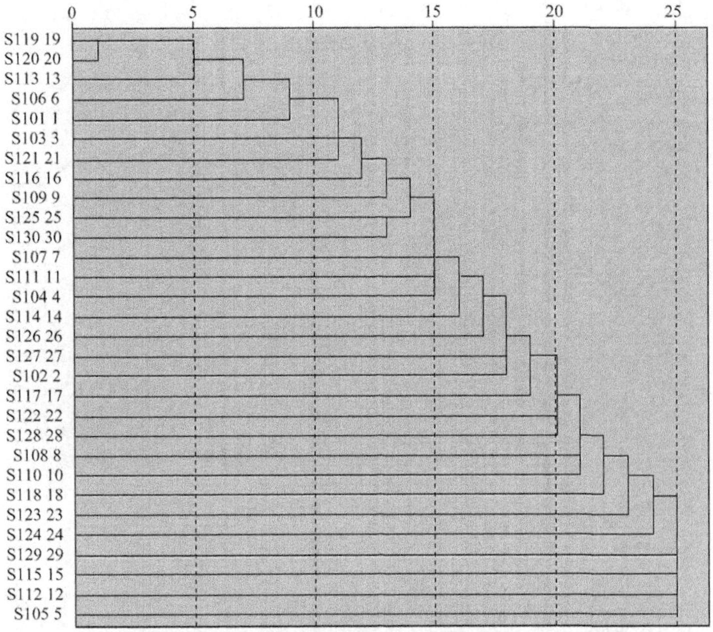

图 1—6　低分组测验项目聚类树状图

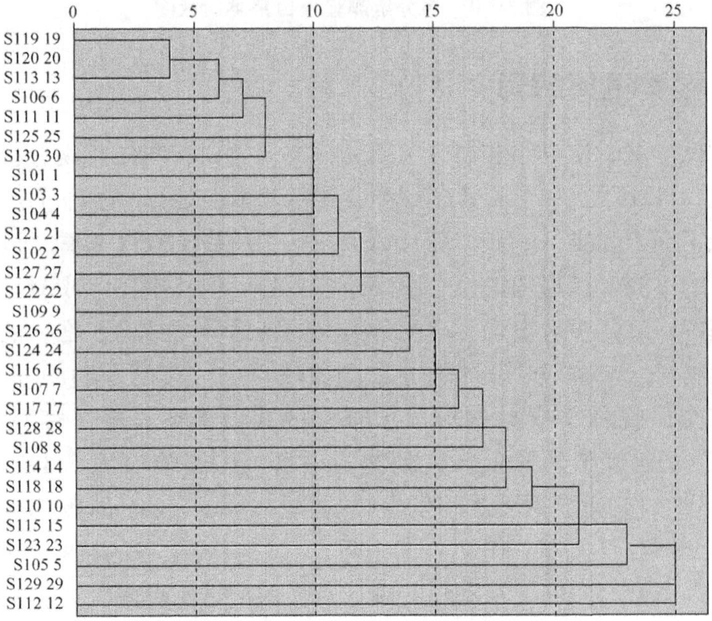

图 1—7　中分组测验项目聚类树状图

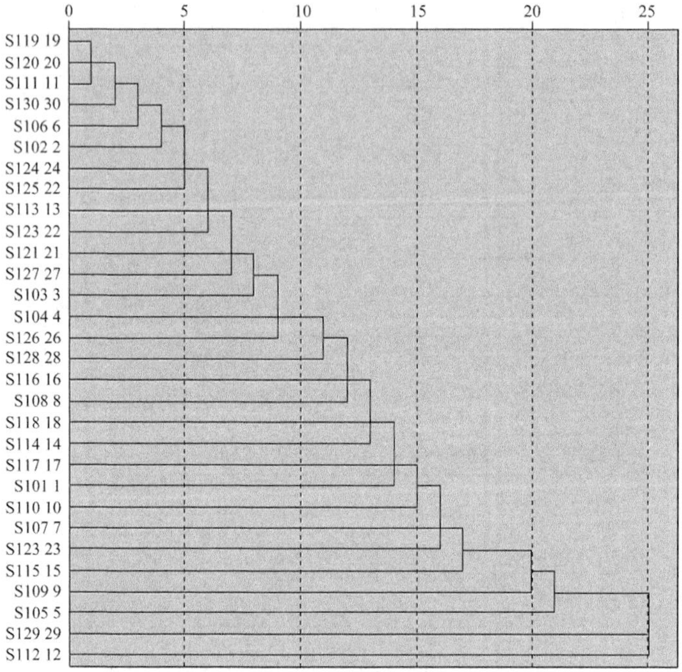

图 1—8　高分组测验项目聚类树状图

（五）聚类结果解释

通过对低分组、中分组和高分组研究样本聚类树状图的直观分析，我们可以明显地发现：HSK 的 30 个阅读理解测验题目基本上是以"从下向上"的方式逐级递增形成了一个大类（group）。从每个树状图的聚类顺序来看，测验项目因其认知相似度的不同，其局部的聚合顺序略有差异，但从整体上来看，测验项目的聚类趋势基本一致，没有发现具有统计意义的特殊分类结构。唯一的例外是针对同一篇阅读材料（文章 5）设计的 6 个测验项目中，有两个测验项目（S119 和 S120）在三个研究样本中分别形成了较强的聚敛关系。经考察我们发现项目 S119 和 S120 的难度值明显低于其他测验项目（即测验项目 S119 和 S120 太简单），因而 S119 和 S120 两者之间发生"耦合"（coupling）的概率也显著高于其他项目间的"耦合"概率。但从总体上看，尽管测验项目的聚类顺序不尽相同，但并没有发现典型的嵌套关系和具有统计意义的项目亚类或次亚类结构。在三个研究样本树状图中，均未发现测验项目以任何一篇阅读理解材料为约束基础的完整、独立的项目结构。

五、研究结果与讨论

文章的选择一直被公认为是命题过程中最重要的环节之一，也是阅读理解测验中构想无关变异的主要来源。因为阅读材料既是语言理解的对象，也是知识的载体。考生不仅具有期望测量的、程度不同的阅读能力，而且还具有明显不同的、非语言方面的专业知识。如果阅读测验材料所涉及的专业知识性过强，即在测验结果中产生了篇章效应，那么一旦考生的非语言方面的专业知识与文章的内容知识产生共振，就必然会给测验结果带来构想无关变异。当考生恰好具备文章主题所涉及的专业背景知识时，即使考生不具备期望测量的一般阅读能力，但依靠背景知识方面的专业优势，仍可以达到理想的阅读效果；同样，对另一部分不具备该背景知识的考生而言，虽已达到相应的阅读水平，但因非语言知识方面的欠缺仍然无法取得预期的理解效果。因此，要证明一个阅读理解测验具有较高的构想效度，不仅需要提供语料选择有效性的经验证据，而且还必须寻求实证证据证明测验不存在文章选择方面的构想无关变异。

本研究首次运用多元等级聚类分析法对 HSK 阅读理解测验在文章选择方面的构想无关变异进行了考察。研究的统计证据与我们在研究设计中所提出的潜在假设明显相左。从以上研究结果可知，低分组考生、中分组考生以及高分组考生的阅读理解测验结果从整体上来看均未受到阅读理解材料方面的系统干扰。在三个研究样本中，所有测验题目均以不同的聚类顺序逐渐被归为一个大类，聚类成员之间的局部同质性较弱，整体同质性较强；这说明测验项目分别从不同角度测量了考生对阅读材料的理解能力，项目的测量功能（function）比较一致。特别是针对同一篇阅读理解材料所设计的若干测验项目之间，并未因阅读材料与测验项目间的命题依赖关系而产生局部聚敛结构关系，证明考生对同一题束（item bundle）内测验项目的回答，并未受到来自阅读材料非语言知识方面（non-linguistically demanding）的系统干扰，换言之，HSK（初、中等）阅读理解材料的选择比较有效地规避了专业知识对考生汉语阅读理解能力测量的影响。考生能否正确回答测验题目的决定因素主要是考生的汉语阅读能力，测验结果主要是阅读水平的反映，而不是其专业知识或背景知识的反映；所有测验题目几乎以不同顺序、平行地被聚为一类，没有任何一个与特定阅读材料相对应的题束被单独聚为一个亚类，统计证据表明不同阅读材料虽然在主题倾向方面难免有所侧重，但均被有效地控制在考察语言理解要求方面（linguistically-demanding）的范围以内。本研究的聚类统计证据基本上可以证明，在 HSK 的阅读理解测验中，没有发现具有统计显著意义的构想无关变异因素，考生对阅读材料的理解程度主要反映的是其汉语阅读能力的高低，因而 HSK（初、中等）阅读理解测验的分数解释或使用具有较高的构想效度。

第三节　汉语水平考试（HSK）考生听力理解应试策略研究

在听力理解测验中，选项预览（question preview）策略是考生最常用的应试策略之一。对此，国内的研究成果并不多见。本研究在对听力理解策略进行探讨的基础上，通过卡方检验法和方差分析技术分别对中国汉语水平考试（HSK）的考生在听力理解测验中，选项预览策略的使用频率分布情况以及选项预览策略对听力理解测验成绩的影响程度进行了实证检验。研究结果显示：选项预览策略的使用频率分布与考生的语言水平之间并不存在显著性差异；选项预览策略对考生的听力理解测验分数也不具有显著性影响。因此，测验分数可以被解释为考生汉语听力理解能力高低的有效指标。

一、问题的提出

听力理解水平是外语学习者或第二语言学习者语言能力高低的重要标志之一。在听、说、读、写四项基本语言技能中，听力的重要性仅次于阅读理解能力（Powers，1986）。听力理解技能不仅是口头交际活动的基础，而且是获取信息的重要途径，同时也是语言学习者生存、发展所必备的一项社会文化技能（Socio-cultural skill）（Anderson，1999）。Feyten（1991）对外语学习者的跟踪调查结果发现，二语学习者的听解过程约占整个交际活动的 45%以上。因此，当代国内外几乎所有的大型语言测试，无论是一般语言能力测试、学术语言能力测试（language aptitude tests）抑或专门用途的语言测试（Language Testing for Specific Purposes），均以相当大的权重将听力理解测试列为不可或缺的组成部分之一（比如：TOEFL，IELTS，MELTB，TEF，J-TEST，CET，PETS 等）。

中国汉语水平考试（HSK）是以测试母语非汉语者的一般汉语能力为唯一目的的国家级标准化考试，其测量结果对考生求学、求职以及汉语能力评价的影响后效（backwash）均具有高风险性（high-stakes），因此，如何确保 HSK 考试的结果具有令考生、用户和对外汉语教学界认可的效度问题，一直是测验开发者所关注的焦点。不少研究人员（刘英林等，1994；张凯，1995）先后对 HSK

（初、中等）的设计理念、构想效度等进行过基础性研究。不过，迄今为止，专门针对 HSK 听力理解测验的效度研究，特别是从考生应试策略的角度对 HSK 听力理解测验效度的考察几乎没有。基于此考虑，本研究将专门针对考生选项预览策略对 HSK 听力理解测验的效度影响问题进行实证研究。

二、听力理解测验的效度

在大规模、标准化语言测试的设计、开发和使用中，效度问题是最核心的问题，因为缺乏效度，测验结果就不能反映考生的真实语言水平，因而测验也就失去了使用价值。所谓效度（validity）就是指经验证据（empirical evidence）或理论依据（theoretical rationales）对测验分数解释或基于分数所做决策的充分性、恰当性支持程度的综合性评判（Messick，1989，P13—103）。简而言之，效度是对分数解释和使用证据及其潜在影响（implications）的归纳总结。听力理解测验结果解释或分数使用效度的高低，主要体现在通过某种测验方法所获得的测验分数能否恰当地反映考生的真实听力水平方面。

综观国内外大多数语言测验，对听力理解能力的测验所采用的典型测验方法是：选择若干不同交际特征的言语材料，比如句子（statement）、简短对话（dialogue）以及讲话或长对话（conversation or lecture）等作为刺激材料，然后针对输入语料设计一个或若干个多项选择题，要求考生以对听觉输入材料的内容理解为基础，在规定的时间内，完成相应的多项选择题。这种传统的测量方式具有：（1）操作简便、灵活；（2）可行性强，适合大规模施测；（3）话语材料选择广泛；（4）评分效率和评分信度高等优点（Sherman，1997；Cohen，1984）。不过也有不少研究人员认为，在使用这种经典测验方法对考生的听力理解能力进行测量时，考试结果比较容易受考生应试策略的影响，测验结果解释或分数使用的效度令人质疑。比如，考生在考试中的猜测策略、选项预览、逻辑排除法等应试策略有可能对考生的听力测验分数产生较大影响。因为，任何测验都是期望测量的能力（或特质）与测验方法为统一体（trait-method unit），因此，要确保测验分数能够准确反映考生的语言能力，一方面在设计测验时，要尽量通过选择与测量目标具有最佳对应性（correspondence）的测验任务形式，将各种构想无关变异（construct-irrelevant variance）因素对测验分数使用效度产生的消极影响和对考生测验表现（performance）产生的干扰作用降低到最低限度，确保期望测量的语言能力因素对测验表现的贡献效应最大化（Bachman，1990）；另一方面还要通过收集具有足够说服力的各种经验证据或统计证据，对测验结果的效度进行后验（posterior）论证。所以，测验效度验证（validation），不仅要针对测验内容、测验方法本身进行验证，而且还必须针对考生的答题过程和应试策略对考试结果的影响程度进行归因（attributive）性研究（Buck，1991；Weir，2005）。如果研究结果证明某一应试策略的使用确实可以明显提高或降低听力理解测验成绩的话，那么对听力构想（construct）的理论定义和测验分数使用的效度就要重新审视和界定。

三、听力理解应试策略

所谓应试策略（test-taking strategies）就是指考生在考试中，为了完成语言测验任务而有意识地选择和使用的各种补偿性行为、手段或过程。Bachman（1990，1996）的语言能力理论认为（见图1—9），应试策略的使用可以被看作是外语或第二语言学习者策略能力（strategic competence）的一个重要组成部分。策略能力是一种综合性实施手段，是语言能力以适当的方式发挥作用和完成交际功能的枢纽与操作机制。知识结构和语言能力是语言交际的原动力，但两者必须通过策略能力，借助适当的心理、生理机制才能发挥作用。

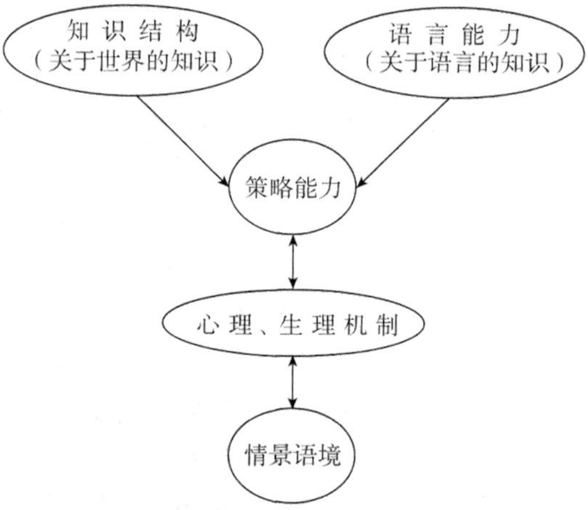

图1—9　交际语言能力成分模型

听力理解测试任务是一种特殊的语言使用或交际任务，因此，听力应试策略、听力学习策略和语言学习策略之间既有共性，又有各自的特殊性。目前，针对第二语言的学习策略，先后有不同的分类体系。Oxford（1990）认为对听力学习策略可以进行直接策略和间接策略二元划分；O'Malley则将听力学习策略分为元认知策略（metacognitive strategies）、认知策略和社会/情感策略（social/affective strategies)。Rost（1990）认为一个语言学习者即使具备了一定的听力技能，也未必保证他可以听懂各种语言材料，因为听力理解的过程是对信息的主动加工处理过程。所以，要有效地完成听力理解任务还要有适当的听力策略配合。听力理解不仅是积极思考的过程，而且是一个主动做出即时（on-line）决定的过程，这种思考和决定过程本身，就已经在使用各种听力策略了。Rost（1990，2001）在对以往各种语言学习策略进行归纳总结的基础上，专门提出了一个听力理解策略分类体系（见表1—5）。

表1—5　　听力策略参考体系

社会策略	目的策略	语言学策略	内容策略
思考情景	思考计划	激活语言知识	激活内容知识
1. 如何处理情境？ 2. 听者与讲话人是何种关系？ 3. 如何澄清？	1. 怎样组织听到的内容？ 2. 如何回应？ 3. 交际或听的目的是什么？	1. 关注哪些词语？ 2. 哪些生词或短语需要猜测？	1. 听者的先验知识与听到的信息有何关系？ 2. 可以预测哪些内容？

在听力理解测试中，考生为了完成听力理解测验任务，不仅要具备一定的听力技能（skills），而且还要借助各种听力理解策略来提高完成测验任务的效率或效果。技能是源于行为主义心理学（behavioral psychology）的概念，技能的习得需要不断的实践和长期的重复。而策略则属于目标导向性（goal-oriented）的刻意行为。技能的特点是具有明显的内化性（internalized）、稳定性、习惯性和下意识性，而策略则具有补偿性（compensatory）、选择性（selective）、目的性和意识性。在听力理解测验中考生使用的应试策略相当广泛，但最具有研究价值和区分作用的应试策略则是题目预览或选项预览策略（question preview）。所谓选项预览策略就是指考生在开始听录音材料之前，事先阅读多项选择题的题干和选项，以期对即将听到语料主题进行预测，提高加工的效率、准确性。

目前，针对选项预览策略对听力理解的影响效果问题，在第二语言习得领域和语言测试领域的研究结果并不一致。一种观点认为，选项预览应试策略的使用具有积极的影响（positive effect），而另一种研究结果则证明选项预览应试策略的使用，对听力学习和测试具有消极影响（negative effect）。对选项预览持支持态度的观点认为（Sherman，1997；Buck，1991），选项预览应试策略在听力学习和听力测验中具有较明显的辅助贡献效果（contributory effects），通过对测验题目的预读，考生可以大概了解语料的主题、语境；通过题干和选项中的关键词、内容词和场景信息等，可以取得语境效果的最佳关联（maxim relevance）。因此，考生使用选项预览应试策略可以比较明显地提高测验分数，因为选项预览有助于考生：（1）选择性调整关注焦点（attention focus）；（2）获取额外语言信息支持；（3）启动相应图式（schemata）；（4）提高听力加工的效率。而对选项预览应试策略持中立或反对意见的观点则认为，选项预览（question preview）策略对考生的听力理解结果基本上没有影响或者影响甚微，甚至还会对考生的考试过程产生抑制效应（inhibitive effects），因为选项预览策略的使用可以：（1）干扰考生的主观加工过程；（2）增加考生的关注负担；（3）产生先入为主的错觉；（4）转移考生的听力理解注意力。

不过，特别值得强调的是，上述研究结论均以国外针对英语作为外语或第二语言（EFL/ESL）的测试或学习策略而进行的研究结果，而对于汉语作为第二语言的测试研究结果尚不明确。因此，本研究的具体目标将集中在以下两个方面。

（1）不同汉语水平的考生，在使用选项预览策略方面是否具有明显差异？

（2）选项预览策略对考生的听力测验分数是否具有显著影响？

四、HSK 听力理解考试的选项预览策略研究

HSK 听力理解测验由三个相对独立的亚测验组成，即句子听力理解（1—15 题）、短对话听力理解（16—35 题）和长对话或讲话听力理解（36—50 题）。三种测验的语料类别和长度不同，信息密度、语境依赖性上也有区别，但测量的共同目标均为考生的一般听力理解能力。目前，国外针对听力策略研究所用的方法主要包括有声思维法（think-aloud）、观察法和问卷调查法（questionnaire）。本研究所用的研究方法是问卷调查法。具体操作方式是，针对考生在听力理解考试中使用的选项预览应试策略的情况，专门设计一份问卷调查表，在考试结束以后，要求考生对自己完成听力测验任务时所采用的策略情况进行内省式（introspective）回答。问卷内容包括四个选择项，具体调查选项内容如下。

A 策略：先听录音材料，然后回答多项选择（multiple choice question，MCQ）题目；

B 策略：先对 MCQ 题目进行快速预览，然后再听录音材料；

C 策略：在听录音材料的过程中，同时按多项选择题目顺序进行预览；

D 策略：随机方式，即有时采用 A 策略，有时采用 B 策略；

问卷调查表总共在国内 48 个考点发放 7 158 份，实际收回 5 246 份（策略选择的具体频率分布情况，请参见图 1—10，N 表示没有回答的考生人数）。由于

部分考生信息填写不完整、数据采集偏差等原因，最后获得具有实际分析价值的有效问卷共计 4 218 份。本研究的设计分析均以有效问卷为抽样基础。

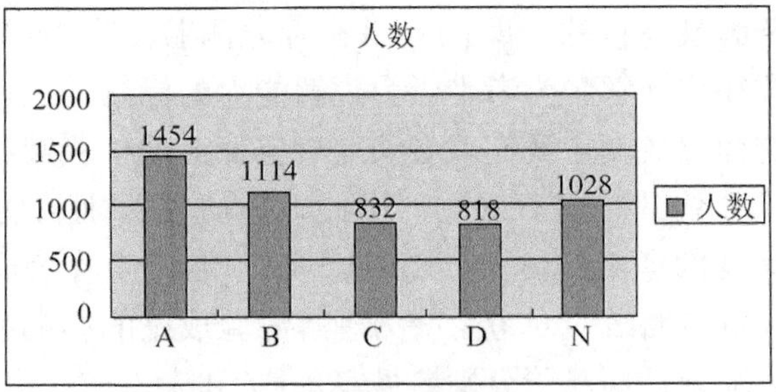

图 1—10　考生策略选择分布图

（一）选项预览策略是否与语言水平有关

为了考查在听力理解测验中，考生整体汉语水平的高低对选项预览策略的使用倾向是否具有显著影响，我们用卡方检验法对选项预览策略的总体分布进行假设检验。首先根据考生的 HSK 总分，按照 1∶1∶1 的比例分为高分组、中分组和低分组三个研究对象，然后，分别从高分组、中分组和低分组中考生中随机抽取 40 名考生作为研究样本，统计三个样本中考生选项预览策略的具体使用情况（统计情况请参见表 1—6）并进行卡方显著性检验。

表 1—6　　　选项预览策略与汉语水平统计分类统计表

考生汉语水平程度	选项预览策略情况				合　计
	A	B	C	D	
高	14	7	7	12	40
中	9	8	15	8	40
低	9	12	12	7	40
合　计	32	27	34	27	120

根据表 1—6 的统计频数，实际计算可得 $x^2=10.08$，自由度 $df=6$，由于 $x^2 < x^2_{(6)}=12.59$，则 $P>0.05$，因此，根据统计决断规则，在 0.05 水平上保留零假设，而拒绝备择假设。即考生在 HSK 听力考试中，听力应试策略的四种使用频率分布与考生语言水平的高低并无显著性关系。

（二）选项预览策略对考生的听力测验分数是否具有显著影响

选项预览属于目的驱动性（purpose-driven）或任务导向性（task-oriented）

的一种特殊应试策略，在非测量情景中的正常阅读行为中，读者很少使用这种策略。而在听力理解测验中，考生是否选择以及选择哪些具体应试策略是以最大限度地完成测验任务为最终目的，即正确回答听力测验多项选择题（MCQ）为目标。由于测验分数往往被解释为考生听力理解能力的标志，因此，要确保测验结果解释具有较高的构想效度，我们就必须通过实证证据检验某种具体的应试策略是否对考生的测验分数具有显著影响。因此，本研究分别从使用A策略、B策略、C策略和D策略的考生团体中，随机选取30名考生作为研究样本，用方差分析法检验选项预览策略效应对考生听力理解测验成绩的影响程度。研究样本的特征描述和测验成绩统计信息请分别参见表1—7和表1—8。

表1—7　　研究样本描述

	样本A	样本B	样本C	样本D
样本数	30	30	30	30
国家来源	6	8	9	11
男	14	13	15	16
女	16	17	15	14
考点数	21	19	17	20

表1—8　　研究样本统计描述

	最高（Max.）	最低（Min.）	均值（M.）	全距（Ran.）
样本A	46	24	35.5	22
样本B	47	7	31.6	40
样本C	47	12	32.2	35
样本D	48	14	34.7	34

通过SPSS17.0对所选择的四个考生样本，进行单因素四水平、等样本的实验设计方式进行方差分析（ANOVA），具体方差分析结果请参见表1—9。

表1—9　　四组考生听力成绩方差分析表

差异来源	平方和（SS）	自由度（df）	方差（MS）	F	Sig.
Between Groups	621.100	3	207.033	2.304	.081
Within Groups	10 424.867	116	89.870		
Total	11 045.967	119			

通过方差分析结果可见，P＞0.05，因此应保留零假设，而拒绝备择假设，即考生在 HSK 听力理解测试中，四种不同选项预览方式的使用对考生听力理解测验的考试分数并无显著影响。对此，我们可以推断，在 HSK 听力理解测验的设计和命题中，由于命题技术比较高，题干（stems）和选项（options）的结构和内容给考生提供的额外答题信息比较有限，考生能否正确回答相应的测验题目的决定性因素是考生能否真正听懂或理解输入的语言材料。考生在听力理解测验中，无论是采用先阅读题干（stems）和选项（options）再听输入材料的应试策略，还是采用先听输入材料再阅读并回答题目的方式，抑或采用其他两种策略方式，其听力理解测验结果之间并无明显差异。选项预览策略对考生听力理解能力的测量并没有统计意义上的干扰效应，测验分数使用具有较高的构想效度。

五、结论

本研究使用卡方检验法和方差分析技术，分别对 HSK 考生在听力理解测验中选项预览策略的使用分布情况以及对测验成绩的影响程度进行了实证研究。统计证据表明：在汉语水平考试（HSK）的听力理解测验中，选项预览策略的四种具体使用方式，在不同水平的考生中的分布没有显著性差异，考生究竟采用哪一种预览应试策略具有一定的个性化特征。听力理解过程和题目阅读顺序之间的不同，对考生听力理解测验分数并没有显著影响。HSK 听力理解测验的分数主要是由考生的听力理解水平所决定，测验结果使用具有较高的构想效度。

第四节　汉语水平考试（HSK）复本测验分数历时稳定性研究

在大规模、标准化语言测验中，如何确保复本测验分数之间具有等价性（equivalence）和稳定性（stability）的问题，是测验分数信度高低的重要标志之一，也是测验结果解释和分数使用效度高低的重要证据之一。本研究在对中国汉语水平考试（HSK）标准化开发程序和等值处理技术进行考察的基础上，重点对国内最近两年 HSK 考试使用的 8 份复本测验分数之间的稳定进行了统计分析。研究结果表明，HSK 测验的复本分数之间具有较高的稳定性，所有测验试卷的考试分数与标准卷之间均具有较高的历时一致性。

一、问题的提出

中国汉语水平考试（HSK）是为测量母语非汉语者（包括外国人、华侨和中国境内部分少数民族考生）的一般汉语水平而设计的国家级标准化考试。其测量结果对考生求学、求职和汉语能力评价的影响后效（consequences）均具有高风险性（high-stakes）。因此，如何确保HSK测验结果的使用或解释（interpretation）具有令考生、考试用户和对外汉语教学界公认的信度（reliability）和效度（validity），一直是测验设计者和开发者所关注的核心问题。刘英林（1994）对HSK设计的语言学理论基础和分数结构体系进行过若干基础性研究；何芳（1994）用相关分析法对HSK的信度和效度进行过初步考查；谢小庆（1994，2000，2005）对HSK测验的信度和等值方法进行过系统性比较；柴省三（2002）用分类一致性（classification consistency）和相关分析法对HSK（初、中等）的复本信度和证书分类一致性进行过考察。不过，迄今为止，针对HSK测验分数的稳定性，特别是针对不同测验复本之间分数的稳定性问题的研究尚不多见。而对语言测试信度和效度的考察绝不是一劳永逸的静态过程，而是一个不断搜集证据、积累证据的综合性、系统化过程，因为各种证据之间不是非此即彼的取代关系，而是互补关系。因此，本研究将在对HSK标准化研发过程进行初步探讨的基础上，专门针对HSK测验分数的复本稳定性，进行历时性的、纵向的研究。

二、汉语水平考试（HSK）的信度和效度

中国汉语水平考试（HSK）是一种大规模、标准化证书考试，按照难易程度从低到高分为HSK（基础）、HSK（初、中等）和HSK（高等）三个类别，考生可根据自己的水平选择报考任何一个类别的考试，凡考试成绩达到规定标准者，均可获得相应等级的《汉语水平证书》。HSK从1989年诞生以来，先后已有来自170多个国家的180多万名考生在国内外各考点参加了各类别的考试。其中报考HSK（初、中等）的考生人数最多，约占考生总数的75%以上，因而本研究只针对HSK（初、中等）测验的复本分数进行统计分析。

作为评价考生一般汉语水平的测量工具和外国留学生申请进入中国大学攻读学士、硕士学位的汉语资格证明，HSK的测试结果备受国内外对外汉语教学界的普遍关注。因此，HSK考试的标准化和科学性程度如何，HSK是否具有理想

的考试信度和效度，以及测验分数之间是否具有横向等价性和纵向可比性等问题，不仅与考生本人的切身利益密切相关，而且对考试结果的用户，比如高校留学生招生机构、企业员工录用部门等，甚至对外汉语教学的教学理念和课程设计等均具有相当大的影响。

任何一个标准语言测试，首先，测量的效度要高，这是衡量语言测验质量高低最重要的指标，即测验结果要准确反映考生语言水平的高低。评价一个考试质量高低的标准包括信度、效度、可行性（practicability）和考试对教学的反拨作用（washback）等很多方面，但效度问题是标准化语言测验永恒的主题。所谓效度（validity）指的是考试在多大程度上测出了期望测量的东西，或者说考试在多大程度上完成了预期的测量任务，实现了预期的测试目标。效度概念本身至少包含了两层含义，一是考试究竟测量的是什么（what）；二是测出的程度有多大（how well）。比如，我们要设计一个以测量外国留学生汉语口语能力为主要目的的语言考试，那么该考试质量的高低就可以用效度来衡量。如果考试结果解释或分数使用的效度比较高，就应该满足以下两个方面的要求：（1）该考试的确测量的是考生的汉语口语能力，而不是写作能力、阅读能力或其他与汉语口语能力无关的东西；（2）考试结果可以很好地测出考生的汉语口语交际能力。否则，我们就不能认为该考试具有较高的效度，因为这两条标准分别从定性和定量的角度对考试的测量效果进行了界定。就 HSK 而言，其设计初衷是测量外国留学生的一般汉语交际能力的，因此，考试的结果应该能够准确反映考生在日常生活、学习和工作中所体现出来的一般汉语水平，而不是测量考生在某一特定领域或完成某一课堂教学任务的能力。

其次，测验结果要具有令人信服的信度，即考试的测量误差要小，测量结果要具有高度的稳定性（dependability）和一致性（consisitency）。由于考试的分数通常是对考生答题结果或完成测验任务的表现（performance）水平进行赋值表征的结果，因此，我们在使用测验分数时，实际上潜在的基于定性和定量两个假设，即测验分数是考生在某一方面语言能力、技能或知识的反映，测验分数高的考生应该比测验分数低的考生在测验所测的语言能力上要高。不过，由于各种测量误差的存在，测验分数实际上不可能百分之百地反映考生的语言能力。Bachman（1990）认为，在语言测验中考生的测验分数是其语言能力（测量目标）、测验方法、个人特质（attributes）和其他与测验目标无关的随机因素（random factors）共同作用的结果（见图 1－11）。测验结果的稳定性、一致性程度取决于测量误差的大小，所以，要提高测验分数的信度，就必须降低各种测量的误差。因为测量误差越大，分数中由测量目标所引起的构想（construct）分数所占的比例就越低，考试结果对拟测语言能力的解释力和推断程度就越低。而信度正是反映测量误差大小的一个重要指标。所以，信度和效度属于一个连续体（continuum）上的两个端点（Bachman，1990），信度是效度建立的一个重要证据来源，是效度的必要条件（prerequisite）而不是充分条件。如果一个测验的信度不高，那么测验分数使用的效度也必然很低。

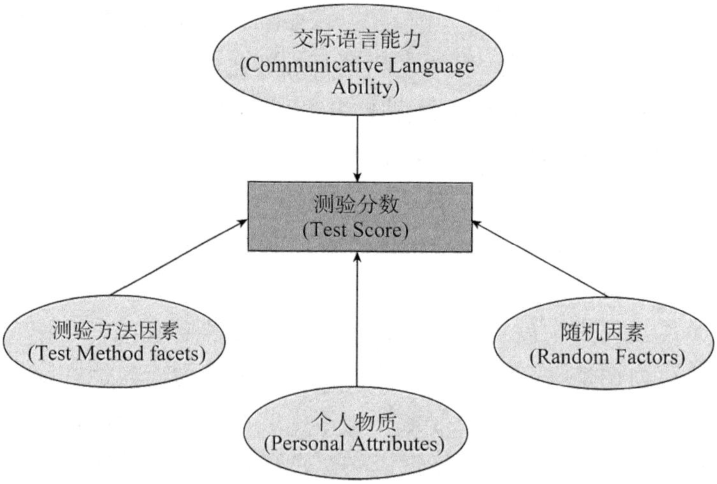

图 1—11　测验分数示意图

测验的信度和效度是一对矛盾统一体，信度和效度不可能同时达到最大化（李筱菊，2001），因为效度只是程度问题，具有明显的相对性。效度的有效性总是相对于一定的测量目的、功能和范围而言的，效度不是有或无的关系，而只是程度上的不同。由于语言能力是一个抽象的概念，依靠现有的语言学研究水平和心理测量手段尚无法进行直接测量，我们只能通过考生完成语言测验任务所表现出来的语言行为间接地推断考生的汉语能力，因此，不能说一次考试绝对有效或无效。在语言测试的具体实践中，只能根据测验使用的具体目的通过各种标准程序寻求信度和效度的最佳平衡点。

为了确保 HSK 测验具有较高的信度和效度，考试设计和开发均按照严格的、标准化程序进行操作（见图 1—12），以确保测验的信度和效度，以及测验题目的难度（difficulty）、区分度（discrimination）、分数分布等符合标准化考试的要求。

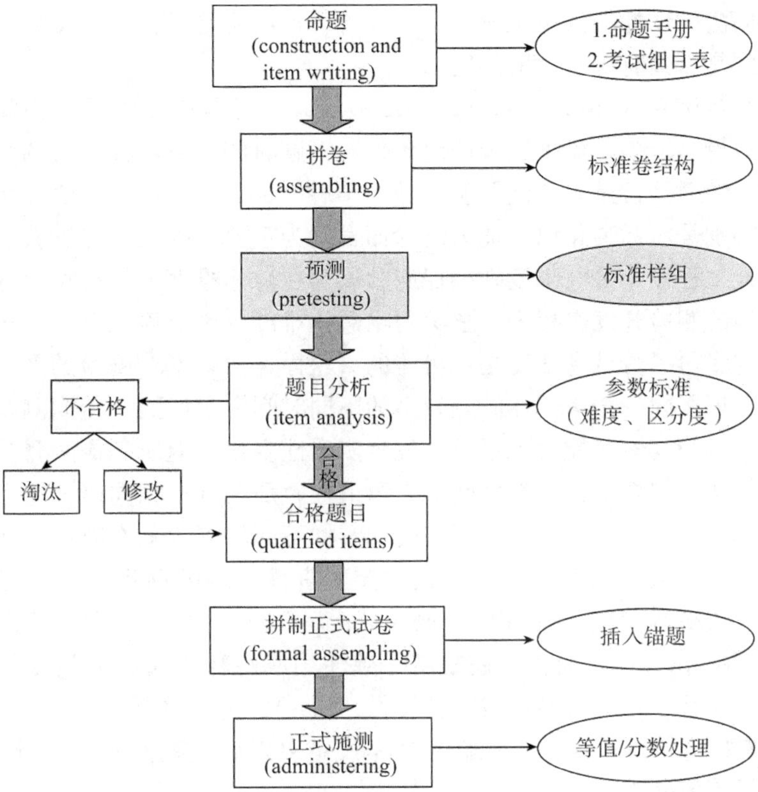

图 1－12 HSK 标准化测验开发示意

一般而言，标准化语言测试应该满足稳定性、科学性、权威性、社会性、广泛性、系统性和设立常模（norm）等要求。尽管不同的考试有不同的标准化要求，但大规模标准化语言测试和非标准语言测试最典型的区别体现在是否进行考试预测（pre-testing）、是否建有常模和是否进行等值处理三个方面。从 HSK 的开发示意图不难看出，HSK 的研究发过程完全满足标准化语言测试的核心要求，即建有自己的常模，通过预测选择符合测验质量的题目，对试卷采取等值处理，确保平行试卷之间的测验分数具有稳定性、一致性等。

三、HSK 试卷的等值处理

由于中国汉语水平考试（HSK）是一种大规模的考试，每年在中国国内近百个考点举行若干次考试，每年考生人数在 60 000 人次以上。为确保考试的公平性（fairness），每次考试全部采用不同的平行试卷（parallel forms），那么如何保证不同测验试卷上的考试分数之间具有可比性问题显得尤为重要，因为它涉及分数之间是否具有等价性的问题。

所谓平行试卷（alternative/parallel forms），就是指在性质、测验内容、题型、题目数量与结构、难度以及施测条件和答题时间等方面都一致的两份或多份测验试卷。针对平行试卷之间测验分数等值性（equivalence）的研究是大规模语言测验，特别是对标准化语言能力测验而言尤为重要。因为，尽管我们已经通过各种标准开发程序，最大限度地确保测验试卷在总体难度上保持稳定性，但事实上，在具体的测验开发过程中，要编写出总体难度、区分度（discrimination）等完全相同的多份平行试卷几乎是不可能的。这样，如果不对测验的平行试卷进行等值处理，那么同一个考生在间隔较短的不同时间内参加两个相同测验形式的平行测验时，尽管其语言能力水平没有发生实质性变化，但所获得的测验分数却相差较大；同样，如果平行试卷之间缺乏等值性，那么具有相同语言能力水平的一名（或一批）考生在不同地点、不同时间参加不同的测验复本时，所获得的测验结果也会相差太大。因此，在没有其他突发事件影响的前提下，我们就可以断定：该测验的平行信度（parallel forms reliability）不高。因为，无论就测验本身的属性（properties）而言，还是就分数使用或解释来说，测验分数不仅没有使用价值，而且还具有误导性或不公平性（bias）。为了确保 HSK 平行测验分数之间具有横向等价性、纵向可比性，在考试结束以后，我们专门针对 HSK 测验分数进行了等值处理。

所谓等值（equating）就是指把测量同一心理特质（trait，比如汉语语言能力等）的不同测验分数，借助一定的数学模型和技术手段，转换成同一单位量表或标杆上的数量，以确保平行测验（parallel forms）分数之间具有可比性的过程。对测验分数进行等值化处理是大规模、标准化语言测试最重要的技术环节之一，也是确保测验信度和效度的重要手段（张敏强，1998；漆书青等，2002）。测验等值包括两方面的内容，一是把不同测验所得到的分数进行等值，二是对测验题目的参数进行等值。其中，前者主要是指经典测量理论（CTT）针对平行卷之间进行的等值，后者则主要是指借助项目反应理论（IRT）针对具体测验项目的难度、区分度等参数所进行的等值处理。

一般测验等值设计包括单一组设计（Single-group Design）、共同考生设计（Common-person Design）和共同参照测验设计（Anchor-test Design）或称“锚题”测验设计以及混合设计等四种形式（张敏强，1998）。其中在经典测验等值中最经常采用的等值方法包括等百分位等值法、线形等值法和回归等值法三种。

中国汉语水平考试（HSK）采用的等值方法是共同参照测验或“锚题”测

验设计的线性等值法（见图 1—13），即在所有的平行试卷里按照一定的比例都嵌入了适当数量的、标准卷所包含的测验题目（见表 1—10）。比如有 A、B 两份平行试卷，两者均包含 27 个标准卷里含有的测验题目，尽管 A、B 卷在测验的题型、内容、形式、数量、答题时间和施测条件等方面全部一样，但事实上 A、B 卷的难度不可能完全相同。假如有语言能力基本相同的两名考生甲、乙分别参加了 A 卷和 B 卷考试，因为平行卷之间的测验分数缺乏横向等价性，所以甲考生在 A 卷上所获得的测验分数与乙考生在 B 卷上所获得的测验分数很可能不一致，甚至相差较大，甲、乙考生的语言水平并没有通过测验分数准确地表示出来，如果不对 A、B 卷进行等值处理，那么两个测验分数的差别就不是考生语言水平差异的有效指标，而是由测验试卷难度不同所引起的。

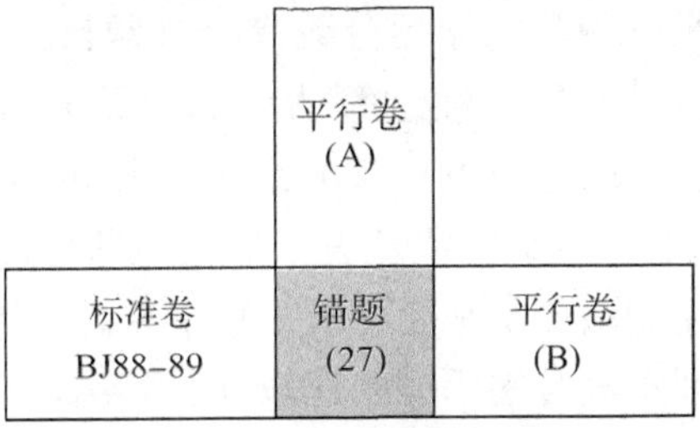

图 1—13　HSK 测验分数等值示意图

表 1—10　　HSK（初、中等）试卷操作结构

考试时间	听力	语法	阅读	综合填空	合计
非锚题数	42	25	42	34	143
锚题数	8	5	8	6	27
合　计	50	30	50	40	170

如果按照图 1—13 所示的等值设计和进行等值处理以后，测验开发者就可以根据甲、乙考生分别在“锚题”上的表现水平，经过等值模型的数学处理以后，将 A、B 平行卷上考生的实测分数完全转换到了标准卷“BJ88—89”上的分数，这样即使参加 A、B 平行卷的同一名考生或者若干名汉语水平基本相同的考生，在考试过程中确实感觉两卷的答题难度略有差异，但由于测验分数最终要全部换算到标准卷上，所以考生最后实际获得的分数应该基本一样，并且所有考生的测验分数与 HSK 的测验标准常模具有可比性。考生既不会因为参加了难度较大的试卷而“吃亏”，也不会因为参加了一份难度较低的试卷而“赚便宜”，因为他们的分数最终都要根据“锚题”反应水平换算到具有纵向、历时（diachronous）可比

性的标准卷上（具体等值计算过程请参见谢小庆，1995；郭树军，1995）。采用这种等值处理方式以后，就可以在很大程度上解决了测验分数的等价性和稳定性问题。

四、HSK 等值分数的稳定性研究

经过上述预测、题目分析、等值处理以后，HSK 的测验分数已经具备了两个特征，一是平行试卷之间的原始分数具有了等价性，二是所有平行试卷的原始分数与标准卷之间具备了历时的、纵向的可比性，并与标准样组测验分数具有了等价性。不过，由于 HSK（初、中等）考试是由听力理解、语法结构、阅读理解和综合填空四部分组成，四个分测验的原始分数满分（题目总数）分别是 50、30、50、40，如果只给考生或考试用户提供经过等值后的原始分数的话，至少存在两个问题，首先是不同分测验之间的分数不具有可比性，比如某考生的听力得分是 25 分，语法分数是 24 分，如果单从原始分数来看，似乎该考生的听力理解成绩要比语法成绩好，但实际上该考生的语法水平要比听力水平要高，因为两个分测验的总分不同，所以导致原始分之间不具有内部横向比较性。其次，按原始分数进行报导既不符合考生和用户的使用习惯，也无法提供考生之间的常模信息，所以，为了解决分测验之间分数的可比性问题，HSK 最后对考生的原始等值分数进行了标准化处理（normalization），并最终给考生报导一个标准化后的导出分数。

为了考察 HSK 的等值效果和标准分数的稳定性，本研究以在中国国内参加 2009 年、2010 年 8 次（8 份平行试卷）HSK 考试的 95 636 名考生的实测数据为研究对象（见表 1—11），对每次考试的测验分数进行统计分析。

表 1—11　　　　研究样本描述

考试时间	考生人数	考点数量	考生国家数	男生数	女生数
2009 年 04 月	15 775	51	150	51.09%	48.91%
2009 年 06 月	15 860	53	165	50.47%	49.53%
2009 年 10 月	4 973	22	84	50.83%	49.17%
2009 年 11 月	14 273	61	131	48.00%	52.00%
2010 年 04 月	13 846	55	157	51.13%	48.87%
2010 年 06 月	15 992	57	165	49.52%	50.48%
2010 年 10 月	3 928	22	97	51.20%	48.80%
2010 年 11 月	10 989	64	150	49.60%	50.40%

8 份平行试卷的听力平均分、语法平均分、阅读平均分、填空平均分和总分平均分的历时一致性程度，请参见表 1—12。

表 1—12　　HSK 平均分数统计表（导出分数）

考试时间	听力理解	语法结构	阅读理解	综合填空	总　分
2009 年 04 月	59	59	59	58	234
2009 年 06 月	59	59	61	58	238
2009 年 10 月	60	61	65	56	243
2009 年 11 月	62	59	64	60	245
2010 年 04 月	59	60	62	60	242
2010 年 06 月	58	60	60	54	232
2010 年 10 月	62	62	65	61	251
2010 年 11 月	65	60	61	58	247
均值全距	6	3	6	7	15

从表 1—12 可见，考生在 8 份 HSK 平行试卷上的测验平均分具有相当强的稳定性，单项分数的最大波动范围不超过 7 分（填空部分），最小波动范围是 3 分（语法结构部分）。而总分（满分为 400 分）的波动范围为 15 分。这对于一个母语背景、学业修养、年龄结构等异质性（heterogeneity）相当强的大规模测验而言，测验质量是相当高的。尽管考生参加考试的时间不同、试卷也不一样，但因为 HSK 按照标准化程序对考试采取了预测，建立了稳定的常模和等值化处理，所以考生的测验分数不仅在平行试卷之间具有很高的一致性，而且所有平行测验与标准样组（常模）在标准卷（BJ88—89）上的测验分数之间也具有非常高的稳定性。考生在不同时间、不同地点、参加不同版本的平行测验时，其测验分数具有较高的公平性。为了直观地观察测验分数的纵向稳定程度，我们将不同分测验的平均分以折线图的形式给出。具体结果请分别参见图 1—14 至图 1—18。

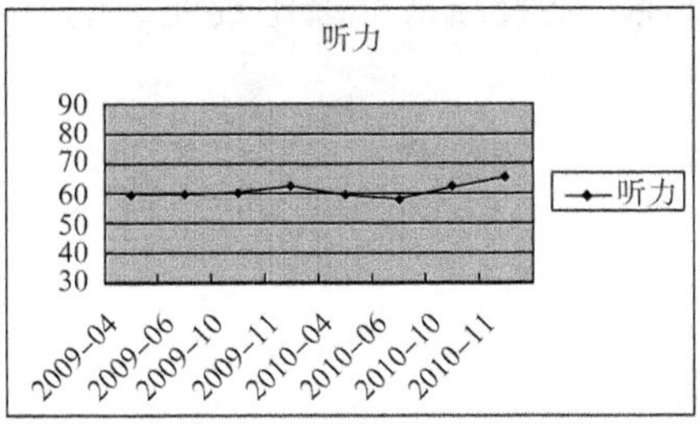

图 1—14　听力测验分数历时分析图

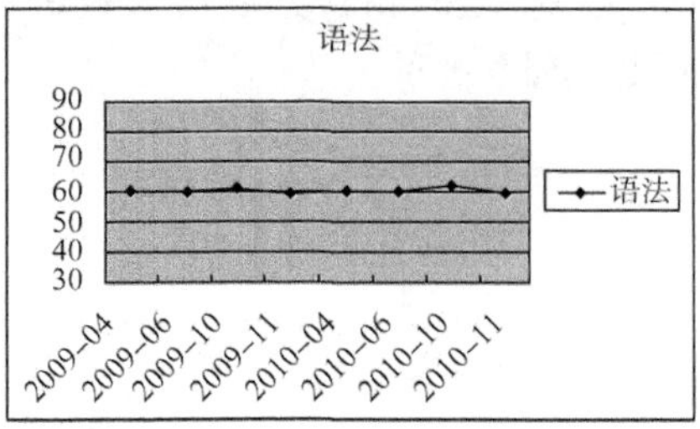

图 1—15　语法测验分数历时分析图

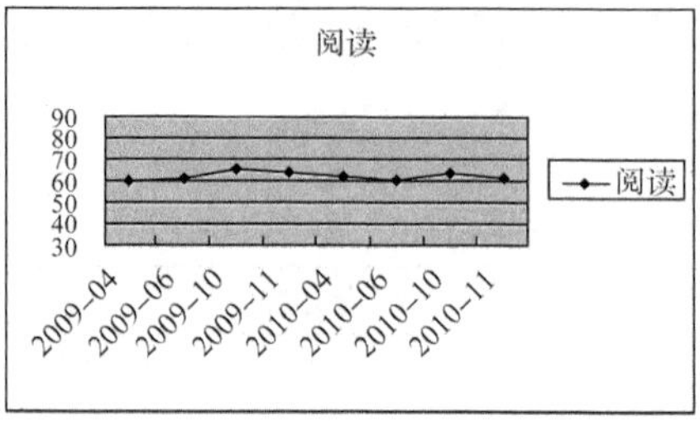

图 1—16 阅读测验分数历时分析图

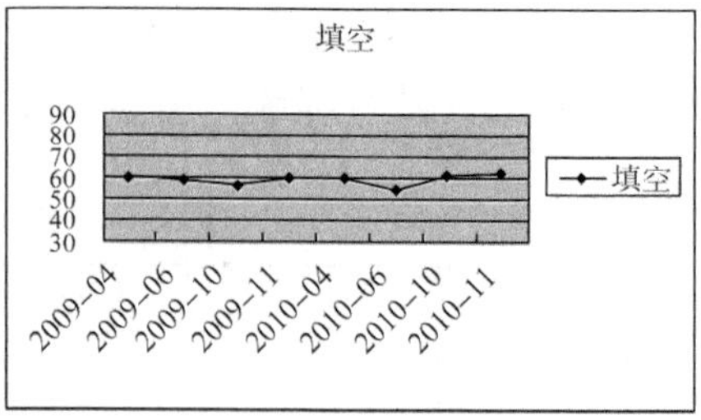

图 1—17 填空测验分数历时分析图

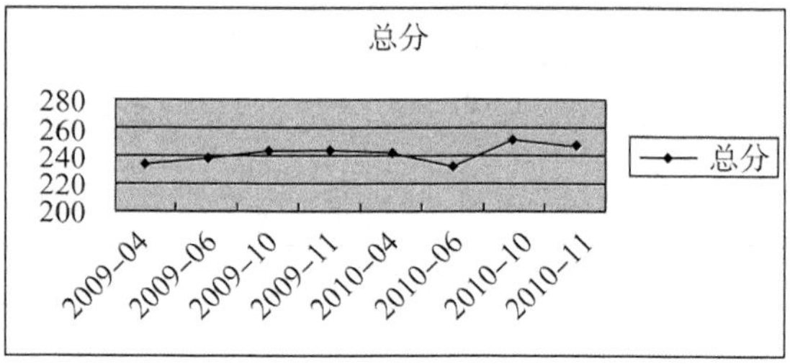

图 1—18 总分历时分析图

五、结果与讨论

在语言测验中，由于测验分数是对考生完成测验任务情况进行数值表征的结果，如果要保证测验分数解释或使用具有较高的效度，那么测验分数就必须具有较高的信度，否则，测量的误差就较大，测验结果就不能反映考生之间语言能力的差别。本研究的结果表明，HSK 的测验分数在平行试卷之间具有相当高的横向一致性。因为 HSK 采用了比较稳定的常模和采取了“锚题”测验的线性等值处理方式，考生在不同时间、不同地点、参加不同复本测验的分数之间既具有横向的等价性，也具有历时的稳定性，考生的测验分数与标准样组（常模）在标杆卷 BJ88—89 上的测验分数具有较好的一致性。测验结果可以比较准确地反映考生的汉语能力水平。

第二章

语言测试的公平性研究

公平性（fairness）是语言测试（特别是针对母语、文化、宗教、年龄等存在较大差异的考生而开发的第二语言测试）的最基本要求，也是评价语言测验质量高低的重要依据之一（Kunnan，2004）。如果测验的题目或测验任务对不同个体背景的考生团体而言缺乏公平性，那么测验的结果就不能用来对被试的语言水平做出准确的评估，无法对考生在非测量情景中的语言使用表现做出有效的推断，测验分数的解释和使用效度也就不高。本章首先对语言测试中构想效度与公平性之间的关系进行初步的理论探讨，然后以真实测量数据为基础，通过DIF检验方法和蕴含量表分析法分别对中国汉语水平考试（HSK）阅读理解测验的题目和篇章偏差及公平性问题进行实证研究。

第一节　构想效度与公平性之关系解析

构想效度的概念一经提出便迅速促进了效度概念的一体化。同时，在不少研究论文中“效度”（validity）与“效验”（validation）这两个概念经常交替使用，以致许多学者在研究效度问题时并未把二者严格区分开来，甚至看作是同一个概念，使得如今的效度概念成为一个复杂的、包含测试各个方面内容的庞大系统。与此同时，测试的公平性问题也越来越受到各方的关注，从而导致效度、效验和公平性（fairness）三者之间的界限也日渐模糊。本研究在对效度和公平性本质进行考辨的基础上，对效度、效验及公平性三者之间的关系进行了澄清。

一、问题的提出

随着心理与教育测量领域对效度概念的不断扩展，语言测试中对测验公平性的研究也越来越重视，并已经成为教育测量领域实证研究的热点。测试开发者、使用者、考生和研究者分别从不同的视角理解测试的公平性问题。在经典测试理论中为测试提供公平性保证的主要是测试的信度和效度研究。不过综观国内的研究成果，有不少学者在进行实证研究时，经常把测试的效度与公平性分开处理，比如在研究效度问题的文章中很少涉及公平性问题，而在对公平性问题进行研究时往往忽视效度问题。针对这一现状，作者拟将从效度和公平性的基本概念入手，对二者的关系进行探讨。

二、效度概念的一元化及构想效度的本质

（一）效度概念的一元化

20 世纪 50 年代早期，构想效度（construct validity）即进入效度验证领域，效度的内涵和外延以及效度研究的范式都得到前所未有的发展，效度在语言测试中的地位也越来越突出。随着构想效度核心地位的逐步显现，效度概念开始朝着一元化的方向发展。构想效度、内容效度和效标关联效度被看成是效度证据的几个不同方面，它们共同组成一个整体的效度概念。最终构想效度经历了由“三足鼎立”的局面向“一元化”方向的发展过程。

究其原因，大概可以归结为两个：其一是效度参照标准由多重到有限几种再到最终一体化的转变；其二在于效度问题的核心从重在预测转变为重在解释（常晓宇，2005）。这是因为，如果没有有力的、经验性的、可作为预测依据的分数解释，预测的应用、意义也会成为一纸空文。

（二）构想效度的本质

在心理学和语言测试领域，“构想”（construct）一词常常用以描述“思想、行动特有的组织和效率”（Cronbach，1990）。在测量领域的意义上，构想效度就是指“某个测验可以说成是测量了某种结构”（转引自陈宏，1997）。Cronbach 和 Meehl（1955）认为，考察心理特质就是要研究测验分数和构想背后的理论关系。

近些年来，随着一批测量界专家诸如 Cronbach（1988）、Bachman（1990）和 Messick（1996）等对统一效度概念认识的深化和推广，加之美国心理协会通过两个版本的《教育与心理测量标准》（1985，1999）正式将效度统一概念明确化，构想效度的中心地位得到广泛认同。传统的效度概念把效度分为内容效度、效标关联效度和构想效度，构想效度是其中的一个类别。而新的一元化的效度概念则把分数的社会价值和社会影响（social consequences）这两个问题纳入更综合的构想效度体系中，传统的效度种类被“降格为为构想效度提供经验依据的研究策略或依据类别”（Cumming，1996）。构想效度成为包括内容效度、效标关联效度和构想效度以及社会后效和测量价值等各方面内容的综合概念（汪顺玉，2009）。Messick（1996）极力主张将价值含义和社会影响因素引入效度框架内，他认为统一构想效度的本质是分数推断要恰当、有意义和有用，这三方面不可分

割；以实证数据为支撑的分数解释是这种综合解释力的依据，即意义和价值都是效度的组成部分。

三、公平性问题的提出及其含义

（一）公平性问题的缘起与发展

测验公平性是美国社会追求教育平等和宗教平等权利的产物和目标。20 世纪 70 年代美国的民权运动、80 年代初的反考试运动以及由考试公平性（fairness）问题引发的几宗法律事件，极大地促进了教育测量人员和决策者从管理、技术和价值层面提高试题的质量和从业意识。1983 年，美国里根政府掀起了教育改革浪潮，把追求卓越与公平作为教育目标。而我国当代教育界所谓的教育均衡发展或受教育机会均等，实际上也属于公平性问题，如教育资源是否得到合理配置、个人的求学（求职）机会是否均等等问题。

随着效度概念的发展与完善，对测试公平性的研究也来越受到重视，并正在成为教育测量领域研究的新热点。Bachman（2000）也指出，公平性是语言测试未来研究的重点。“效度和公平性是我们将自己定义为职业语言测试人员、应用语言学家时要考虑的核心问题”（转引自张琨，2011）。

（二）测验公平的含义

公平性被认为是没有偏差和主观因素在内，是民主社团或社会和测量的核心价值（Kane，2010）。Kane 从两方面来介绍了这个概念：即程序上的公平性（procedural fairness）和实质上的公平性（substantive fairness）。所谓程序上的公平性，就是“要求被试基本上得到同样的考试待遇，也就是使用同样的试卷或平行试卷，在同样或平等的条件下接受测试，对被试的表现按照同样的规则和过程做出平等地（或基本平等地）评价”。这是公平性一个最基本的概念。实质上的公平性则要求“分数解释和任何基于测试的决策规则合理并且恰当，特别是对所有的被试（至少大体上）都是平等适用的。”由此我们很明显地可以看出二者的区别：程序上的公平性着眼于我们如何对待被试，而实质上的公平性则关注测试本身所引起的被试的反应，尤其是应用于不同的考生群体时。

那么究竟什么是“测试公平性”（test fairness）？测试公平性是指测试在多大程度上同等地对待每位考生，并为每位考生发挥其与测试预测构想效度相关的知识、技能提供平等的机会（Joint Committee on Testing Practices，2004）。

测试公平性的实现需要各种社会因素协同作用。Spaan（2001）认为公平性的提升具有社会性，即需要所有与考试有关人员的参与，比如考试开发人员、教师、考试使用人员、考生等。只有当他们之间形成一种合作型良性循环和互动时，考试的公平性才得以提升。

综合上述观点不难看出，公平性不是一个孤立的概念，同效度一样，公平性渗透在测验的开发、施测、评分和使用的整个测试过程之中。

四、构想效度与公平性的实现条件

（一）影响构想效度的主要来源

1. 构想效度验证的证据来源

构想效度就是分数解释的基础。几乎任何有关测验的信息都有助于解释分数的意义。因此，构想效度验证（construct validation）不能仅仅局限在测验内容上，而必须要从更全面的、动态的角度来收集证据。

目前对效度的验证通常从四个宏观层面进行：一是构想效度的传统依据，如因素分析以及相关性研究等；二是对测验解释价值含义的分析；三是在具体的运用中，提供分数解释有用性的依据；四是评价由测验使用带来的潜在和现实的社会影响，包括负面效应等（汪顺玉，2009）。

可见，对构想效度的验证贯穿于从测验开发到测验结果使用的整个过程中，效验的证据不仅涉及测验的开发和施测，而且与评分和分数解释有关，与测试使用所产生的社会后果有关。

2. 构想缺失和构想无关变异

在效验证据的收集上，研究者的目光往往集中在对传统证据的收集方面，也就是上述的第一个宏观层面。其中探讨最多的测试内容无效来源有两个：即构想缺失（construct-underrepresentation）和构想无关变异（construct-irrelevant variance）（柴省三，2012）。因为这两个因素都会导致测验对构想的不准确测量，而且二者在表现方式上也存在差异。

构想缺失是指测量结构不能有效地代表拟测构念（construct intended to measure）所包含的全部内容，而只是拟测构念中的一部分，或是排除了应有的某些反应，从而使测验的意义狭隘化。比如，在对外国学生进行词汇考察时只要求学生认读并知道这些词汇的意思，即浅层的词汇含义，却没有对学生进行词汇使用能力的深入考察。当施测者降低拟测构想的表征时，就会导致该测验产生构想缺失。

构想无关变异则是指测验不仅测量了拟测构想，而且还测了额外的其他无关特质，并且该变异具有稳定性，也就是说，实际测到的构想比拟测的构想更加宽泛。测验分数也会因为这种无关变异而产生系统化的波动。比如，在测量一批被试的汉语写作能力时，如果以“计算机应用对我们生活的影响”作为写作题目，那么该测验实际测到的构想就不仅仅是被试的汉语写作能力了，还包括被试对计算机知识和技术的了解这一社会生活经验，从而使有无这一生活经验成为了影响考生写作表现和测试成绩的重要因素。

总之，无论是构想缺失还是构想无关变异，都是立足于测试内容本身的。但是构想效度验证却是贯穿测验开发、使用乃至后效作用始终的。

3. 构念效度验证的其他证据来源

构想缺失和构想无关变异即传统内容效度方面的证据，对这一内容的控制主要集中在测验的开发过程中。正如上文所提到的，效度验证应该是一个全面的、动态的过程。在施测过程中，测试的方法、地点、环境、主监考人员的态度以及测试设置的时长和考试时机的安排等都是影响考生水平发挥的因素，从而影响测试的效度。这些因素综合反映在考生的成绩中，是无法将其从中剥离的，因此，最好的也是唯一的方法就是合理地控制这些施测变量（考生个人因素除外），排除施测过程中各种无关因素的影响，从客观上保证测试的效度。

（二）语言测试中的偏差来源

1. 测试偏差

控制或减少偏差（bias）是保证测试效度和公平性的必要条件之一。究竟什么是“测试偏差”，测量界至今还没有一个统一的定义。在谈及测验偏差时，Bachman（1990）说道：

正如我们所见，效度验证的过程是对特定的测验应用和特定的被试群体提出的。在这些团体内部，有部分子团体在某些方面有不同于我们所关注的语言能力。这些差别有可能影响他们在测试上的表现，从而影响我们以测验分数为基础做出的效度推论。这样，即使测试分数可以（给我们）提供一个所研究的团体在能力上的有效指标，被试的个人特征，而不是能力，仍然有可能导致被试在测验表现上出现系统性的差异。当这种情况发生时，我们就称此为“测验偏差”。

简单来说，测验偏差可以认为是测试中的一种或多种与测试构想无关的因素，它们对考生能力的有效测量会产生系统性的妨碍作用，从而使测试结果对一部分考生有利，但对另一部分考生则产生了消极影响，导致测验结果之间产生系统性的差异，进而影响测试结果的解释和使用。

2. 测试偏差的来源

语言测试是一个系统过程，从测验的设计、开发到测试结果的使用，几乎各个环节都有可能成为测试偏差的来源。其中不仅涉及测试开发人员、组织人员、施测人员、考生、评分员以及用户等各类人员，还包括测试内容、测试方法、测试条件、测试评分和成绩解释等各个环节。孔文、李清华（2008）提出了一个测试流程图（见图2—1），并以此为依托，逐项讨论各个环节中会影响测试公平性的因素。

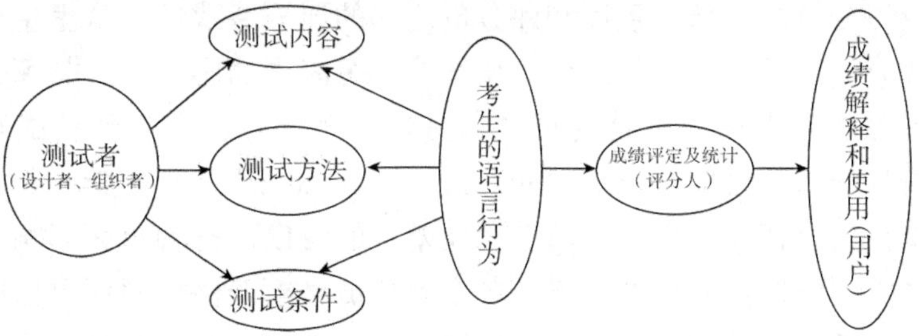

图 2—1　语言测试流程

根据图 2—1 所做的公平性分析显然是一个伴随测验始终的过程。这样的分析方法全面细致，可以有效诊断出偏差产生的具体环节和来源，但也存在些许不足，即分析过程过于零散，紧凑性不强，不能形成一个完整的系统。

作者认为，把测试的公平性作为一个相对独立的系统处理，不失为一种调解方法，即从以下三个方面来考察测试的公平性：试卷内容的公平性，施测过程的公平性，结果使用的公平性（见图 2—2）。

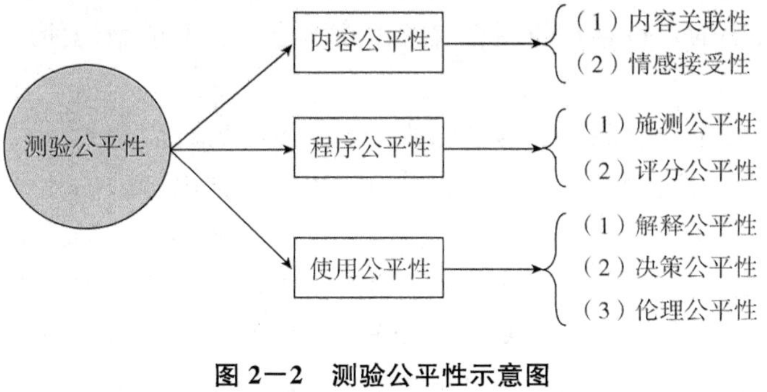

图 2—2　测验公平性示意图

如上图所示，试卷内容公平性包括两个部分：内容关联性和情感接受性。内容关联性主要是指测试题目必须与构想相一致；情感接受性则主要体现在测试内容不能对具有不同文化背景或生理特点的考生产生消极的情绪反应，比如在阅读理解测验中，文章的主题内容应该避免对具有不同性别、年龄、种族、经历、文化背景、母语、知识背景的考生产生消极的心理暗示。这些因素往往交织在一起，形成相对主观的个人因素。从近几年的偏差研究来看，研究者的目光主要集中在对被试的性别、种族、母语差异以及由习得环境差异引起的公平性问题上。

施测程序公平性也包括两个部分：施测公平性和评分公平性。施测公平性是指在测试过程中除了被试和试题以外的其他相关因素，如时间、地点、温度等物理环境、考场气氛、考官态度、测试设备等临场因素引起的不公平性。评分公平性主要涉及评分员的内部一致性和评分员之间的评分一致性。这里主要是指对主观试题的评分。当评分员受到疲劳、情绪波动等因素的影响时，其评分过程和结果就非常有可能产生评分不公的现象。另外，评分员还易受到被试卷面整洁与否、字迹清晰与否、答题技巧等“光环效应”（halo effect）的影响。尤其是当评分员与被试在文化背景、价值取向上存在差异的时候，这种负面影响就会尤为明显。评分员之间要保持一致性是指，各个评分员必须严格按照评分原则评分，避免受主观因素的影响。如在作文考试的评分过程中，有的评分员对错误拼写有较高的容忍度，而有的评分员容忍度则较低，由此就会产生评分员之间的评分尺度不同，从而导致评分不公平的现象。

测验使用的公平性体现在三个方面：分数解释公平性、决策公平性和伦理（ethics）公平性。分数解释的公平性是指对测试结果的解释与构想一致。若使用者把测试某一能力的结果用于评估被试的其他能力，就会导致测试结果解释的不公平性。决策公平性则是指使用者根据分数解释对测试结果的运用。如果在结果解释环节上出现不公平性，那么必然会导致对测试结果的使用不公。另外，即使分数解释是公平的，也存在使用者有意识地不公平、不道德地使用测试结果的可能性。

伦理公平性主要就测试的结果和使用所产生的后果而言的。杨惠中、桂诗春（2007）称之为“社会性”，并从社会学角度出发，指出考试的社会权重因素影响越大，考试结果就越有可能被误用、滥用。这往往超出语言测试工作者监控的能力范围。因而只有包括教师和学生、语言测试工作者、相关政府机构以及全社会在内的各方面协同努力，才能保证考试产生正面的社会效益。简单地说，伦理就是指测试结果使用的社会影响（包括对整个社会和对考生个人）。

五、效度、公平性与效验

（一）效度和效验

什么是效验？顾名思义，也就是效度验证（validation），就是对效度本身的检验和证明。需要检验和证明的是假设，是构想是否有效这一假设。正如前文所说，构想效度就是该测验是否测到了要测的东西。那么，这里就有一个更基本的逻辑问题摆在我们面前：这个“要测的东西”是否存在。语言测试测的是被试的某一能力或心理特质。王孝玲（2005）在《教育测量》一书中，在谈及教育测量的可能性时明确指出：“心理属性与物理属性一样，都是可以测量的。”早在20世纪初，美国心理学家和测量研究者就已为此提供了两个理论基础：（1）任何现象，只要是存在的，总有数量；（2）凡有数量的现象，都可测量。人的语言能力、心智水平存在明显差异，这些差异的存在也就显示了程度的不同，程度不同，实际上也就是数量不同。当然，就目前来说，我们对这些心理特质还不能一一加以精确地测量，“是，我们不能因为某种心理现象的测量工具还没发明，就说这种现象是无法测量的。”

就构想效度的问题而言，根据上文的分析，构想效度的一个最基本的问题就是该特质首先必须存在。从哲学角度上讲，这是一个有关本体论的问题：事物（要测的特质）是否存在。而效验，则是认识论方面的问题。相对于传统的效度概念，Borsboom、Mellenbergh和Heerden（2004）在《The Concept of Validity》一文中提出了一个更简单明了的效度理论：“对特质测量来说，测验满足了两个条件，也只有满足了这两个条件才是有效的：（1）该特质存在；（2）特质的方差变异就是引起测量程序的结果中方差变异的原因。这种观点主要根据的是测量的因果关系理论。”说测验有效，就是从本体论的层面出发，认为所测特质存在并影响了测量结果。而所有与测验有关的活动并不是效度，而是效验过程。“这些术语（指‘效度’和‘效验’）在文献中有时相互替代着使用，但它们并不相同。……两者不该混淆”。然而现在大多数有关效度的文献讨论的都不是效度问题而是效验过程的问题。尽管对效验策略进行描写、分类和评价并没有错，但这些活动却不可能解释效度概念本身。实际上，要是对认识论问题集中关注够久的话，我们就会偏离而不是接近效度概念。总的来说，这种效度理论的依据是本体论、指认和因果关联，而不是传统上所说的认识论、意义和相关关系。传统的效度概念把效度本身等同于了效度验证。二者的区别就在于“效度是一种性质或属性，而效验则是一种活动。”由此也可以得出一个结论：效度在概念上是定性的，而非定量的。

（二）公平性与效度、效验

效度与公平性总是纠缠在一起。Kane（2010）指出“一般情况下，效度和公平性之间的关系取决于我们如何定义这两个概念，进一步说，就是我们把这两个概念定义的范围有多大”。假如我们把效度概念定义在较狭隘的范围上，而把公平性定义在一个较为宽泛的概念上，那么效度就会被看作是公平性的一个组成部分；反过来，我们如果把公平性定义在一个专业的技术性的问题上（比如预测偏差），而效度被定义得较为宽泛，那么公平性就会被看作是效度的一个组成部分。

从概念上讲，我倾向于把效度和公平性都定义在宽泛的概念上，这样，我就不会看到它们其中的一个完全包含在另一个中。而且，我认为二者在同一个基本问题上是紧密相连的：测验分数和使用在同一内容范围上对某一群体是否合适。效度和公平性是从不同的角度回答这一问题，但二者之间的共同之处明显多于二者的差异。

这是两个术语在概念上的关系，那么在实际应用中，二者仍然没有清晰地划分界限。看一下 Shepard（1993）的一个例子——幼儿园入学“准备”测试。假设一个标准化的“准备”测试，能够对儿童的某些基本技能进行准确的测量；同时，它也可以对儿童入园后的表现做出很好的预测。该评估被认为在程序上是公平的，因此，就不能说该测验是无效的。该测验作为技能水平的测量工具和入园后表现的预测手段既是有效的也是公平的。由此可见，二者是紧密相连的。如果一次评估是不公平的，那么在一定程度上可以说该评估的解释和使用是无效的；同样道理，如果一次评估在某种程度上是无效的，那么它也会产生误导性的结论或不恰当的决定，这样也就是不公平的。

但是，按照前文介绍的新观点，效度和公平性显然是不属于同一层面的问题，不能放在一起展开讨论。效度是本体论层面的问题，是测验本身的属性，而公平性则属于认识论层面，是对测试过程、结果和使用的评价。由此一来，就将公平性与另一个问题放在了一起——效验。前面提到 Kane（2010）认为公平性与效度之间的相同点多于差异，这一说法在一定程度上是可以接受的。但是，需要指出的是，与公平性存在诸多相同点的不是效度本身，而是效验。Kane 之所以会得出如此结论，原因在于，在传统的效度理论中，效度和效验总是交替使用，二者没有明确的界限，因此就导致许多人将这两个概念等同起来。

文章到此，读者可以看到对构想效度的验证和测试的公平性研究的过程基本上是一致的，贯穿测试开发到运用的始终。那么，这两者之间又是什么关系呢？效验的核心在于基于分数的解释和决策是否对被试群体中的所有个体都准确并恰当；公平性的中心问题则是被试组间差异和不同组别在分数解释和决策上的精确性和恰当性的差异，不同的组别往往按照种族、性别、年龄等因素划分。这样看来，效验和公平性都把分数解释和决策上的准确性与恰当性作为自身的基本出发点和落脚点，那么，我们是否可以得出这样一个结论：效验和公平性在本质上是一致的，二者描述的是同一个问题的不同方面，这里的“同一个问题”即指效度。这里的效度已不再是传统意义上的效度概念，而是剥离一切的新的效度概念：所测特质存在，并且是引起观测分数变化的原因。这样效度概念的清晰度和效力就大大提高了，效验的界限也就更加明显，效度、效验和公平性之间的关系也就更明确了。

第二节　汉语水平考试（HSK）阅读理解测验公平性研究

中国汉语水平考试（HSK）是以测量母语非汉语者（包括外国人、华侨和中国少数民族考生）的汉语能力为唯一目标的国家级标准化考试，其考生团体在母语、性别、民族、年龄以及专业背景等方面均具有较强的异质性（heterogeneity），因而，测验任务或考试题目对不同考生亚团体的公平性问题始终是测验开发者和设计者关注的焦点。在以往的研究中，不少研究人员从项目测量功能差异（DIF）的角度，对 HSK 考试的测验偏差和公平性问题进行过研究。任杰（2002）针对不同性别（gender）的考生团体在 HSK（初中等）考试中的 DIF 问题进行了检验；任杰、谢小庆（2003）则以中国少数民族考生为参照组，以外国留学生为目标组对 HSK（初中等）测验中的 DIF 问题进行过验证；黄春霞（2004）和鹿士义（2004）等分别对不同性别、不同母语背景以及不同习得环境中考生（境外 HSK 考生和中国国内 HSK 考生）的 DIF 问题进行了考查。然而，对测验偏差的甄别和对公平性的研究过程是一个从多个角度、使用多种手段和方法进行综合研究的过程，上述研究成果只能说明在研究者所关注的个体背景变量（personal characteristic variables）下测验对不同组别考生的公平性证据如何，但不能将上述公平性研究的证据推广到测验是否对其他不同分组模式下的考生团体是否公平的问题。因此，本研究将分别从项目层次和篇章层次两个方面专门就HSK（高等）阅读理解测验对不同专业背景的考生的测验公平性问题进行实证研究。

一、HSK（高等）阅读理解测验公平性研究的必要性

汉语水平考试（HSK）阅读理解测验的测量目标是考生的汉语阅读理解能力，而不是考生阅读其他专业文献方面的能力或专业知识水平的高低（郭树军，1989），因此，在选择HSK阅读理解材料时，我们必须秉承公平性意识，以适应汉语作为第二语言测试的目标考生在文化、母语和专业背景方面的多元化特征。汉语水平考试作为一个完整的考试体系，按照其难易程度之不同，HSK从低到高由HSK（基础）、HSK（初中等）和HSK（高等）三个等级构成，分别适用于测量具有基础汉语水平、初中等汉语水平和高等汉语水平的汉语学习者的一般汉语能力。尽管三个等级的HSK考生团体的语言学习经历、专业结构、语言水平和年龄结构之间存在较大差异，但考试的目标构想之间其实并没有本质的区别，即三者都属于一般汉语能力考试。HSK阅读理解测验部分的测量构想均为考生的一般汉语阅读理解能力，而不是考生阅读某一类专业文献的汉语阅读能力。

与HSK（基础）和HSK（初中等）阅读理解测验的开发、命题和语料选择相比，HSK（高等）阅读理解测验存在测验偏差的风险性更高。因为在选择HSK（高等）阅读理解测验材料时，我们不得不面对这样一个两难的困境：一方面，所选择的阅读材料必须要满足较高的语言理解性要求（linguistically demanding），另一方面，还要避免阅读材料的内容涉及过强的、非语言理解要求（non-linguistically demanding）方面的专业知识。如果文章的理解难度不够，那么考试就不能满足对语言水平相对较高的目标考生的测量要求，测验体系之间也就缺乏梯度和区分度。因为文章不仅是语言理解的对象，而且是测量的媒介（medium）和知识的载体，所以在提高文章理解难度的同时，往往就要在很大程度上承担因为测验内容可能缺乏公平性而带来的偏差风险。毕竟，参加HSK（高等）考试的考生主要是汉语水平已经达到中高级阶段的汉语学习者，而且绝大多数考生都具有非汉语专业类的其他学科背景，不少考生将以HSK（高等）考试的测验结果作为职业晋升或申请进入中国高等院校攻读学士、硕士或博士研

究生学位的汉语水平证明，所以，测验结果的使用对考生而言具有相当高的利害性（high stakes）。然而，在以往的实证研究中，专门针对不同专业背景的考生的测验公平性研究成果并不多见，而考生的专业知识或学科背景对第二语言测试结果的影响，特别是对阅读理解测验结果的影响问题被公认为国内外各类语言水平测试关注的核心（Clapham，1996；Douglas，2000；Weir，1993，2005）。因此，针对 HSK（高等）阅读理解测验的题目和文章分别进行 DIF 检验和公平性研究具有特殊的价值。

二、阅读理解测验材料的偏差来源

阅读理解能力是第二语言水平高低的重要标志，因而也是语言测试的重要组成部分。由于阅读是读者借助已有的背景知识，对文本符号进行解码、释义和主动建构语义的心理过程，因而，在第二语言阅读水平考试中，测验文章的内容特征是对不同考生团体产生测验偏差的重要来源之一（Khalif & Weir，2009）。在以测量考生的一般阅读理解能力为主要目标的阅读理解测试中，如果目标考生团体来源于若干不同的专业背景（academic majors），那么阅读理解材料的内容就应该尽可能满足中立性（centrality）要求（Huges，1989）。一方面，文章所涉及的内容对所有目标考生而言不能过分抽象（abstract），以保证达到必要语言能力水平的考生具备理解文章所需要的足够丰富的图式（schemata），同时文章的内容对大多数考生来说也不能过分神秘（arcane）或陌生（unfamiliar），从而避免文章内容无法被映射（mapped）到考生既有的图式上（Urquhart & Weir，1998）；另一方面，文章的内容对所有考生而言也不能过分熟悉而且具体，以避免考生在应试过程中无须阅读文章本身，而仅凭既有的生活常识或个人经历就足以预测文章的意义（Buck，2001）。因此，在第二语言的阅读理解能力测验中，能否选择内容合理、难度适中、对不同专业背景的考生具有较高普适性（universality）的阅读材料问题，不仅与阅读理解测验的效度有关，而且对测验的公平性也具有相当大的影响。

阅读材料的难度和普适程度如何，我们可以用抽象性—具体性、陌生—熟悉两个维度共同构成的二维空间中的相对位置进行形象地描述（见图 2—3）。如果文章的内容属性越接近于两个维度的交点，那么其内容普适性就越高，考生理解文章时所需要的某种特殊知识（particular knowledge）也就越少，测验对不同考生团体产生偏差的可能性自然也就越低；反之，如果文章的内容属性越靠近某一维度的极端，那么文章就越有可能涉及特殊的专业知识或生活常识，因而也就更容易产生测验偏差。

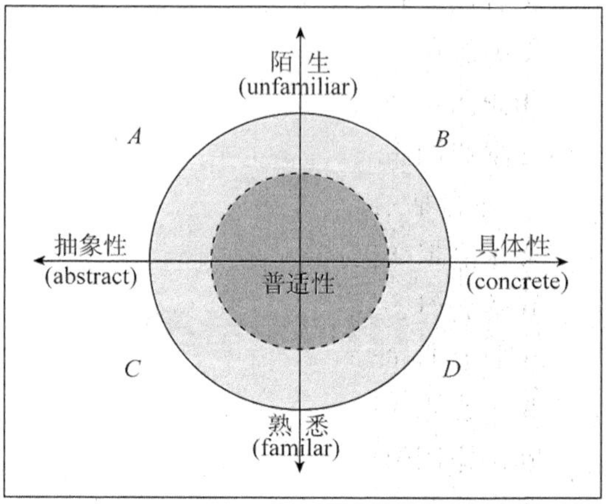

图 2—3　阅读理解材料普适性示意图

就文章的相对难度而言，内容既陌生又抽象的那些文章（A 区）一般要比内容陌生但比较具体的文章（B 区）的理解难度要高（Alderson，2000），内容陌生但比较具体的文章（B 区）一般要比内容熟悉且具体的文章（D 区）的难度要高；同样，内容熟悉但比较抽象的文章（C 区）通常要比内容熟悉且具体的文章（D 区）的理解难度要高。在图 2—3 中，介于两个圆之间的环状带中的阅读材料的专业性一般高于内圆中阅读材料的专业性。当然，由文章的抽象程度和陌生程度所决定的文章的专业性程度和难度具有一定的不确定性，如果文章的内容知识与考生的专业背景正好相吻合，那么考生就觉得相对容易，反之考生则感觉比较难。因此，为了确保阅读理解测验的公平性，不仅在测验设计时应该尽可能选择考生适当熟悉、内容适当具体的人文社科类和一般科普类文章作为阅读考试材料，而且还必须借助各种内容分析（content analysis）手段和统计工具，对测验任务和题目进行后验论证（posteriori argument），将考生在专业知识方面的差异对考试结果的公平性影响降低到最低限度。

三、研究层次

在面向国际考生的第二语言阅读理解测试中，影响测验分数使用或解释效度的潜在偏差来源涉及很多方面，其中考生的文化背景、认知风格、背景知识以及母语、种族、民族、年龄和性别等社会生理因素与阅读理解文章的内容之间存在的交互作用，是影响测验公平性的重要来源（Bachman，1990；Clapham，1996；Bachman & Palmer，1996）。在 HSK（高等）阅读理解测验中，考生的背景知识（background knowledge），特别是考生所掌握的某一学科方面的专业知识差异是影响测验公平性的最敏感因素之一，因为参加 HSK（高等）考试的学生在专业背景方面具有异质性强、人数分布不均的显著特点。基于以往我们对 HSK 考生专业背景结构的调查分析发现，在中国国内参加 HSK（高等）考试的外国留学生中，考生的专业背景涉及 48 个之多，其中人数最多的前四个专业分别是中国语言文学专业、经济学专业、生物与医学（含中医）专业以及中国历史专业。因此，本研究将使用 MH 法和 STND 法对 HSK（高等）阅读理解测验的题目首先从项目层次上进行 DIF 检验，然后借助方差分析技术从篇章层次上对 HSK（高等）阅读理解测验的 DBF 进行公平性研究。

四、研究方法与研究材料

（一）研究方法

由于 MH 法和 STND 法是国内外语言测试进行 DIF 检验时使用最广泛的两种经典方法（Holland & Thayer，1988；Dorans & Kulick，1986），因此，本研究将选择 MH 法和 STND 法两种实证方法对 HSK（高等）阅读理解测验的项目进行 DIF 交叉检验。研究要求首先根据考生的某些区分特征（比如：性别、年龄、民族或专业等）确定要研究的目标组（focal group）和参照组（reference group），然后选择测验总分或单项分数作为匹配变量，通过构建 2（组）×2（对与错）×K（匹配变量水平）列联关系表，分别计算反映两组考生之间答题难度差异的 αMH 值和标准化 P 差，并根据 αMH 值和标准化 P 差是否显著来判定测验项目的 DIF 性质和级别。

根据逻辑分析和专家咨询的结果，我们认为具有中国语言文学专业背景的考生与其他专业背景的考生相比，前者可能由于缺乏某些语言和文学以外的特殊专业知识方面的相对优势，在测验中更有可能因为文章内容所涉及的非语言理解方面的专业知识而受到不公平性影响，因此我们将该组考生视为研究的目标组考生（F），同时把具有经济学专业背景的考生作为参照组考生（R），然后借助 MH 法和 STND 法分别检测阅读理解测验题目在两组考生之间是否存在 DIF 显著性项目。

由于在参加 HSK（高等）考试的考生团体中，具有生物医学专业、中国历史专业背景的考生人数相对较少，研究样本无法满足 DIF 检验的要求，因而，我们只能在对目标组考生和参照组考生进行 DIF 检验的基础上，再分别从上述两个专业以及生物医学专业和中国历史专业四个考生组中进行随机抽样，然后针对阅读理解测验中的六篇文章分别进行方差分析（ANOVA），考察不同组别的考生在每篇阅读文章上的测验得分之间是否存在显著性差异。

（二）研究材料

本实证研究所使用的 HSK（高等）考试的试卷卷标是 A10TC01X，考生资料全部来自 2010 年 4 月 17 日在中国境内 31 个考点参加 HSK（高等）考试的实测数据。参加本次考试的考生总人数为 3 319 人，试卷的整体信度系数（α 系数）达到 0.901，因而测验结果具有较高的可靠性。HSK（高等）阅读理解测验包括两部分试题，其中第一部分是基于阅读理解材料的简答题，第二部分则是传统的基于阅读理解材料的多项选择题。为了避免因测验方式（题型）不同对研究结果可能带来的交互影响，所以本研究仅对 HSK（高等）阅读理解测验的第二部分进行测验偏差检验和公平性分析。测验结构与阅读材料的文体和题材等具体特征，请参见表 2—1。

表 2—1　　测验结构与阅读材料特征

	文章 1	文章 2	文章 3	文章 4	文章 5	文章 6
题目数量（25）	4	4	5	4	4	4
题号（56—80）	S56—S59	S60—S63	S64—S68	S69—S72	S73—S76	S77—80
文章字数	758	806	428	443	703	897
题材及文体	人际关系方面的议论文	关于唐山地震的记叙文	女性社会角色的说明文	中国历史人物的记叙文	中国乡情方面的议论文	北大历史人物的记叙文

（三）DIF 研究样本

为了对 HSK（高等）阅读理解测验的题目进行 DIF 检验，我们采用内部匹配法，即以考生的 HSK（高等）测验总分作为考生能力的匹配变量，将两组考生的水平分别划分为 10 个等级（K=10），然后，分别用 MH 法和 STND 法计算相关 DIF 指标。关于参照组和目标组考生的样本人数和专业结构特征等，请参见表 2—2。

表 2—2　参照组和目标组考生结构

组别	专业结构	人 数	男 生	女 生	合 计	国家/考点数
参照组（R）	经济学	192	221	199	420	36/28
	商业经济	48				
	国际贸易	99				
	金融学	81				
目标组（F）	现代汉语	183	253	277	530	39/30
	对外汉语	258				
	中国文学	48				
	中国文化	41				
合　计		950	474	476	950	

（四）DBF 研究样本

由于在对测验题目或题束测量功能差异进行检验时，需要根据匹配变量对考生水平进行分级，因此只有当参照组和目标组考生的人数达到一定的数量时，才能保证计算的 DIF 或 DBF 指标具有较高的稳定性，否则，研究结果就没有价值。因为在参加本次考试的所有考生中，具有生物医学专业和中国历史专业的考生人数无法满足对这两个专业的考生进行 DBF 检验的分级要求，所以，我们将从这两个专业和上述参照组和目标组考生中，分别随机选择 15 名考生作为研究对象，然后采用方差分析法针对四个考生样本在六篇阅读材料上的测验得分进行组间差异检验，以考察阅读材料对四个不同专业背景的考生是否具有公平性。四个考生样本的具体结构请参见表 2—3。

表 2—3　方差分析研究样本描述

	样本 1	样本 2	样本 3	样本 4
专业背景	汉语与文学	经济学	生物医学	中国历史
样本数（N）	15	15	15	15
平均年龄	23.86	23.75	23.79	23.69
最大年龄	58	46	37	39
最小年龄	19	15	21	20
来源国家	11	9	12	7
男	9	7	10	8
女	6	8	5	7
来源考点	9	12	10	13

五、研究过程与结果

（一）DIF 研究结果

根据 MH 法和 STND 法的检验要求，作者以自编计算机程序，采用两种方法分别对目标组和参照组考生在 HSK（高等）阅读理解测验 25 个测验题目上的 DIF 指标进行了计算，然后根据 αMH 值和标准化 P（$STND_{P-DIF}$）差的决策标准进行显著性检验，并对测验题目的 DIF 值进行分类。

根据上述两种检验方法和判断标准，我们对测验项目所进行的 DIF 值分布情况进行了归纳，具体检验结果和决策结论，请参见表 2—4。

表 2—4　　DIF 检验结果

	MH 法	STND 法	MH×STND
利于参照组项目数	12	11	11
利于目标组项目数	13	14	12
DIF 显著标准（临界值）	$\lvert \Delta MH \rvert > 1.5$	$\lvert STND_{P-DIF} \rvert > 0.5$	$\lvert \Delta MH \rvert > 1.5$ 且 $\lvert STND_{P-DIF} \rvert > 0.5$
DIF 显著项目数（题号）	2（S66，S72）	3（S61，S66，S72）	2（S66，S72）

由表 2—4 的 DIF 分析结果可见，在本研究所分析的 25 个阅读理解测验题目中，用 MH 法和 STND 法检测出有利于参照组考生（经济学专业考生）的测验题目数分别是 12 个和 11 个，而有利于目标组考生（中国语言文学专业考生）的测验题目数则分别为 13 个和 14 个。用 MH 法和 STND 法同时检测出有利于参照组考生和目标组考生的测验题目数分别为 11 个和 12 个。其中满足 DIF 显著性的测验题目只有 2 个，即 S66 题和 S72 题。

（二）DBF 研究结果

为了对四个考生组在每篇文章上的测验得分进行方差分析，我们首先进行了方差齐性检验（homogeneity testing）。检验结果显示，在显著水平为 0.05 的前提下，四个考生组在每篇文章上的测验分数均符合方差齐性的要求，因而我们可以继续进行方差分析。对四个考生组在六篇阅读文章上的测验分数进行方差分析的具体结果请参见表2—5。

表2—5 **方差分析结果汇总表**

	来　源	平方和	自由度	均　方	F值	P值
文章1	组间差异	1.800	3	0.600	0.613	0.609
	组内差异	54.800	56	0.979		
	合　计	56.600	59			
文章2	组间差异	0.450	3	0.150	0.105	0.957
	组内差异	79.733	56	1.424		
	合　计	80.183	59			
文章3	组间差异	4.050	3	1.350	1.014	0.393
	组内差异	74.533	56	1.331		
	合　计	78.583	59			
文章4	组间差异	1.650	3	0.550	0.463	0.709
	组内差异	66.533	56	1.188		
	合　计	68.183	59			
文章5	组间差异	0.583	3	0.194	0.132	0.940
	组内差异	82.267	56	1.469		
	合　计	82.850	59			
文章6	组间差异	0.450	3	0.150	0.176	0.912
	组内差异	47.733	56	0.852		
	合　计	48.183	59			

* $F(3, 56)_{0.05}=2.772$，$F(3, 56)_{0.01}=4.158$

从表2—6所示的方差分析结果可知，来自中国语言文学专业、经济学专业、生物医学专业以及中国历史专业的四个考生样本组在六篇阅读材料上的F值全部小于$F(3, 56)_{0.05}$的临界值（2.772），相应的P值全部大于0.05，因此，根据方差分析的统计决断规则，我们保留零假设，从而拒绝备择假设，即：四个不同专业背景的考生在HSK（高等）阅读理解测验的六篇阅读材料中的任何一篇文章上的测验得分之间都不存在显著性差异。尽管考生的专业背景优势各不相同，但上述任何一个考生团体在任意一篇阅读材料上并没有额外受益，或者说研究结果并未发现阅读材料存在内容方面的测验偏差，因而测验对四个考生团体而言具有较高的公平性。

六、研究结果与讨论

在大规模、标准化语言测试中，减少和控制测验偏差是保证测验公平性和效度的重要手段和基本要求，特别是在第二语言阅读理解测验中，由于文章的主题内容与考生的专业背景知识之间存在明显的互动关系（interaction），而且这种互动关系在很大程度上将会影响考生的阅读理解测验结果（Douglas，2000；Khalifa &Weir，2009），因此，针对所选择的阅读理解测验材料从主题内容方面进行公平性考察，在澄清测验的目标构想（target construct）和甄别测验的偏差方面具有重要的意义。

本项实证研究基于经典测量理论的 MH 法和 STND 法对参照组考生和目标组考生所进行的 DIF 检验表明，HSK（高等）阅读理解测验的题目在难度上对目标组考生和参照组考生而言并没有明显的差异。在 25 个阅读理解测验题目中，有利于参照组考生和目标组考生的测验题目数基本相当，绝大多数测验题目的 DIF 指标都不具有显著意义；仅有的 2 个具有 DIF 指标显著性的测验项目分别属于两篇不同的阅读材料（题目 S66 属于文章 3，而题目 S72 则属于文章 4），显然，这种 DIF 差异不能归结为是由同一篇阅读理解材料的内容不恰当所引起的偏差。由于 DIF 指标显著性只是测验偏差的必要条件，而不是充分条件，因此，为了进一步探究这两个测验项目是否真正属于偏差范畴，我们将这两个“可疑”测验项目和相应的阅读材料提交给命题和审题专家进行评估。最终，经过审题专家的内容分析和逻辑判断已经排除测验项目存在内容偏差的可能性。DIF 检验的结果证明：与参照组（R）考生相比，目标组（F）考生尽管不具备经济学方面的专业优势，但因为测验所选择的文章没有涉及经济、商业、贸易等方面的特殊知识，因而 HSK（高等）阅读理解测验在项目层次上对目标组考生和参照考生而言具有较高的公平性。

本研究以方差分析法对具有中国语言文学专业、经济学专业、生物医学专业和中国历史专业背景的四个考生组在阅读理解材料的题束偏差问题进行了探讨。方差分析的结果显示：考生样本在 HSK（高等）阅读理解测验中所选择的六篇文章上的考试分数之间并不存在显著性差异。四个不同专业背景的考生样本在每篇文章上的测验得分与其专业优势之间并不存在逻辑关系，考生的测验结果主要是由其汉语阅读理解能力所决定的。虽然考试所选择的阅读材料在主题内容（topical content）方面难免具有一定的专业倾向性，但从总体上来看，我们尚未发现任意一篇文章的内容对某一考生团体构成了理解障碍，从而导致该考生团体的测验得分明显低于其他考生团体。同时，我们也没有发现任何一篇文章在理解内容方面特别有利于（advantaged）某一专业背景的考生亚团体。尽管四组考生的专业优势各不相同，但对文章的认知难度并没有明显的区别（文章难度的组间趋势特征请参见图 2—4，其中 A、B、C 和 D 分别代表中国语言文学专业、经济学专业、生物医学专业和中国历史专业的考生）。

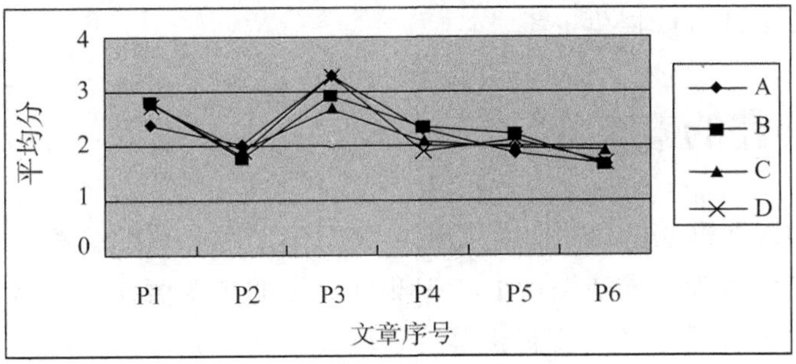

图 2—4　文章难度组间关系趋势图

方差分析的研究证据说明，HSK（高等）阅读理解测验不存在与中国语言文学专业、经济学专业、生物医学专业和中国历史专业内容相关的测验偏差。尽管文章 P2、文章 P4 和文章 P6 的主题内容分别具有中国历史事件或历史人物方面的内容属性，但对文章内容的理解仍属于对汉语语言知识和一般汉语阅读能力考察的范畴，因而来自中国历史专业的考生团体并未因此而获得额外的理解优势；同时，来自其他专业的考生尽管不具备中国历史方面的专业背景，但依靠其汉语阅读能力和汉语知识同样可以取得平等的理解效果，因而阅读理解材料对考生团体具有较好的普适性，阅读理解测验在整体上不存在与某一学科背景相关的构想无关变异因素。HSK（高等）阅读理解测验在篇章内容层次上对上述四个专业背景的考生而言具有跨专业背景的公平性，测验分数是考生阅读各类一般性阅读材料时所体现出来的、具有普遍意义的阅读水平的反映，而不是阅读某一类特定专业文献的阅读能力的反映，因而，测验分数具有较高的公平性。

第三节　基于篇章相对难度的公平性研究

在上一节中，我们使用 MH 法和 STND 法通过对目标组和参照组考生在汉语水平考试（HSK）阅读理解测验中的项目功能差异（DIF）问题进行了交叉验证，并通过方差分析技术对篇章层次上题束功能差异（DBF）问题进行了研究。但是，上述两种公平性实证研究主要还是属于内部变量匹配法的研究范畴。本节将通过寻求外部效标的方法，尝试借助第二语言测试和习得顺序（order of acquistion）研究中的蕴涵量表法（implicational scaling），对汉语水平考试（HSK）中阅读理解测验文章的组间相对难度顺序进行考察，探讨 HSK（高等）阅读理解测验是否涉及了非语言阅读能力方面的其他维度，并据此为 HSK 阅读理解考试的公平性程度提供证据。

一、研究的意义

由于在内部匹配法的公平性研究中，在对参照组和目标组考生进行能力匹配时，是以测验分数为标准从微观上考查测验项目的难度值在目标组和参照组考生之间是否存在显著性差异，从而获得关于测验公平性方面的证据（曹亦薇，张厚粲，1999；董圣鸿，马世晔，2001）。因此在这类实证研究方法中，虽然都考虑到了不同考生组别中不同语言水平之间的差异因素，但它们都没有采用独立于测验本身的外在效标（external criterion）对考生水平或测验任务难度进行整体性检验，而且在选择测验总分或单项分作为对考生能力分级的匹配变量时，本身也具有循环论证的成分（Osterlind，1983；Camilli & Shepard，1994）。因为在经典测量理论（CTT）中，难度是一个相对性指标，即难度指标对测验样本具有依赖性，对不同语言水平的考生测验结果进行难度分析时，所获得的难度指标之间不具有可比性，特别是当把那些本身就存在偏差的项目也包括在测验分数中的时候更是如此。因此，为了避免上述内部匹配方法之不足，本项实证研究将以考生的汉语教师对考生的汉语阅读理解水平的评价作为外在效标，然后采用蕴涵量表分析法，考查 HSK（高等）阅读理解测验中的阅读文章在三个考生组（其中一个是参照组）中的整体难度排列顺序的一致性程度，从而验证测验的公平性问题。

二、研究对象

由于在参加 HSK（高等）考试的外国留学生中，按照其大学所学专业背景的不同，人数最多的前三个专业分别是中国语言与文学专业（33%）、经济学专业（21%）和生物及医学专业（15%），这三个专业背景的考生人数占总考生人数的比例接近 70%，所以，本研究将分别以经济学（含商业）专业的考生（R1）和生物医学专业的考生（R2）作为参照组，同时，由于中国语言文学专业的考生与上述两个参照组考生相比缺乏相应的专业知识，所以可以将其视为目标组（F）考生。研究的基本思路是：以教师对考生汉语阅读水平的评价作为效标，用蕴涵量表法获得不同组别的考生在 HSK 阅读理解测验文章上的相对难度顺序，通过比较目标组和参照组考生的难度顺序检验 HSK 的公平性如何。

三、效标测量

为了获得关于考生汉语阅读水平方面的效标分数，我们采用先验调查问卷的形式，在 HSK 正式考试前 1 周，邀请考生的汉语任课教师在不考虑学生的学科背景和专业知识差异的前提下，仅就学生阅读一般性汉语文章的阅读水平进行七级量表评价（请参见调查问卷 2－1，其中 L1 至 L7 分别表示教师评价的水平等级），然后以此评价结果作为构建蕴涵量表和对考生阅读能力进行分级的效标。

调查问卷 2－1　汉语阅读水平调查问卷

尊敬的各位汉语教师：

您好，感谢您多年以来对中国汉语水平考试（HSK）的一贯支持和帮助！为了提高 HSK 的科学性，更好地服务于各类考试的用户，我们将对 HSK 阅读理解测验的公平性问题进行一次调查研究，请您按照下面的评价量表，协助我们对考生的汉语阅读能力做出评价。

特别需要说明的是：本调查问卷仅用于科学研究，不会用来对考生做出任何与考生成绩有关的决策，评价数据我们也将严格限制使用范围并做好保密工作。

请您以母语者的汉语阅读水平作为上限参照，对考生的汉语阅读水平进行评价（请在相应的级别处划勾“√”即可）。这里的汉语阅读水平不是指考生阅读某一类专业汉语文献的能力，而是一般意义上的汉语阅读理解能力。

考生姓名：________性别：________考点名称：

几乎不能阅读	很低	较低	一般	较高	很高	几乎接近母语者
L1	L2	L3	L4	L5	L6	L7

衷心地感谢您的支持！

北京语言大学汉语水平考试中心

2010 年

四、样本结构

调查问卷在全国 13 个考点累计发放 1 286 份，实际收回 1 172 份，回收率达到 91.14%。在剔除各种无效问卷后共获得有效问卷 1 026 份，其中符合本文研究目的和专业要求的考生问卷共计 496 份。目标组和参照组考生的专业背景以及各效标等级水平的考生样本结构情况，请参见表 2—6。

表 2—6　目标组和参照组考生样本描述

分　组	被试描述	L1	L2	L3	L4	L5	L6	L7	合计
目标组（F）	汉语与中国文学专业考生	13	15	26	35	34	27	9	159
参照组 1（R1）	经济学（含商业）专业考生	10	24	31	41	32	24	14	176
参照组 2（R2）	生物医学专业考生（含中医）	15	21	24	43	28	18	12	161
合　计		38	60	81	119	94	69	35	496

五、蕴涵量表的原理与分析过程

蕴涵量表程序（implicational scaling procedure）是由伽特曼首先提出的一种心理测验量表分析技术（Hatch & Lazaraton，1991），它可以用于第二语言习得顺序研究、语言测试的项目难度顺序（order of difficulty）考查、测验任务的跨样本公平性验证和构想效度的研究中。蕴涵量表的核心思想是：如果测验任务或测验项目客观上存在唯一一个与测验构想相关（construct-relevant）的难度顺序，那么这些测验项目或测验任务在不同语言水平或不同背景的考生中的难度排列顺序应该高度一致，否则，测验项目或测验任务就很可能受到与目标构想无关的其他干扰因素，从而影响了测验的公平性和构想效度。比如，在阅读理解测验中，如果文章只涉及了与阅读理解能力有关的单一构想，那么阅读水平较高的考生的得分应该比阅读水平较低的考生的得分要高，并且测验中的若干文章的难度值在高水平考生团体和低水平团体中的相对（relative order）排列顺序应该完全一致。相反，如果所选择的阅读材料涉及了测验不期望测量的某一方面知识时，当考生恰好具备与该文章内容有关的专业知识时，考生在阅读文章时显然获得了高于效标预测水平的测验分数，尽管就其一般汉语阅读能力而言，他未必具备理解同等语言难度的其他主题的文章的阅读能力；同样，对于其他不具有该专业背景的考生而言，虽然他可能已经达到甚至超过了效标预测的汉语阅读水平，但因为该文章涉及了非专业人员仅凭语言知识和阅读能力无法弄懂的特殊知识，他仍无法达到理解文章的预期要求，因而测验分数与效标水平相比明显被低估。由于考试结果受到了与测量目标无关的其他维度（dimensions）或因素的干扰，考试分数不仅无法反映考生的真实阅读能力，而且必然导致不同测验文章的难度值在不同专业背景的考生团体中的排列顺序也不一致（Clapham，1996；Hale，1988；曾秀琴、孟庆茂，1999）。

在 HSK（高等）阅读理解测验中，为了确保测验文章抽样的代表性和考试的信度，我们通常选择 6 篇主题内容不同的文章作为阅读材料，而这 6 篇阅读文章对不同专业背景的考生是否具有公平性的问题，可以通过对比蕴涵量表分析法所获得的不同组别内的文章难度顺序来考查。

（一）蕴涵量表的编制过程

蕴涵量表的编制主要包括以下 5 个基本步骤（Hatch & Lazaraton，1991）。

（1）确定研究目标（如测验项目、测验任务等）。

（2）选择研究对象（如不同专业或不同水平的考生等）。

（3）获取研究对象的效标资料（专家判断、考试数据、教师评价等）。

（4）收集研究对象在研究目标上的表现资料（考试分数等）。

（5）编制并对蕴涵量表进行二维排序。

（二）蕴涵量表的指标体系

蕴涵量表编制完成以后，首先需要进行信度分析，考查量表数据是否可靠。如果蕴涵量表的信度太低，就不能再继续进一步对量表进行分析，只有当信度达到一定要求以后，才能继续对量表进行后续研究。因此，对蕴涵量表的检验和分析需要计算以下 4 个具体指标。

1. 伽特曼重复系数（*Coefficient of Reproducibility*，简称 *Crep*）

由于受测量误差的影响，按照上述过程构建的蕴涵量表不一定具有统计价值，因此，我们必须首先对蕴涵量表进行信度检验。蕴涵量表的信度通常用伽特曼重复系数（*Crep*）来评价，其具体计算公式如下。

$Crep = 1 - N_e / N_s * N_p$

其中，N_e 是量表偏误的计数频次（number of errors），是指在每个量表中黑色折线右侧所有“0”的个数和折线左侧所有“1”的个数之和。*Ne* 越大，*Crep* 越小，效标对考生在研究项目上的难度排列顺序的预测准确性就越差；*Ne* 越小，*Crep* 越大，测量结果就越可靠，蕴涵量表的信度就越高。*Ns* 和 *Np* 分别是被试的效标评价等级数和所考察的项目数。在本研究中，*Ns*＝7，*Np*＝6。只有当 *Crep* 超过临界值（0.90）时，蕴涵量表才能满足信度要求（Hatch & Lazaraton，1991）。

2. 最小边际重复系数（*minimum marginal reproducibility figure*，简称 *MMrep*）

最小边际重复系数（*MMrep*）是指在不考虑上述偏误（erros）的前提下，蕴涵量表对考生反应水平预测的准确程度，其具体计算公式如下。

$MMrep = N_m / N_s * N_p$

其中，N_m 表示最大边际值（number of maximum marginals），是在每个蕴涵量表中每列数据底部的 0 和 1 合计项中较大值的总和。与 *Crep* 相比，*MMrep* 不考虑量表的偏误影响，因此，*MMrep* 的值应该小于相应的 *Crep* 值。

3. 再生系数增长百分比（*%Percent Improvement in Reproducibility*，简称*% Improvement*）

再生系数增长百分比（*% Improvement*）表示在考虑量表误差和不考虑量表误差时，再生系数的增长百分比，其计算公式如下。

$\%Improvement = Crep - MMrep$

4. 量表化系数（*Coefficient of Scalability*，简称 *Cscal*）

量表化系数（*Cscal*）的大小，是反映所编制的蕴涵量表是否有效，最终能否用来根据考生的效标水平，将研究项目（6 篇阅读文章）的难度顺序准确分解出来的量化指标。量表化系数是蕴涵量表分析中最核心的量化指标，其具体计算公式如下。

$Cscal = \%Improvement / (1 - MMrep)$

Cscal 是揭示蕴涵量表数据能否将研究目标进行有效排序或分级的标准。如

果测验项目所测量的目标具有一维性（unidimensional），并且这个维度与效标测量所依据的维度完全吻合，那么 *Cscal* 的值就比较高，根据蕴涵量表所获得的项目难度排列顺序就比较可靠，测验项目所测的构想或能力与效标评价标准之间具有较高的相关性。*Cscal* 的临界值是 0.60（Hatch & Lazaraton，1991），即只有当 *Cscal* 值达到 0.60 以上时，运用蕴涵量表法得出的难度排列顺序才有统计学意义，否则排列顺序就不可靠。

六、目标组与参照组考生的蕴涵量表

在建立上述各组考生的汉语阅读能力效标以后，根据蕴涵量标的分析过程，我们首先分别计算目标组和两个参照组中各效标等级上的考生在阅读理解测验中每篇文章上的平均得分；然后，将每个效标等级中的考生在每篇文章上所获得的平均分除以每篇文章的题目总数，以排除因为每篇文章的测验题目数在整个测验中的权重不同所产生的系统性差异，从而保证该难度指标在各组考生之间、不同文章之间以及不同水平的考生之间具有可比性；最后，我们取 0.65 作为每篇文章的难度分界线，确定蕴涵量表的编制标准，即当某一级别中的考生在某一篇文章上的测验得分难度值达到或超过 0.65 时，我们就认为具备该水平的考生基本理解了文章的意思，并将该文章在相应的蕴涵量表中赋值为 1，否则全部取 0。之所以将 0.65 作为分界线（cut-off point），是因为 HSK 的项目难度值一般分布在 0.40～0.60 之间，并尽可能控制在 0.50 左右。因此，为了保证研究结果的稳健性，我们决定以 0.65 作为分界线。根据上述方法所计算的参照组和目标组考生的蕴涵量表值，请见表 2—7，考生在六篇阅读文章上的蕴涵关系量表请分别参见表 2—7～表 2—10。

表 2—7　　各组考生伽特曼蕴涵量表分析值

组　别	伽特曼重复系数（*Crep.*）	最小边际重复系数（*MMrep.*）	重复系数增长百分比（*%improvement*）	量表化系数（*Cscal.*）
目标组	0.905	0.762	0.143	0.601
参照组 1	0.952	0.738	0.214	0.817
参照组 2	0.905	0.738	0.167	0.637
临界值	0.90	必须小于 *Crep.*		0.60

表 2—8　　目标组考生的蕴涵量表

水平 \ 顺序	难 P6	P2	P4	P4	P3	易 P1
L7	1	1	1	1	1	1
L6	0	1	1	1	1	1
L5	0	0	1	1	1	1
L4	0	1	1	1	0	1
L3	0	0	0	1	1	1
L2	0	0	0	0	1	1
L1	0	0	0	0	0	1
合计 (0，1)	6，1	4，3	2，5	2，5	2，5	0，7

表 2—9　　参照组 1 的考生蕴涵量表

水平 \ 顺序	难 P6	P2	P4	P4	P3	易 P1
L7	0	1	1	1	1	1
L6	0	1	1	1	1	1
L5	0	1	1	0	1	1
L4	0	0	1	1	1	1
L3	0	0	0	1	1	1
L2	0	0	0	0	1	1
L1	0	0	0	0	0	0
合计 (0，1)	7，0	4，3	3，4	3，4	1，6	1，6

表 2—10　　参照组 2 的考生蕴涵量表

水平 \ 顺序	难 P6	P2	P4	P4	P3	易 P1
L7	1	1	1	1	1	1
L6	0	1	1	1	1	1
L5	0	0	1	1	1	1
L4	0	1	1	1	0	1
L3	0	0	0	1	1	1
L2	0	0	1	0	1	1
L1	0	0	0	0	0	1
合计 (0，1)	7，0	4，3	3，4	3，4	1，6	1，6

七、研究结论

通过目标组和参照组考生的蕴涵量标值（见表 6—9），我们至少可以得出如下基本结论：首先，依据目标组和参照组考生的效标阅读水平在 HSK（高等）阅读理解测验上所获得的伽特曼重复系数分别达到 0.905、0.952 和 0.905，三个考生组的 *Crep* 值均超过了 0.90 的临界值要求，这表明三个蕴涵量表的信度系数都比较高，因而我们有较大的把握根据考生在各量表中所处位置的汉语阅读水平准确预测其在阅读理解测验中的表现水平；其次，以中国语言与文学组（F）、经济学组（R1）和生物医学组（R2）为专业背景的三个考生亚团体所获得蕴涵量表的量表化系数（*Cscal*）分别达到 0.601、0.817 和 0.637 的较高水平，除目标组考生的 *Cscal* 略高于临界值（0.60）以外，其余两个参照组的 *Cscal* 值都明显超过了 0.60，这说明根据三个蕴涵量表所获得的 HSK（高等）阅读理解测验的文章难度排列顺序比较可靠，效标对六篇阅读材料的难度水平具有相当强的预测力和解释力。根据蕴涵量表所获得的六篇阅读文章在目标组考生和参照组考生中的最终难度排列顺序如下。

目标组：P6＞P2＞P4＞P5＞P3＞P1（难→易）

参照组 1：P6＞P2＞P4＞P5＞P3＞P1（难→易）

参照组 2：P6＞P2＞P4＞P5＞P3＞P1（难→易）

本项实证研究是将中国语言与文学专业背景的考生作为目标组考生来考查的，因为从统计上讲，这部分考生与其他两组考生相比，他们既不具备经济学方面的专业优势，也不具备生物医学方面的专业知识优势。因此，如果 HSK（高等）阅读理解测验中所选择的任何一篇文章涉及了较强的经济、商业和贸易等方面的特殊知识，并且这种特殊知识仅靠一般汉语阅读能力无法弥补时，那么，参照组 1 的考生在该文章的理解上就明显受益，而目标组考生在该文章上的测验得分则因为缺乏这种专业知识而明显低于前者；同样，如果 HSK（高等）阅读理解测验中所选择的任何一篇文章涉及了较强的生物医学方面的特殊知识，那么，参照组 2 的考生在该文章的理解方面也明显受益，而目标组考生在该文章上的测验得分也会明显低于前者。如果这种与测量目标无关的特殊知识较强，必然会导致测验文章的难度排列顺序产生局部或整体性颠倒，测验结果对不同专业背景的考生就缺乏公平性。然而，本项实证研究的结果表明，尽管参加 HSK（高等）考试的两个参照组考生分别具有经济学和生物医学方面的专业知识优势，但是根据效标测量和蕴涵量表分析法所获得的文章难度排列顺序在三个考生组中完全相同。研究结果证明 HSK（高等）阅读理解测验所选择的阅读材料在目标组考生与参照组考生之间以及参照组 1 和参照组 2 的考生之间均具有较高的公平性，或者说 HSK（高等）阅读理解测验的构想效度具有较高的跨样本不变性（invariance）。

利用效标测量和蕴涵量表分析相结合的方法，对中国汉语水平考试阅读理解测验的公平性进行的研究，是一次全新的尝试，一方面研究的结论可以作为

HSK（高等）阅读理解测验分数解释和使用的效度证据。另一方面，研究方法、研究过程和实验设计为其他相关语言测试的公平研究也提供了可资借鉴和参考的思路。当然，由于考生团体结构的限制，参加 HSK（高等）考试的其他专业的考生人数相对较少，本研究尚无法兼顾对这部分考生的测验公平性问题进行相应的检验，因此研究证据仅限于对上述目标组考生和两个参照组考生之间的公平性进行评价。

第三章

常模参照测验长度研究

测验长度是语言测量工具本身的一个重要属性，是语言测试设计和开发过程中必须首先明确的基本结构之一。语言测试长度决策的基本要求是：要以尽可能短（即测验题目数量尽量少）的测验工具，在尽量短的时间内达到对被试语言水平的准确测量。测验的题目既不是越多越好，也不是越少越好（Ackerman & Kanfer，2009）。测验长度与测量工具的测量误差有关，一个科学的语言测试工具应该是在综合考虑测量误差、测验的开发成本、施测成本和可行性的基础上综合决策的结果。

本章首先以经典测量理论为基础，对实用汉语水平认定考试（C. TEST）测验长度的合理性进行研究，然后以概化理论（generalizability theory）为基础，对中国汉语水平考试［HSK（初中等）］阅读理解测验长度的科学性问题进行实证检验，最后，基于边际效应递减法则（The Law of Diminishing Marginal Utility，LDMU）和概化理论对中国汉语水平考试改进版［HSK（中级）］的总测验长度问题进行实证研究。

第一节　基于经典测量（CTT）理论的测验长度实证研究

在常模参照性语言测试中，测验长度的确定除了与测验的性质（比如学业成就测验还是语言水平测试）有关以外，还与测验题目的整体质量密切相关。如果题目的质量指标较好，比如，题目的难度分布比较合理，题目的区分度（discrimination）较高，那么题目的数量只要能够满足统计概率的基本要求，即使测验的长度适当缩短，但测验仍可以实现对被试语言水平的准确测量，并可以达到较高的信度要求；反之，如果测验的题目质量不高，那么测验就必须达到足够的长度才能满足较高的信度要求。因此，测验长度的确定必须根据每一个具体测验的题目质量进行综合性研究。本节将专门针对实用汉语水平认定考试（Test of Practical Chinese，简称 C. TEST）的测验长度合理性问题，从 CTT 理论的角度进行实证研究和评价。

一、问题的提出

实用汉语水平认定考试是一项标准化语言测试，其测量目标是考查母语非汉语者在国际交流环境（比如商业、贸易、文化和教育等领域）中的社会活动以及日常工作中实际运用汉语的熟练程度（proficiency）。按照测验的难易程度和适用的目标考生团体之不同，C. TEST 分为初级 C. TEST 考试［C. TEST（E－F级）］和中高级 C. TEST 考试［C. TEST（A－D 级）］两个级别，分别适用于对具有初级汉语水平和中高级汉语水平的考生的汉语使用能力进行测量。和其他汉语作为第二语言（CSL）的考试相比（如 HSK 等），C. TEST 考试无论在题型设置、测试的内容范畴还是语言材料的选择等方面更侧重于实用性。由于 C. TEST 的考试结果主要用于商务环境中的企业或机构招聘、评价员工汉语应用能力的参照标准，因此，作为一个高风险性标准化考试，其考试的信度问题，特别是测验的长度能否满足信度的测量学要求等问题，自然也就成为考试的开发者、考试的用户以及考生所关注的焦点。C. TEST 考试属于典型的常模参照性语言测试，考生的测验表现主要是参照考生在目标团体中的相对位置进行解释的，测验的题目完全是由客观性测验题目所组成的，因此针对该测验长度的合理性研究适用于经典测量理论下的研究方法。

本节将从 CTT 理论的角度，分别运用斯皮尔曼—布朗预测公式法（Spearman-Brown Prophecy Formula）和区分度—信度预测公式法，对实用汉语水平认定考试［C. TEST（A－D 级）］的测验长度问题进行验证性分析和评价，从而为考试研究人员和相关读者提供一个客观评价和正确认识 C. TEST（A－D 级）考试质量的全新视角。

二、常模参照性语言测试长度研究方法简析

用多少测验题目（题目数量）、用哪些测验题目（题目质量）以及如何测试（测验方法）的问题几乎是所有的语言测试设计者必须面对的基本问题。因此，无论是在经典测量理论（CTT）、概化理论（GT），还是在项目反应理论（IRT）指导下的测验设计和开发工作，都必须首先要考虑测验的长度问题。经典测量理论下的测验长度研究，主要是以测验分数的信度最大化为出发点；概化理论则主要是通过 G 研究和 D 研究的设计，考察概化系数与测验长度（特别是主观性测验题目的数量）之间的最优组合关系，从而对测验的长度做出决策（杨志明，张雷，2002）；而项目反应理论在对被试的能力和参数估计、等值和题库建设等方面则具有独特的优势，因而特别适合于计算机自适应性考试（Computerized Adaptive Tests，简称 CAT）中的项目选择和测验长度的决策研究。在项目反应

理论中，由于每个测验项目所提供的信息量是它所测的被试特质水平的函数，项目及测验信息函数（information function）值均是针对某一特定的被试能力水平 θ 来说的，如果仅仅以某一信息函数值作为测验长度的确定标准，那么对于不同 θ 水平的被试团体理应提供不同的测验长度，因此，项目反应理论在对固定测验长度（fixed length）下的大规模纸笔测验（paper-and-pencil test）长度研究与决策中的优势并不明显。相反，经典测量理论在纸笔测验中，特别是在标准化常模参照测验和标准参照测验的长度研究中，不仅具有较大的优势，而且具有较强的可行性。

三、研究数据

本研究所使用的资料全部来源于 2006 年在中国境内参加 C. TEST［A－D 级］考试的实测数据，原型试卷的卷标为 J06AD01，考生总人数为 852 人。试卷结构和根据考生的实测数据所估计的整卷信度系数和分测验的信度系数（α 系数）等信息请参见表 3－1（北京语言大学汉语水平考试中心，2006 年）。

表 3－1　　试卷结构与信度系数

	整　卷	听力测验	综合运用
长　度	160 题	70 题	90 题
信　度	0.952 9	0.901 2	0.923 3

根据表 3－1 的数据可知，现行的 C. TEST［A－D 级］考试的整卷测验长度、听力理解测验长度和综合运用部分的测验长度分别为 160 题、70 题和 90 题，因此，本研究将首先借助斯皮尔曼—布朗预测公式法对 C. TEST［A－D 级］测验的整卷、听力测验和综合运用分测验进行测验信度和长度的拟合研究，然后再通过区分度—信度预测法进行验证性研究，最后对上述两种研究结果进行简要的比较。

四、研究过程

在运用斯皮尔曼—布朗预测公式法对 C. TEST［A－D 级］测验长度进行实证研究时，我们首先根据目标被试的特征，参照测试的具体测量目的编制一份原型试卷，然后针对目标被试或常模样组进行施测。在测试结束以后，再根据经典测量理论对测验题目进行项目分析（item analysis）并估计原型试卷的信度系数和难度、区分度等指标。最后，依据斯皮尔曼—布朗预测公式或区分度—信度决策公式对测验的长度进行初始决策或验证性评价（具体研究过程见图 3—2）。

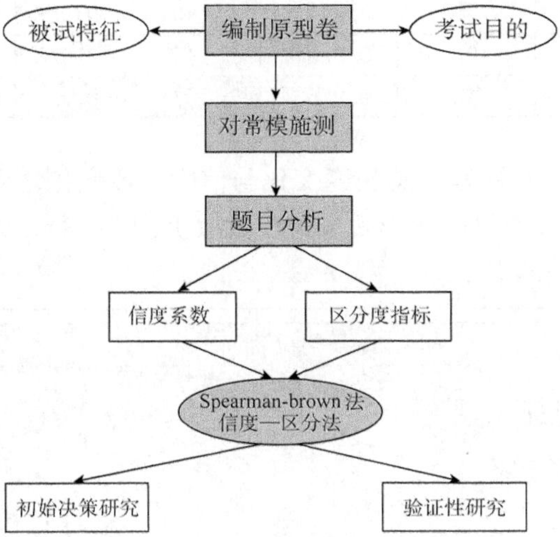

图 3—2　CTT 理论下测验长度的研究过程

五、斯皮尔曼—布朗预测公式法研究结果

根据斯皮尔曼—布朗预测公式法，我们取测验长度的步长为 5，题目数量的下限和上限分别为 5 和 200，总测验和分测验原型试卷的信度系数分别为 0.952 9、0.901 2 和 0.923 3，采用自编计算机程序分别对整卷和分测验在不同期望信度要求下的长度的拟合值进行计算，最后，获得总测验长度与信度系数之间的拟合关系，请参见表 3—2（其中 N 表示测验的题目数，P 表示测验长度改变以后的信度系数值）。

表 3—2　　总测验长度与信度系数拟合关系

N	P	N	P	N	P	N	P
5	0.387 3	55	0.874 3	105	0.930 0	155	0.951 5
10	0.558 4	60	0.883 5	110	0.932 9	160	0.952 9
15	0.654 8	65	0.891 5	115	0.935 7	165	0.954 3
20	0.716 6	70	0.898 5	120	0.938 2	170	0.955 5
25	0.759 7	75	0.904 6	125	0.940 5	175	0.956 8
30	0.791 4	80	0.910 0	130	0.942 7	180	0.957 9
35	0.815 7	85	0.914 9	135	0.944 7	185	0.959 0

续表

N	P	N	P	N	P	N	P
40	0.834 9	90	0.919 2	140	0.946 5	190	0.960 0
45	0.850 5	95	0.923 2	145	0.948 3	195	0.961 0
50	0.863 4	100	0.926 7	150	0.949 9	200	0.962 0

为了更直观地考查测验的总长度变化与信度系数变化之间的关系，我们将表3—2中的数据以拟合曲线图的形式呈现出来（见图3—3），以便进一步对测验长度区间的合理性进行评估。

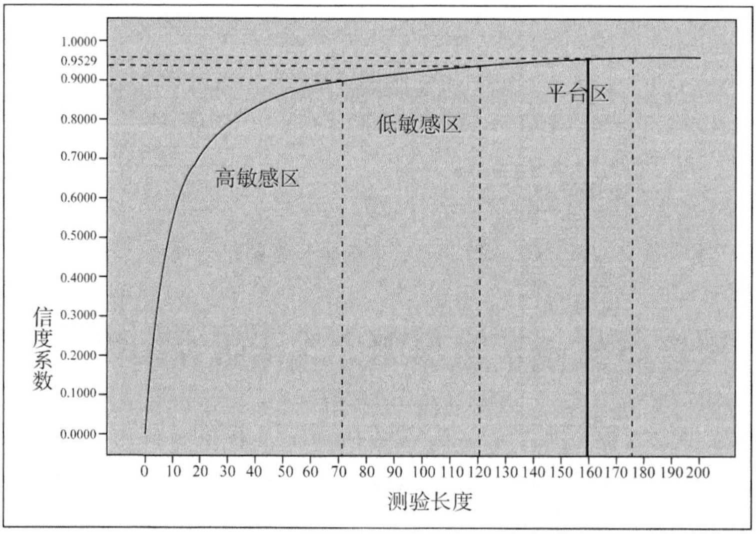

图3—3　总测验长度与信度系数拟合关系图

根据图3—3的拟合曲线示意图，我们可以获得C. TEST［A—D级］原型试卷测验长度的高敏感区、低敏感区和平台区的题目数量范围分别为［0，70］、［71，120］和［121，175］。具体决策结果请参见表3—3。

表3—3　　总测验长度与信度拟合决策结果

	高敏感区		低敏感区		平台区	
区域范围	下限	上限	下限	上限	下限	上限
长度范围	0	70	71	120	121	175
决策结论	不能少于70题		比较合理		非常合理	

同样，根据原型试卷的听力部分测验的长度（70 题）和信度系数（0.901 2）、综合运用分测验的长度（90 题）和信度系数（0.923 3），按照斯皮尔曼—布朗预测公式法，可以分别获得分测验的长度和信度系数之间的对应关系。参照标准化考试分测验的信度要求（一般信度系数大于 0.80）（舒运祥，1999）和实证拟合关系图（因篇幅所限制，此处将拟合图省略），我们同样可以获得 C. TEST［A—D 级］分测验的信度决策结果（见表 3—4）。

表 3—4　　分测验长度与信度拟合决策结果

	高敏感区		低敏感区		平台区	
区域范围	下限	上限	下限	上限	下限	上限
听力理解长度范围	0	32	33	60	61	80
决策结论	≥32 题		比较合理		非常合理	
综合运用长度范围	0	36	37	65	66	100
决策结论	≥36 题		比较合理		非常合理	

由表 3—4 的研究结果可见，实用汉语水平认定考试 C. TEST［A—D 级］听力理解测验的平台区下限和上限分别是 61 题和 80 题，综合运用部分测验题目的平台区下限和上限分别是 66 题和 100 题。

六、区分度—信度预测法研究过程与结果

在根据区分度—信度预测法研究测验的长度时，首先要求计算原型试卷中每个测验题目的区分度，即点双列相关系数（point-biserial correlation），并估计整卷和分测验的信度系数。然后根据上节中介绍的区分度—信度预测公式，以不同期望信度系数为标准分别计算相应的测验长度。由于区分度指标属于非等距变量，所以我们不能直接对整卷和分测验题目的区分度进行简单的算术平均计算，因此，必须首先按照如下费舍尔转换（Fisher Transformation）公式进行转换（王孝玲，2001）。

$$z_r = \frac{1}{2}\log_e^{\left(\frac{1\pm r}{1-4}\right)}$$

通过上述费舍尔转换公式我们可以将每个测验题目的区分度转换成具有等距性质的 Z 值，从而针对整卷和分测验中的所有题目的 Z 值计算平均值，然后再按照上述公式进行逆运算，将 Z 平均值换算成相应的平均区分度。具体计算和转换结果，请参见表 3—5（其中 It. 表示题号，rdp 表示点双列相关系数，Z_r 表示 Z 值）。

表 3—5　　**题目区分度和 *Fisher Z* 值**

It.	rdp	Z_r	It.	rdp	Z_r	It.	rdp	Z_r	It.	rdp	Z_r
s1	0.533	0.594	s41	0.466	0.505	s81	0.528	0.587	s121	0.364	0.382
s2	0.063	0.063	s42	0.259	0.265	s82	0.176	0.177	s122	0.424	0.453
s3	0.418	0.445	s43	0.263	0.269	s83	0.384	0.404	s123	0.511	0.563
s4	0.261	0.267	s44	0.416	0.443	s84	0.533	0.594	s124	0.559	0.632
s5	0.368	0.386	s45	0.167	0.168	s85	0.294	0.303	s125	0.216	0.220
s6	0.382	0.402	s46	0.441	0.473	s86	0.482	0.526	s126	0.330	0.343
s7	0.247	0.253	s47	0.253	0.258	s87	0.486	0.531	s127	0.482	0.526
s8	0.190	0.192	s48	0.270	0.277	s88	0.456	0.493	s128	0.332	0.345
s9	0.270	0.277	s49	0.630	0.741	s89	0.466	0.505	s129	0.460	0.497
s10	0.462	0.500	s50	0.286	0.294	s90	0.330	0.343	s130	0.289	0.298
s11	0.298	0.307	s51	0.246	0.252	s91	0.538	0.602	s131	0.313	0.324
s12	0.359	0.376	s52	0.205	0.208	s92	0.366	0.384	s132	0.415	0.442
s13	0.473	0.513	s53	0.455	0.490	s93	0.472	0.512	s133	0.189	0.191
s14	0.431	0.462	s54	0.496	0.543	s94	0.397	0.420	s134	0.312	0.322
s15	0.299	0.308	s55	0.366	0.384	s95	0.386	0.407	s135	0.301	0.311
s16	0.468	0.507	s56	0.394	0.416	s96	0.448	0.482	s136	0.500	0.549
s17	0.561	0.634	s57	0.518	0.573	s97	0.355	0.371	s137	0.429	0.458
s18	0.479	0.522	s58	0.476	0.517	s98	0.445	0.479	s138	0.358	0.374
s19	0.409	0.435	s59	0.485	0.530	s99	0.381	0.401	s139	0.160	0.162
s20	0.375	0.395	s60	0.258	0.263	s100	0.395	0.418	s140	0.024	0.024
s21	0.255	0.260	s61	0.194	0.196	s101	0.432	0.462	s141	0.469	0.508
s22	0.446	0.480	s62	0.405	0.430	s102	0.173	0.175	s142	0.316	0.327
s23	0.445	0.478	s63	0.186	0.188	s103	0.272	0.279	s143	0.359	0.375
s24	0.380	0.400	s64	0.381	0.402	s104	0.217	0.221	s144	0.424	0.452
s25	0.393	0.415	s65	0.328	0.340	s105	0.133	0.134	s145	0.392	0.414
s26	0.294	0.303	s66	0.357	0.373	s106	0.201	0.204	s146	0.097	0.097
s27	0.417	0.444	s67	0.535	0.597	s107	0.404	0.428	s147	0.318	0.329
s28	0.216	0.220	s68	0.284	0.293	s108	0.382	0.403	s148	0.373	0.392
s29	0.299	0.308	s69	0.322	0.334	s109	0.343	0.358	s149	0.262	0.269
s30	0.362	0.380	s70	0.427	0.457	s110	0.397	0.420	s150	0.568	0.645
s31	0.446	0.479	s71	0.313	0.324	s111	0.496	0.544	s151	0.379	0.399
s32	0.508	0.560	s72	0.469	0.509	s112	0.457	0.493	s152	0.303	0.313
s33	0.455	0.491	s73	0.305	0.315	s113	0.512	0.566	s153	0.408	0.433
s34	0.373	0.392	s74	0.132	0.133	s114	0.388	0.409	s154	0.264	0.270
s35	0.389	0.410	s75	0.306	0.316	s115	0.415	0.442	s155	0.307	0.317
s36	0.092	0.092	s76	0.255	0.260	s116	0.222	0.226	s156	0.462	0.499
s37	0.514	0.568	s77	0.248	0.253	s117	0.215	0.219	s157	0.468	0.508
s38	0.275	0.283	s78	0.390	0.412	s118	0.166	0.168	s158	0.244	0.249
s39	0.260	0.266	s79	0.400	0.424	s119	0.142	0.143	s159	0.484	0.528
s40	0.316	0.328	s80	0.476	0.518	s120	0.288	0.297	s160	0.473	0.514

根据表3—5中测验题目的区分度（rdp）和上述费舍尔转换公式，我们可以获得C. TEST［A—D级］整卷和分测验的平均 Z_r 值分别是0.382 0、0.383 9和0.380 5，与之相对应的平均区分度则分别为0.364 4、0.366 1和0.363 1。然后，根据上述区分度—信度预测公式，我们以0.020 0作为信度系数的步长，分别对听力理解分测验、综合运用分测验以及整卷测验的信度系数与测验长度之间的对应关系进行计算，具体计算结果请参见表3—6。

表3—6　　　　区分度—期望信度决策法研究结果

听力理解		综合运用		整卷	
期望信度	长度	期望信度	长度	期望信度	长度
0.700 0	15	0.700 0	15	0.700 0	15
0.720 0	17	0.720 0	17	0.720 0	17
0.740 0	18	0.740 0	19	0.740 0	19
0.760 0	20	0.760 0	21	0.760 0	21
0.780 0	23	0.780 0	23	0.780 0	23
0.800 0	26	0.800 0	26	0.800 0	26
0.820 0	29	0.820 0	30	0.820 0	30
0.840 0	34	0.840 0	35	0.840 0	34
0.860 0	40	0.860 0	40	0.860 0	40
0.880 0	47	0.880 0	48	0.880 0	48
0.900 0	58	0.900 0	59	0.900 0	59
0.920 0	74	0.920 0	76	0.920 0	75
0.940 0	101	0.940 0	103	0.940 0	102
0.960 0	155	0.960 0	158	0.960 0	157

从表3—6的数据可见，如果期望整卷的信度系数保持在0.940 0以上，那么测验的长度只要达到102题即可。对于听力理解和综合运用两个分测验而言，当测验的长度分别达到40题以上时，其信度系数就可以达到0.86以上。按照标准化NRT语言测试整卷和分测验的信度要求（刘润清等，2000；舒运祥，1999），当整卷测验长度达到102题，分测验长度分别达到或超过40题以上时，C. TEST［A—D级］的测验长度就足以保证测验结果具有较高的稳定性和可靠性。

七、研究结论

通过上述实证研究的结果可知，根据斯皮尔曼—布朗预测公式法和区分度—信度决策法所获得的测验长度结果之间存在一定的差异。运用第一种研究方法所获得的 C. TEST［A—D 级］整卷、听力理解和综合运用分测验长度的平台区分别是 121—175 题、61—80 题和 66—100 题，而 C. TEST［A—D 级］原型试卷的整卷测验长度和分测验长度分别为 160 题、70 题和 90 题，测验长度分别处于相应的平台区的上限附近（见图 3—4）。该实证研究的证据显示：无论是从整卷长度来看，还是从分测验长度来看，C. TEST［A—D 级］的测验长度都是一种最优选择，基于这种测验长度组合的测量模式不仅可以有效降低随机误差对测验结果的影响，而且还可以将测验题目的数量合理控制在平台区的上限范围以内，因而也完全符合测量的经济学要求。

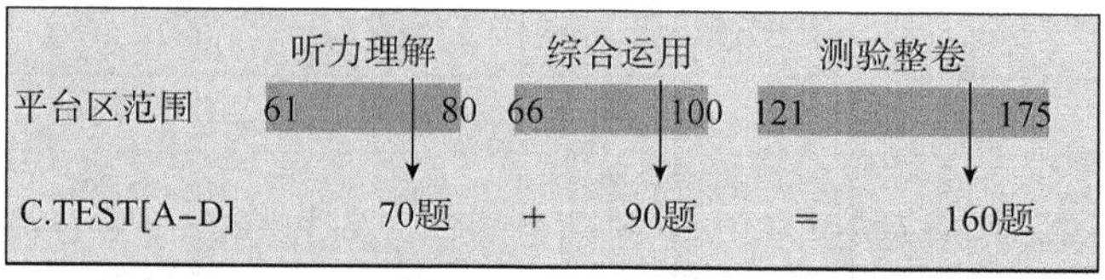

图 3—4　斯皮尔曼—布朗预测公式法研究结果与原型卷长度关系

运用区分度—信度预测法的研究结果显示，当 C. TEST［A—D 级］整卷测验长度达到 102 题时，信度系数即可达到 0.940 0；当听力理解和综合运用分测验的长度分别达到 58 题和 59 题时，分测验的信度系数则分别可以达到 0.900 0 以上，而 C. TEST［A—D 级］试卷的整卷长度和分测验长度均已明显超过与上述期望信度对应的测验长度。两种研究结果的对比分析可见：用第一种研究方法对测验长度进行决策的结果相对比较稳健，用第二种研究方法所获得的测验长度结果则比较经济。在实际的决策研究中可以综合两种研究方法的长度结果做出取舍。

综上所述，本研究采用两种方法的实证研究结果说明：由于 C. TEST［A—D 级］的命题质量比较高，所以其现有的测验长度均满足上述两种研究方法的决策要求，整卷长度和分测验长度不仅完全可以保证考试结果的稳定性，而且，即使对测验进行适当的缩短处理，测验的信度指标仍可以满足常模参照性标准化考试的质量要求。

第二节 基于概化理论的阅读理解测验长度研究

在上一节中，我们以斯皮尔曼—布朗预测公式法和区分度—信度预测法分别对实用汉语水平认定考试［C. TEST（A—D级）］的测验长度问题进行了研究。在上述实证研究中，我们实际上仅仅是通过测验题目（item）的数量一个方面引起的误差来源对信度指标的影响程度研究了常模参照性语言测试的长度问题。但是在很多测验形式中，比如在传统的常模参照性阅读理解测验模式中或者在段落式听力理解测验方法中，很多题目都是根据同一篇语料编制的若干相互关联的测验项目，即项目之间共享了相同的输入材料。在这种情况下，对测验长度问题的考察不仅要从测验项目数量是否合理的角度做出评价，而且还要从篇章或输入材料数量是否合适的角度进行研究。但是，CTT理论在处理这种嵌套模式的测验长度问题时并没有提供有效、可行的研究方法，因此，我们只能借助概化理论来探讨诸如中国汉语水平考试（HSK）阅读理解测验的长度问题，或者说阅读理解材料的数量（文章数量）和测验题目数量的合理性问题。

一、研究问题的提出

无论是对母语学习者来说，还是对外语学习者和第二语言习得者而言，阅读理解能力不仅是学习者必须要掌握的一项语言技能，而且是学习者语言水平高低的重要标志之一，因此，阅读理解能力一直都是国内外第二语言测试的重要组成部分。

在大规模、标准化语言测试中，阅读理解测验的方法很多，但迄今为止使用最普遍的典型测量方法仍是多项选择题形式，即命题者通过选择若干篇阅读理解材料，并针对每篇阅读材料设计一定数量的多项选择题来考查被试者的阅读理解水平。尽管这种传统的测量方法具备操作思路简单、评分过程客观、高效的独特优势，但是，由于在命题过程中缺乏一套客观、公正而且普遍适用的固定程序约束命题者的个人行为，所以阅读理解材料的选择和测验题目的设计质量等都具有较强的主观性，加之受考生应试过程中猜测因素的干扰，该测量模式下的测验信度和效度问题在很大程度上都受到了影响。在以往的阅读理解测试研究中，黄理兵和郭树军（2008）、马瑞（2012）等分别针对中国汉语水平考试（HSK）和英语水平考试中阅读理解材料的选择和文本难度对阅读测试信度和效度的影响进行了探讨；柴省三（2012）、Clapham（1996）、Cohen 等（2006）分别针对中国汉语水平考试（HSK）、国际英语语言测试系统（IELTS）、英语作为外语的语言测试（TOEFL）系统中阅读材料的难度差异对信度和效度的影响进行了实证研究；蔡阳洋（2013）、孔文（2009）和 Freedle & Kostin（1993）等则分别针对大学英语四级考试（CET4）、大学英语专业四级考试（TEM4）和 TOEFL 考试中测验项目的难度因素与测验信度和效度的关系进行了实验研究。然而，上述研究过程和研究方法基本上都是以经典测量理论（CTT）为基础，孤立地考察由于阅读理解材料变量（passage variables）或测验项目变量（item variables）所产生的构想无关变异（construct-irrelevant variance）以及构想缺失变异（construct-underrepresentation variance）对考试信度和效度的影响，而不是将测验中的阅读材料和测验题目因素纳入同一个测量模型中，从整体上分别考察两者的不同数量组合对阅读理解测验信度和效度的影响。因此，本研究将借助概化理论，尝试将阅读理解材料和测验题目纳入同一个测量体系中，通过考察阅读理解测验中的误差来源、误差结构和误差的相对作用，研究中国汉语水平考试（HSK）阅读理解测验中篇章数量和测验题目数量的拟合优度（goodness of fit）问题，从而对 HSK 阅读理解测验的长度合理性做出评价。

二、阅读理解测验分数的变异来源

阅读理解能力是一种无法进行直接测量的潜在特质，因此，我们通常只能以多项选择题的形式，通过考查被试在阅读理解材料样本上的理解水平间接地推断其阅读水平。在这种传统的测量方式中，除了测验的目标构想（constructs，即考生的阅读理解能力，在下文的概化研究中统一用 s 表示）以外，阅读材料本身的内容属性、易读度（readability）以及多项选择题目中题干（stems）的设问角度、选项（options）语言的复杂度乃至干扰项的迷惑程度（plausibility）等都是影响被试反应结果的重要因素，或者说都是引起测验分数变异的重要来源（McNeil，2011；王海军，2012；亓鲁霞，2008）。在基于概化理论的实证研究中，由于篇章侧面因素对考试分数变异所产生的影响，一般称之为篇章效应（passage effects），由于测验项目本身的难度（difficulty）和性能等因素对测验分数变异所产生的影响则属于项目效应（item effects）（Bachman，1990，1997；Davey，1988；Lee，2002；Feng，2011）。阅读理解测试的整体难度或者说考生的阅读理解测验分数变异在很大程度上是由阅读材料本身的难度、测验题目（含题干和选项）的难度以及两者之间的交互作用共同决定的（Rupp，2006；Jafarpur，2003）（见图 3—5）。

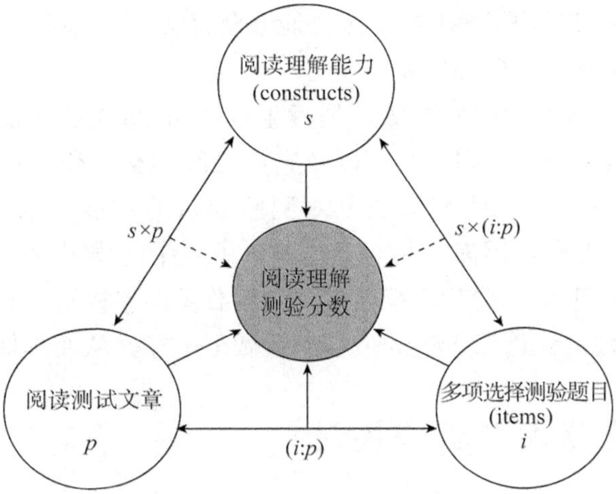

图 3—5 阅读测验分数变异示意图

在以往的实证研究中，国内外针对阅读理解测验分数误差或信度的探讨大多都忽视了如下一个最基本的事实：尽管在阅读理解测验中所选择的文章在主题知识和语言理解难度方面都比较合理，而且针对每篇文章所设计、编制的测验题目也比较科学，但是在测量模式的具体设计中，如果文章数量（number of passages）和题目数量（number of items）之间的组合结构不合理，那么测量结果中的误差仍有可能比较大，甚至会影响测验的信度和效度（Brown，1999；Zhang，2006）。因为文章和测验题目在测量活动中对测量误差的影响不具有对称性。比如，针对 1 篇阅读材料设计 20 个测验题目和针对 20 篇阅读理解材料设计 20 个测验题目（每篇文章编制 1 个测验题目）分别对被试进行测量时，尽管两种测量模式中的题目数量完全相同，但测验的误差结构、误差来源和误差权重等并不完全相同。因为，在阅读理解测验中，考生对任何一篇阅读文章的理解都不可避免地需要一定的背景知识作为基础，所以，当通过一篇阅读材料编制较多的测验题目对被试进行测量时，由于篇章的字、词、句法复杂度（syntactic complexity）等所引起的语言理解难度以及理解文章内容所需要的背景知识难度共同引起的篇章效应就比较明显。如果文章的抽样缺乏代表性，那么篇章因素在测验分数中引起的随机变异就比较显著（Freedle & Kostin，1993）；但是在第二种测量模式中，如果在测验中，我们针对每篇阅读理解材料只编制 1 个测验题目，同时通过采用较多的阅读材料方式进行测量时，尽管从理论上讲这样可以有效地抵消（counter-balance）文章内容抽样不足而引起的随机误差，避免了文章内容涉及的语域（register）属性和偏差给不同背景的被试带来的测量误差（杨卫健，2011；张敏强等，2010），然而被试在测验中的猜测行为等随机因素引起的误差却导致了测验结果未必能够全面反映被试对相应的阅读材料的理解水平，最终也会影响测验的信度和效度。

总之，阅读理解测验的分数变异是考生（*s*）的阅读理解能力、阅读测试的文章（*p*）、多项选择测验题目（*i*）以及它们之间的交互作用的函数。在经典测量理论中，阅读理解测试研究只能针对测验题目的难度、区分度（discrimination）等指标进行考察，因而无法对上述测量模式中的误差来源和结构进行全面评估，但概化理论则可以在对篇章数量、题目数量误差权重进行具体估计的基础上，对测验题目数量和篇章数量的最佳组合做出选择，从而降低测量的误差。

三、测量模式与研究设计

在上述经典的阅读理解测验模式中，实际上可以用于测量考生汉语阅读水平的潜在文章数量是无穷大的，所以我们可以把阅读材料看作是从篇章全域（universe of passages）中经过随机抽样组成的篇章样本。另外，从理论上讲，针对每篇文章也可以编制无数个测验题目对被试进行测量，因此，测验题目也可以看作是从题目全域（universe of items）中抽取的一个随机样本。从测量结构上来说，被试（*s*）与篇章（*p*）之间以及被试与测验题目（*i*）之间的关系属于完全随机交叉关系（crossed），而测验题目侧面（*i*）与篇章侧面（*p*）之间的关系则属于典型的嵌套关系，即测验题目嵌套于（nested）篇章之中（*i*：*p*）。在这种阅读理解测量模式中，被试的测验分数变异是由被试（*s*）、篇章（*p*）、题目（*i*：*p*）引起的主效应以及被试与篇章之间的交互效应（*sp*）、被试与题目之间的交互效应（*si*：*p*）引起的变异分量所构成的（见图 3－6）（Crocker et al.，1988；Swartz et al.，1999；杨志明、张雷，2003）。为了对中国汉语水平考试（HSK）（初中等）阅读理解测验的误差来源、误差结构以及篇章数量和题目数量关系的合理性进行评价，本研究将采用随机双面 *s*×（*i*：*p*）嵌套设计进行概化研究和决策研究，从而对篇章数量和题目数量的组合关系进行检验。

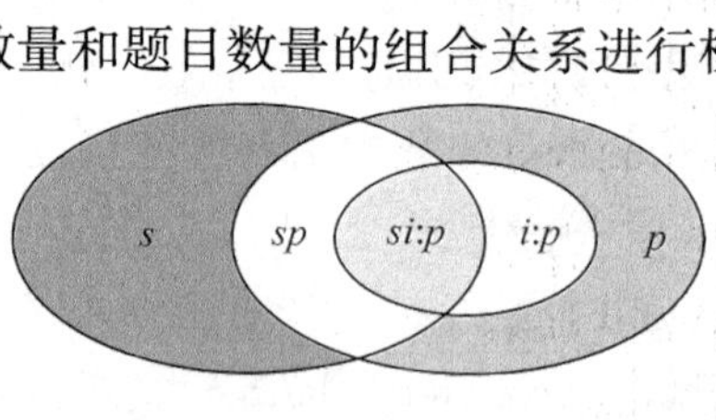

图 3－6　*s*×（*i*：*p*）双面嵌套结构中分数变异来源维恩图

四、概化研究的过程与结果

中国汉语水平考试（HSK）（初中等）是为测量母语非汉语者的汉语水平而设计的标准化考试，其阅读理解测验部分是由词汇（20 题）和篇章阅读（30 题）两部分试题所构成的（测验的具体结构和 *Cronbach* α 信度系数见表 3－7），通过两部分测验试题共同实现对考生阅读理解能力的全面测量。由于 HSK 考生的来源国籍、母语、学业背景以及年龄结构等都具有较强的异质性，因此，阅读理解测验文章所涉及的内容属性、文化背景、易读度以及文章数量与题目数量的组合关系等无疑对考生的测验分数和测量误差具有不可忽视的影响。

表 3－7　　阅读理解测验结构

测验	词汇题目	阅读理解题目					
题号	81－100	文章 1 101－104	文章 2 105－108	文章 3 109－113	文章 4 114－118	文章 5 119－124	文章 6 125－130
长度		422 字	659 字	706 字	688 字	718 字	725 字
题数	20	30					
α 系数	0.828	0.866					

本研究首先以随机双面 $s\times(i:p)$ 嵌套设计为基础，通过 G 研究对被试（s）、文章（p）和试题侧面（$i:p$）的主效应和交互效应引起的变异分量进行估计，从而为 D 研究阶段提供决策基础。

（一）研究材料

本研究以 2011 年 4 月 17 日在中国 32 个考点参加 HSK（初中等）考试的 7 258 名考生的实测资料作为研究数据，并从上述阅读理解测验部分的 6 篇文章中随机选择 3 篇文章作为文章（侧面）全域的一个随机研究样本。由于在 HSK（初中等）阅读理解测验中，针对每篇文章所编制的题目数量并不完全相同（一般每篇文章由 4 到 6 个题目构成），因此，为了避免研究设计中的不平衡现象，本研究首先从文章样本的每篇文章下分别随机选择 4 个测验题目作为题目（侧面）全域的一个随机样本。然后，我们采用随机双面 $s\times(i:p)$ 嵌套设计对 HSK（初中等）阅读理解测验进行概化研究（G 研究）。HSK（初中等）阅读理解分测验中的词汇部分和篇章阅读理解部分的经典测量信度系数（α 系数）分别为 0.828 和 0.866。

（二）研究被试

概化研究（G 研究）的统计基础是随机抽样理论，因此，本研究在对文章侧面和题目侧面分别进行上述随机抽样处理的基础上，再从考生全域中随机选择 500 名被试作为研究样本。500 名被试样本中考生的最小年龄和最大年龄分别是 15 岁和 52 岁，平均年龄为 20.89 岁，其中男、女考生的人数分别为 239 人和 261 人。被试样本来自 58 个不同的国家（和地区），考生样本的母语背景涉及韩语、日语、英语、越南语、蒙古语、法语和西班牙语等 12 种不同的语言（样本特征描述见表 3—8）。

表 3—8　　研究样本特征描述

样本特征	性别		国家数	考点数量	年龄		
	男	女			最小	最大	平均
数量	239	261	58	32	15	52	20.99
样本总数	500						
应试时间	2011 年 4 月 17 日（中国）						

（三）方差分析与变异分量估计

在随机双面 $s\times(i:p)$ 嵌套设计中，被试的阅读理解测验分数总变异 $\sigma^2(X_{pir})$ 可以分解为五个组成部分，即被试的阅读水平差异引起的变异 $\sigma^2(s)$、文章难度差异引起的分数变异 $\sigma^2(p)$、嵌套在文章中的测验题目之间的难度差异引起的分数变异 $\sigma^2(i:p)$，以及被试与文章之间的交互效应引起的分数变异 $\sigma^2(sp)$ 和被试与嵌套在文章中的题目之间的交互效应等引起的分数变异 $\sigma^2(si:p)$。本研究首先通过 SPSS17.0 针对随机双面 $sx(i:p)$ 嵌套设计的原始数据进行方差分析，从而获得各种主效应和交互效应在测验分数总变异中引起的均方值（MS）、自由度（df）和平分和（SS）等指标，然后按照表 3—9 提供的方差分量估计公式（其中 n_s、n_p 和 n_i 分别取 500、3 和 4，分别代表被试样本人数、文章样本数量和题目样本数量）（Brennan，2001；Brown，1999），并以 Visual FoxPro6.0 自编计算机程序对上述五种主效应和交互效应引起的变异分量和均方值的估计标准误等进行计算。

表 3—9　　s×（i：p）设计中 G 研究变异分量估计公式

效应（α）	方差分量估计公式 [σ^2（α）]
s	[$MS(s)-MS(sp)$] $/n_i n_p$
p	[$MS(p)-MS(i:p)-MS(sp)+MS(si:p)$] $/n_s n_i$
$i:p$	[$MS(i:p)-MS(si:p)$] $/n_s$
sp	[$MS(sp)-MS(si:p)$] $/n_i$
$si:p$	$MS(si:p)$
$\sigma^2(X_{sip})=\sigma^2(s)+\sigma^2(p)+\sigma^2(i:p)+\sigma^2(sp)+\sigma^2(si:p)$	

根据上述概化理论中 $s\times(i:p)$ 设计的变异分量估计公式，最终我们可以获得决策研究（D 研究）阶段的基准数据（见表 3—10），以便进一步估计在不同概化全域上的概化系数、相对误差和绝对误差等测量指标。

表 3—10　　s×（i：p）设计模式的 G 研究变异分量与标准误

变异来源 source	自由度 df	平方和 SS	均方 MS	变异分量估计值 Variance Components	估计标准误 SE
s	499	226.317 0	0.454 0	0.019 3（7.65%）	0.002 6
p	2	35.729 0	17.865 0	0.000 4（0.16%）	0.007 3
$i:p$	9	154.022 0	17.114 0	0.033 9（13.43%）	0.014 6
$s*p$	998	221.937 0	0.222 0	0.007 8（3.09%）	0.002 7
$si:p$	4 491	855.978 0	0.191 0	0.191 0（75.67%）	0.004 1

在表 3—10 的 G 研究变异分量估计值中，由于被试的阅读水平差异所引起的变异分量为 0.019 3，约占分数总变异的 7.65%。由于文章之间难度差异所引起的变异分量仅为 0.000 4，约占测验分数总变异的 0.16%。由被试（s）和文章（p）之间的交互效应所引起的变异分量为 0.007 8，占测验分数总变异的 3.09%。由此可见：在 HSK（初中等）阅读理解测验中所选择的文章不仅在语言理解难度方面差异比较小，而且文章内容也没有涉及与一般阅读能力无关的构想因素，考生在不同文章上所获得的阅读理解测验分数之间具有很高的相关性和一致性。由嵌套在文章中的测验题目所引起的分数变异和被试与题目之间的交互效应引起的变异分量分别为 0.033 9 和 0.191 0，约占测验分数总变异的 13.43% 和 75.67%，即被试与测验题目之间的交互效应引起的变异在测验分数总变异中

所占的比重最高，这种分数变异权重说明：被试在不同测验题目之间的相对位置（relative standing）具有较大的差异（Zhang，2006；Brown，1999），这种变异分量结构比较符合多项选择题目测验形式中阅读理解测验的测量构想。

五、决策研究（D 研究）过程与结果

决策研究（D 研究）阶段的核心内容是通过考察在特定的概化全域中各个侧面的条件样本容量与概化系数（$E\rho^2$）、测量误差之间的对应关系，从而确定在何种测量条件水平下测验的信度可以达到最大或者达到预先设定的测量精度要求，并据此对原型测验结构或测量模式的合理性做出评估与选择，抑或提出具体的测量模式优化方案。中国汉语水平考试（HSK）属于典型的常模参照性语言测试，因此，反映其测量误差大小和信度高低的指标主要是相对误差 $\sigma^2(\delta)$（relative error）和概化系数 $E\rho^2$，两种误差指标可以分别按照如下公式进行估计（杨志明、张雷，2003；Brennam，2001，Cronbach，1977）。

$$\sigma^2(\delta)=\sigma^2(sp)/n'_p+\sigma^2(si:p)/n'_i\times n'_p$$

$$E\rho^2=\sigma^2(p)/[\sigma^2(p)+\sigma^2(\delta)]$$

在以随机双面 $s\times(i:p)$ 嵌套设计为基础的 HSK（初中等）阅读理解测验中，本研究针对文章侧面在概化全域中的样本容量（n'_p）分别取 1 至 10，题目侧面的样本容量（n'_i）则分别取 1 至 40，然后按照上述公式可以分别估计出 400 种（$n'_p * n'_i=400$）不同概化全域上的概化系数值（见表 3－11）。

表 3－11　$s\times(I:P)$ 设计之 D 研究结果（概化系数 $E\rho^2$）

n'_i \ n'_p	1	2	3	4	5	6	7	8	9	10
1	0.088 5	0.162 6	0.225 6	0.279 7	0.326 8	0.368 1	0.404 6	0.437 1	0.466 3	0.492 6
2	0.157 4	0.272 0	0.359 2	0.427 7	0.483 0	0.528 5	0.566 7	0.599 1	0.627 1	0.651 4
3	0.212 6	0.350 7	0.447 6	0.519 3	0.574 5	0.618 4	0.654 0	0.683 6	0.708 5	0.729 8
4	0.257 8	0.410 0	0.510 4	0.581 5	0.634 7	0.675 8	0.708 6	0.735 4	0.757 7	0.776 5
5	0.295 6	0.456 3	0.557 3	0.626 6	0.677 2	0.715 7	0.746 0	0.770 5	0.790 6	0.807 5
6	0.327 5	0.493 4	0.593 6	0.660 8	0.708 9	0.745 0	0.773 2	0.795 7	0.814 2	0.829 6
7	0.354 9	0.523 8	0.622 7	0.687 5	0.733 4	0.767 5	0.793 8	0.814 8	0.832 0	0.846 2
8	0.378 6	0.549 3	0.646 4	0.709 1	0.752 9	0.785 2	0.810 1	0.829 8	0.845 8	0.859 0
9	0.399 4	0.570 8	0.666 1	0.726 8	0.768 8	0.799 6	0.823 2	0.841 8	0.856 8	0.869 3
10	0.417 7	0.589 3	0.682 8	0.741 6	0.782 0	0.811 5	0.834 0	0.851 6	0.865 9	0.877 7

续表

n'_i \ n'_p	1	2	3	4	5	6	7	8	9	10
11	0.434 1	0.605 4	0.697 1	0.754 2	0.793 2	0.821 5	0.843 0	0.859 9	0.873 5	0.884 7
12	0.448 7	0.619 4	0.709 4	0.765 0	0.802 7	0.830 0	0.850 7	0.866 8	0.879 9	0.890 6
13	0.461 8	0.631 8	0.720 2	0.774 4	0.811 0	0.837 4	0.857 3	0.872 8	0.885 4	0.895 6
14	0.473 7	0.642 9	0.729 7	0.782 6	0.818 2	0.843 8	0.863 0	0.878 1	0.890 1	0.900 0
15	0.484 5	0.652 8	0.738 2	0.789 9	0.824 6	0.849 4	0.868 1	0.882 6	0.894 3	0.903 8
16	0.494 4	0.661 7	0.745 8	0.796 4	0.830 2	0.854 4	0.872 5	0.886 7	0.898 0	0.907 2
17	0.503 5	0.669 7	0.752 6	0.802 2	0.835 2	0.858 8	0.876 5	0.890 2	0.901 2	0.910 2
18	0.511 8	0.677 1	0.758 7	0.807 4	0.839 8	0.862 8	0.880 1	0.893 5	0.904 2	0.912 9
19	0.519 5	0.683 8	0.764 3	0.812 2	0.843 9	0.866 4	0.883 3	0.896 4	0.906 8	0.915 3
20	0.526 6	0.689 9	0.769 4	0.816 5	0.847 6	0.869 7	0.886 2	0.899 0	0.909 2	0.917 5
21	0.533 2	0.695 6	0.774 1	0.820 4	0.851 0	0.872 7	0.888 8	0.901 4	0.911 4	0.919 5
22	0.539 4	0.700 8	0.778 4	0.824 1	0.854 1	0.875 4	0.891 3	0.903 5	0.913 3	0.921 3
23	0.545 1	0.705 6	0.782 4	0.827 4	0.857 0	0.877 9	0.893 5	0.905 5	0.915 2	0.923 0
24	0.550 5	0.710 1	0.786 1	0.830 5	0.859 6	0.880 2	0.895 5	0.907 4	0.916 8	0.924 5
25	0.555 6	0.714 3	0.789 5	0.833 3	0.862 1	0.882 4	0.897 4	0.909 1	0.918 4	0.925 9
26	0.560 3	0.718 2	0.792 6	0.836 0	0.864 3	0.884 3	0.899 2	0.910 7	0.919 8	0.927 2
27	0.564 8	0.721 8	0.795 6	0.838 5	0.866 4	0.886 2	0.900 8	0.912 1	0.921 1	0.928 4
28	0.569 0	0.725 3	0.798 4	0.840 8	0.868 4	0.887 9	0.902 3	0.913 5	0.922 4	0.929 6
29	0.572 9	0.728 5	0.801 0	0.842 9	0.870 3	0.889 5	0.903 8	0.914 8	0.923 5	0.930 6
30	0.576 7	0.731 5	0.803 4	0.844 9	0.872 0	0.891 0	0.905 1	0.916 0	0.924 6	0.931 6
31	0.580 3	0.734 4	0.805 7	0.846 9	0.873 6	0.892 4	0.906 3	0.917 1	0.925 6	0.932 5
32	0.583 6	0.737 1	0.807 9	0.848 6	0.875 1	0.893 7	0.907 5	0.918 1	0.926 6	0.933 4
33	0.586 8	0.739 6	0.809 9	0.850 3	0.876 6	0.895 0	0.908 6	0.919 1	0.927 4	0.934 2
34	0.589 9	0.742 1	0.811 9	0.851 9	0.877 9	0.896 2	0.909 7	0.920 0	0.928 3	0.935 0
35	0.592 8	0.744 4	0.813 7	0.853 4	0.879 2	0.897 3	0.910 6	0.920 9	0.929 1	0.935 7
36	0.595 6	0.746 5	0.815 4	0.854 9	0.880 4	0.898 3	0.911 6	0.921 8	0.929 8	0.936 4
37	0.598 2	0.748 6	0.817 1	0.856 2	0.881 6	0.899 3	0.912 5	0.922 6	0.930 6	0.937 1
38	0.600 8	0.750 6	0.818 6	0.857 5	0.882 7	0.900 3	0.913 3	0.923 3	0.931 2	0.937 7
39	0.603 2	0.752 5	0.820 1	0.858 8	0.883 7	0.901 2	0.914 1	0.924 0	0.931 9	0.938 3
40	0.605 5	0.754 3	0.821 6	0.859 9	0.884 7	0.902 0	0.914 8	0.924 7	0.932 5	0.938 8

从表 3—11 的 D 研究结果可见：测量的概化系数（$E\rho^2$）值不仅随着文章样本容量的增加而提高，而且随着题目样本容量的增加而提高，同时，文章样本容

量和题目样本容量的增加，对概化系数 $E\rho^2$ 的贡献并不是遵循等价单调递增（monotonic increase）的线性规律。单位文章数量的增加对提高概化系数的贡献比单位测验题目数量的增加对提高概化系数的贡献更为明显，如果同时增加文章数量和测验题目数量则可以明显提高测验的概化系数。不过，在实际的阅读理解测验设计中，由于受考试时间、命题成本和分数合成权重与分数结构等因素的制约，测验中的篇章数量和题目数量不可能同时取最大值，而是在上述D研究结果中尽可能寻求一个成本相对较低、可行性较高和误差较小的双侧面样本组合方式。汉语水平考试的（HSK）现行试卷是由 6 篇文章和 30 个测验题目组成的一个特殊概化全域，因此，本研究将进一步针对该测量模式，从篇章侧面和题目侧面样本容量的合理性角度分别进行验证，并据此对两者的匹配优度进行评价。

（一）固定题目侧面时文章数量的合理性研究

从表 3—11 决策研究的结果可见：在题目侧面的样本容量（n'_i）保持不变的情况下，HSK 阅读理解测验的概化系数（$E\rho^2$）随着文章侧面样本容量（n'_p）的增加而明显增加。比如，当题目侧面的样本容量（n'_i）固定为 5（$n'_i=5$，即平均每篇文章 5 个测验题目）、文章侧面的样本容量取 1 时，测量的概化系数仅为 0.295 6，但是当文章侧面的样本容量增加到 10 时，测量的概化系数则提高到了 0.807 5。文章侧面中样本容量的变化与概化系数之间的关系，可参见图 3—7。

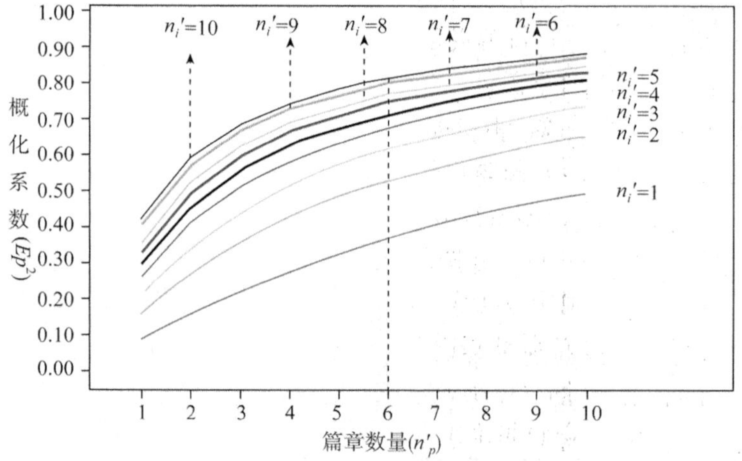

图 3—7　文章侧面样本容量与概化系数的关系

由表 3—7 可知，如果只采用一篇文章对考生的阅读理解能力进行测量时，即使针对该文章设计 40 个测验题目，测量的概化系数也只能达到 0.605 5，无论针对

1 篇文章编制多少测验题目，测验的概化系数都比较低；当把文章数量由 1 篇增加到 3 篇时，测验的概化系数则有了非常明显的提高；当文章侧面的样本容量由 3 篇增加到 5 篇时，测验的概化系数仍有比较明显的提高；但是，当文章侧面的样本容量增加到 6 篇以后，无论 n'_i 取 1 还是 10，概化系数的提高速度就会趋于平缓，因此，为了避免测量的误差过大，HSK 阅读理解测验的文章数量最好不要少于 6 篇。

（二）固定文章侧面时题目数量的合理性研究

在文章侧面的样本容量（n'_p）保持不变的情况下，HSK 阅读理解测验的概化系数（$E\rho^2$）随着题目侧面样本容量（n'_i）的增加而增加，或者说测量的误差随着题目数量的增加而降低。如果采用 6 篇文章对被试的汉语阅读能力进行测量时，当题目侧面的样本容量由 1（$n'_i=1$，共 6 个测验题目）增加到 40（$n'_i=40$，共 240 个测验题目）时，测量的概化系数就会由 0.368 1 提高到了 0.902 0。题目侧面的样本容量与概化系数之间的关系，请参见图 3—8。

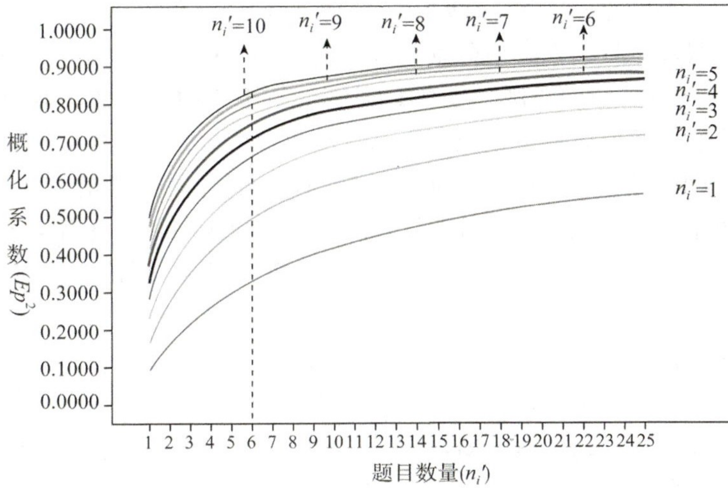

图 3—8　题目侧面样本容量与概化系数的关系

由图 3—8 可见：题目侧面样本容量的增加对概化系数的贡献也遵循明显的边际效应递减法则（the law of diminishing marginal utility）（Schwartz，2005）。如果针对每篇文章平均编制的题目数量由 1 个增加到 3 个时（n'_i 由 1 增至 3），无论文章数量 n'_p 取 1 还是取 10，测量的概化系数都会随着题目数量的增加而急剧地提高；如果针对每篇文章平均编制 3 至 5 个题目时，概化系数的提高幅度虽没有前者那么高，但仍然比较明显；但是，如果针对每篇文章设计的题目数量达到或超过 6 个以后，概化系数的提高速率就会明显降低。文章数量 n'_p 由 1 到 10 所对应的概化系数曲线均处于平缓区，题目数量对概化系数的边际效应递减规律意味着在 HSK 阅读理解测验中，为了保证阅读理解测验具有较高的信度和可以接受的测量误差，针对每篇文章所设计的题目数量不应该少于 5 个或 6 个（平均意义上的数量概念）。

另外，增加文章数量和增加题目数量对测量精度的影响也不相同。当用一篇文章（$n'_p=1$）和 10 个测验题目（$n'_i=10$）对被试进行测量时，测验的概化系数仅为 0.417 7，但是，如果用 10 篇文章（$n'_p=10$）和 10 个测验题目（$n'_i=1$）进行测量时，测量的概化系数则可以达到 0.492 6，尽管测验题目的总数量保持不变，但是第二种测验方式比第一测验方式的概化系数则提高了 17.93%。

六、研究结果与讨论

现行的 HSK 阅读理解测验模式是在随机双面 sx（I：P）嵌套设计的 D 研究中，文章样本容量和题目样本容量分别为 6（$n'_p=1$）和 5（$n'_i=5$）（即题目总数为 30）时概化全域的一个特例。尽管 D 研究的结果表明：增加文章数量可以比较明显地提高测验的概化系数，但是文章数量的增加必然意味着考生阅读负担的增加、考试时间的延长和考试研发成本的提高，因此，在实际的测量活动中，不能单纯地依靠增加文章数量或题目数量来降低测量的误差和提高概化系数，而是在阅读题目数量（固定 n'_i）相同的前提下，寻求篇章数量和针对每篇文章设计的题目数量之间的最佳组合（combinations）关系。

由于测验题目数量的设置，是由分测验构想（sub-construct）、记分方法和分数体系事先所决定的，因此，在由 30 个测验题目所组成的 HSK（初中等）阅读理解测验中，我们可以通过六种测量方式实现对被试阅读理解能力的测量（各种测量模式的结构和测量精度见表 3—12）。

表 3—12　　六种概化全域中的各种测量精度指标

概化全域 / 指标	$n'_p=1$ $n'_i=30$	$n'_p=2$ $n'_i=15$	$n'_p=3$ $n'_i=10$	$n'_p=5$ $n'_i=6$	$n'_p=6$ $n'_i=5$	$n'_p=10$ $n'_i=3$
测量模式	1	2	3	4	5	6
题目总数	30	30	30	30	30	30
$\hat{\sigma}^2(X)$	0.035 00	0.030 90	0.029 53	0.028 44	0.028 17	0.027 62

续表

指标 \ 概化全域	$n'_p=1$ $n'_i=30$	$n'_p=2$ $n'_i=15$	$n'_p=3$ $n'_i=10$	$n'_p=5$ $n'_i=6$	$n'_p=6$ $n'_i=5$	$n'_p=10$ $n'_i=3$
$\hat{\sigma}^2(\tau)$	0.019 30	0.019 30	0.019 30	0.019 30	0.019 30	0.019 30
$\hat{\sigma}^2(\delta)$	0.014 17	0.010 27	0.008 97	0.007 93	0.007 67	0.007 15
$\hat{\sigma}^2(\Delta)$	0.015 70	0.011 60	0.010 23	0.009 14	0.008 87	0.008 32
$\hat{E}\rho^2$	0.576 65	0.652 84	0.682 76	0.708 85	0.715 68	0.729 79
$\hat{\Phi}$	0.551 43	0.624 60	0.653 57	0.678 62	0.685 13	0.698 77

由表 3—12 中的各种测量指标可见：六种测量模式（或概化全域）下的概化系数 $E\rho^2$ 分别为 0.576 65、0.652 84、0.682 76、0.708 85、0.715 68 和 0.729 79。在测验题目的数量固定为 30 时，现行 HSK（初中等）阅读理解测验模式（$n'_p=6$，$n'_i=5$）下的相对误差、绝对误差（absolute error）、可靠性指数和概化系数分别为 0.007 67、0.008 87、0.685 13 和 0.715 68，如果仅从上述测验误差指标和概化系数来看，现行的 HSK（初中等）阅读理解测验并不是最理想的测量模式（$n'_p=10$，$n'_i=3$ 为理想模式）。不过，第二语言习得研究（study of second language acquisition，SSLA）和阅读理解能力测试研究的理论认为：阅读水平的高低不仅体现在篇章阅读能力方面，而且还反映在考生对第二语言词汇掌握的深度（depth）和广度（breadth）等方面（Bachman，1990；Alderson，2000；Feng，2011），因此，现行的 HSK（初中等）是通过对篇章阅读水平和词汇习得水平的测试共同实现对考生阅读理解能力的全面测量的。尽管篇章测验部分的概化系数并非是所有测量模式中的最佳选择，但是，如果考虑到词汇测量（20 个题目）部分的信度贡献，该测验仍可以达到较高的误差控制要求和较高的综合信度标准，或者说，现行的 HSK（初中等）阅读理解测验模式（$n'_p=6$，$n'_i=5$）下的篇章数量和题目数量组合关系不仅满足误差控制的基本要求，而且是一个既经济又科学的测量模式。

第三节　基于概化理论和边际效用递减法则的测验长度研究

在大规模、标准化语言能力测试中，科学性和可行性（practicality）问题是两个必须要兼顾的因素。如果测验的题目数量太少，测验的随机误差就比较大，测量结果也就无法准确反映考生的语言水平；反之，如果测验的题目数量过多，测验不仅给考生的应试过程带来较大的负担，还必然增加命题的成本和阅卷的效率，而且，测验长度的增加未必能够对测验的信度产生预期的贡献作用。考试的科学性就是指测量的构想（construct）定义是否明确，测量该构想的方法和考试内容是否合理以及测验结果中的误差控制是否满足要求等，即考试的信度（reliability）和效度（validity）如何。考试的可行性则是指实现上述信度和效度目标的可能性（possibility）有多大以及为了实现该目标而必须付出的各种成本投入和预期的产出之间的可接受程度如何。从语言测试的实施（administration）角度来讲，语言测试的基本操作目标首先应该是保证测验的信度和效度，然后在可以接受的社会风险范围以内，尽可能采取实施成本较低、测试效率较高的“经济型”测量手段。考试的测验长度（test length），即构成测验的题目数量毫无疑问是评价考试科学性和可行性的重要指标之一。

在经典测量理论（CTT）中，为了减少测量中的随机误差（random error）对测验结果的影响，通常主张采用尽可能长的测验对被试的语言能力进行测试。因为，在常模参照性测验信度的各种估计公式中（*Cronbach* α 系数或 *Kuder-Richardson*20/21 信度系数等）（王孝玲，2001），都蕴涵着一个潜在的逻辑假设关系，即测验的长度越长，测验的信度就越高。如果测验的题目数量太少，那么测验任务和测验内容对期望测量的知识（knowledge）或能力（ability）域的抽样（sampling）就会缺乏足够的代表性（Bachman & Palmer，1996；漆书青等，2002），从而产生构想缺失现象（construct-underrepresentation），并影响测验的信度和效度，所以，从考试的科学性角度来说，测验题目的数量不宜太少。然而，项目反应理论（IRT）和概化理论（GT）的研究结果显示：测验项目的数量与测验信度之间的关系并不是严格的单调线性关系（monotonic linear increase），而是遵循复杂的边际效用递减法则，或者说测验的长度也不是“越长越好”，而是在科学性和可行性之间寻求一个最佳平衡点。

针对常模参照性纸笔测验（paper-and-pencil test）的长度问题，国内外不少学者（谢小庆、李航，1999；刘清伟等，2010；Ackerman & Kanfer，2009；Walker，2005；Burisch，1997 等）从经典测量理论的角度进行过探讨和实证研究。然而，在 CTT 理论中，对测验长度的考察一般只能从测验题目的一个侧面进行研究，事实上，测量误差不仅来自题目之间难度和区分度等差异引起的随机误差，而且由于测验题目经常因为嵌套在其他测量侧面（比如分测验、评分员、阅读或段落式听力中的输入材料等）中，因此，题目侧面以外的其他测量因素往往也是引起测量误差的重要来源，并且这些侧面与侧面之间以及侧面与测量目标之间存在的若干交互效应同样也会引起测量误差（杨志明、张雷，2003；Brennan，2001）。

关于大规模、标准化语言测试的信度和误差来源等问题，Brown 和 Ross（1996）、Brown（1999）以及 zhang（2006）等借助概化理论分别针对 TOEFL（Test of English as a Foreign Language）和 TOEIC（Test of English for International Communication）测验中题目、分测验（sections）和被试对测验误差的相对影响程度等问题进行过实证研究，并根据不同侧面对概化系数（Generaliazbility Coefficients，$E\rho^2$）的相对贡献程度，对 TOEFL 和 TOEIC 测验长度的合理性进行了探讨。然而，国内这方面的研究成果还非常有限，所以，本研究将以概化理论和边际效益递减法则为基础，专门就汉语水平考试改进版［HSK（中级）］的测验长度问题进行实证研究。

一、常模参照性测验长度的研究方法

测验长度是一个与测验信度密切相关的变量，因此对测验长度的评价和研究通常以信度值的大小为依据。信度是反映考试结果可靠性、稳定性和评价考试质量高低的主要指标之一（熊丽萍，2007；Emons & Sijtsma，2012）。由于在标准参照性测验（Criterion-Referenced Test，CRT）和常模参照性测验（Norm-Referenced Test，NRT）中，信度考查的角度和标准并不完全相同，因此，针对 CRT 考试和 NRT 考试中测验长度的研究方法也不一样。在 CRT 测验长度的决策和研究中，主要以二项式概率模型法（Binominal Probability Model）、不肯定区域模型法（Indifference Zone Model）和项目反应理论（IRT）的拟合估计法为主要手段（Wilcox，1976），并且以测验对被试的分类一致性（classification consistency）和分类准确性（classification accuracy）为决策依据。在 NRT 测验长度的研究和评价中，则主要以测验分数信度值的大小为标准，而且主要借助斯皮尔曼—布朗通式（Spearman-Brown Formula）（公式 1）和基于项目平均区分度的测验长度研究方法，即信度—区分度预测公式（公式 2）对测验的长度进行决策研究。

$$R_n n=\frac{nR_{ll}}{1+(n-1)R_{ll}} \qquad \text{（公式 1）}$$

$$K=\frac{R_{tt}(1-\bar{R}^2{}_{it})}{\bar{R}^2{}_{it}(1-R_{tt})} \qquad \text{（公式 2）}$$

其中，在公式 1 中，R_{tt} 表示原型试卷的信度值，R_{nn} 是将测验长度调整到原测验长度的 n 倍时的信度值，n 表示新测验与原测验长度之比值（王孝玲，2001）。在公式 2 中，R_{tt} 表示整卷或分测验的期望信度值，$\bar{R}_{it}$ 表示整卷或分测验试题的平均区分度（discrimination，通常以平均点双列相关系数来表示），K 是在期望信度系数下的整卷或分测验长度（漆书青、戴海崎，1998；Walker，2005）。

在上述经典测量理论的 NRT 测验长度研究中，研究方法本身存在以下两点明显的不足（Shavelson & Webb，1991；黎光明、张敏强，2009）：一是测验的情景关系（the situation of test context）比较单一，对于影响测量目标（object of measurement）的各种测量条件无法进行全面的分解，也不能将被试者的水平差异、评分者因素、分测验因素以及各种因素之间的交互作用等产生的测量误差对测验长度估计的影响考虑在内，因而研究的过程和方法比较笼统。二是忽视了对测验长度与信度系数之间潜在关系的深入探讨，无法将异质性试题组（比如分测验等）单独作为一个测量因素，并对影响测验长度的多维性（multidimensionality）进行考察，而是简单地以"测验越长，信度越高"为操作思路，从而导致测验长度的决策结果缺乏科学性和可行性。

针对 CTT 理论中测验信度估计和测验长度研究之不足，不少学者主张应该以概化理论为基础解决测验中的多维效应问题（Brennan，2001）。概化理论（Generalizability Theory，GT）是在经典测量理论基础上发展起来的现代心理与教育测量理论之一，其基本原理是：把测量目标和各种干扰测验分数的无关变量或因素纳入同一个测量模型中，并运用统计技术分别估计出测量目标、各种因素或因素之间的交互作用对测验分数变异的影响程度。在控制或剔除各种与测量目标无关的因素影响以后，考生之间在期望测量的目标水平上的真实差异或相对位置就可以得到非常清晰地显现，从而对测量结构（侧面关系与测验长度等）的合理性进行检验，或者通过提出富有针对性的调整措施降低和控制测量的误差，并寻求预期测量信度指标（通常称为概化系数）下的最佳测量条件组合，从而对测验的长度做出决策或评价（漆书青等，2002；Bolus et al.，1990；杨志明、张雷，2003）。

概化理论的主要研究过程是：首先，借助实验设计的思想，在充分归纳影响测验分数变异的各种来源（如考生的水平差异、测验题目的难度差异、评分员的评分行为或分测验的难度差异等）的基础上，选择恰当的概化研究模型；其次，运用方差分析技术（Analysis Of Variance，ANOVA），分别对测验分数总变异中的各种方差分量进行估计，并考察不同因素或侧面引起的各种变异来源对测验总变异的相对贡献程度；最后，根据研究的实际需要，在具体的概化全域（universe of generalization）上对测量模式的合理性进行验证性评估或提出具体的改进方案。

由于不同因素（在 GT 研究中称之为侧面，facets）对测量误差的影响是交织在一起的，因此，无论是在 CTT 理论中，还是在 GT 理论中，测验长度与信度系数之间的关系实际上并不是简单的线性关系，而是遵循边际效用递减法则。所谓边际效用递减法则（The Law of Diminishing Marginal Utility，LDMU）就是用来描述在一个经济模型或测量系统中，投入变量或成本变量（cost variables，*CV*）对效用变量或产出变量（utility variables，*UV*）动态影响模式的基本规律（Gossen，1983；Ormazabal，1995）。其核心观点是：在其他条件基本保持不变的情况下，如果某一投入变量连续等量地增加到一定程度以后，系统所产出的效用变量增量就会由大到小急剧下降，即投入变量的边际收益明显降低。边际效用递减法则最初是由经济学家戈森提出的一条经济学法则，但后来不少实证研究的结果证明：这一法则也普遍适用于心理学、教育学和应用语言学研究领域（Schwartz，2005；张昆仑，2004）。

根据边际效用递减法则中边际效益（Marginal Utility，*MU*）曲线和平均效益（Average Utility，*AU*）曲线之间的关系，可以对投入变量的最佳选择做出判断。所谓边际效益值（*MU*）是指总效益（产出）变量增量（ΔUV）与总成本（投入）变量增量（ΔCV）之比值（$MU=\Delta UV/\Delta CV$），它反映的是单位投入变量对单位效益变量的贡献程度。*MU* 越大，说明单位成本变量对效益变量的产出贡献率越高；*MU* 越小，则说明成本变量对效益变量的产出作用越低。平均效益值（*AU*）则是指效益变量（*UV*）总量与成本变量总量（*CV*）之比值（$AU=UV/CV$），它反映的是投入变量对效益变量的平均贡献程度。在实际应用中，通常将效益变量（*UV*）曲线、平均效益（*AU*）曲线和边际效益（*MU*）曲线共同绘制在成本（投入）变量（*X* 轴）和效益（产出）变量（*Y* 轴）二维空间中，并根据 *AU* 曲线和 *MU* 曲线的变化趋势及相互关系直接对投入变量（*CV*）的最佳取值范围做出决策（Bruce & Jeffrey，2006；Ormazabal，1995）。

在语言测试中，测验的长度和测验的信度值（概化系数）可以分别被看作是成本变量（投入变量 *CV*）和效益变量（产出变量 *UV*），运用概化理论对测验长度进行研究时，实际上就是根据测验题目数量的增量对概化系数提高的边际贡献关系确定测验长度的合理范围，或者对原型测验长度的合理性做出恰当的评估。本研究将采用概化理论和边际效用递减法则相结合的方式对中国汉语水平考试［HSK（中级）］原型试卷测验长度的合理性进行研究。

二、实验设计与研究目标

汉语水平考试改进版［HSK（中级）］是在原中国汉语水平考试（HSK）体系的基础上，为了适应汉语国际教育推广和发展的新形势，在充分吸收国际语言测试研究领域、语言能力结构研究领域和教育测量研究领域最新成果的基础上，由北京语言大学汉语水平考试中心研制的、以测量母语非汉语者的实际汉语能力为主要目标的标准化考试。HSK［中级］考试由笔试测验、作文测验和口语测验三个独立计分和施测的测验所构成。其中，HSK［中级］笔试试卷由听力测试和综合阅读测试两个分测验构成，考试全部采用客观题的方式实现对被试听力理解能力和阅读理解能力的准确测量（北京语言大学汉语水平考试中心，2007）。本研究将针对 HSK［中级］笔试测验部分的测验长度进行实证研究。

（一）研究材料

本研究以 2007 年 6 月 24 日在中国 18 所高等院校参加 HSK［中级］考试的 912 名考生的实测数据为基础，采用概化理论对 HSK［中级］分测验和总测验的长度进行研究。HSK［中级］原型试卷（prototype test）的总测验、听力理解分测验和阅读理解分测验的题目数量、基本统计量以及经典测量理论下的信度系数值等（*Cronbach* α）请参见表 3－13。

表 3－13　　　　测验结构与 CTT 统计值

测　验	被试数 男（453） 女（459）	国家/考点数	题数	均　值 *Mean*	标准差 *SD*	信度值 *Cronbach* α
HSK［中级］	912	48/18	130	74.95	22.99	0.942
听力测验	912	48/18	60	39.40	11.76	0.903
阅读测验	912	48/18	70	35.55	12.42	0.916

（二）研究被试

概化理论的研究基础是随机抽样理论，参加本次 HSK［中级］考试的 912 名考生可以看作是从考生全域（universe of examinees）中随机选择的一个被试样本。在研究被试样本中，男、女考生的人数分别为 453 人和 459 人，考生来自

48个不同的国家和地区，母语背景涉及32种不同的语言，考生的最小年龄和最大年龄分别是16岁和38岁，平均年龄为19.89岁（见表3—13）。

（三）研究方法与研究过程

本研究将针对上述研究材料和研究被试首先对HSK［中级］测验进行概化研究（G研究）和决策研究（D研究）；其次，进行决策研究（D研究），并根据D研究阶段获得的不同概化全域的结果，计算相应的边际效应法则统计量；最后，结合边际效用递减法则对HSK［中级］笔试试卷测验长度的合理范围做出评价。

由于HSK［中级］听力测验和阅读测验分别由60题和70题构成，因此，为了避免研究设计中的不平衡性现象（Bolus *et al.*，1982；Brennan，2001），本研究将从阅读理解分测验题目中随机选择60个测验题目作为阅读测验题目全域中的一个随机样本，并将听力理解分测验中的60个测验题目看作听力测验题目全域中的另一个随机样本。研究过程由以下三个步骤构成：（1）采用随机双面 sx（i：p）嵌套设计对HSK［中级］进行概化研究（G研究）；（2）采用固定侧面（固定分测验侧面）的 sx（I：P）$|S$（$|S$ 表示固定分测验侧面）嵌套设计进行决策研究（D研究）；（3）以D研究的结果为基础，分别计算不同概化全域中的边际效益值（MU）和平均效益值（AU），并将计算结果绘制成二维曲线图，从而对HSK［中级］测验长度与概化系数的边际区间进行描述。

（四）研究目标

在上述边际区间估计的基础上，本研究将对HSK［中级］测验长度的风险范围、理想范围和稳健范围分别进行描述和界定，对HSK［中级］原型测验试卷的测验长度的合理性做出评价，并对分测验和总测验的理想长度提出决策建议。

三、概化研究（G研究）

概化研究（G研究）工作是整个概化理论研究的基础工作，其主要内容是在对测量模式和研究目的进行综合逻辑分析的基础上，将影响测量目标（测验分数）的各个侧面纳入同一个测量模型中，并运用方差分析技术和变异分量计算公式分别估计出由测量目标、不同侧面以及各种交互效应所引起的变异分量及其在总变异中所占的比例，从而为决策研究（D研究）阶段奠定充分的基准数据。

在HSK［中级］笔试测验中，被试（s）与分测验（p）之间以及与嵌套在分测验中的所有测验题目（i）之间的关系属于完全随机交叉关系（crossed），但测验题目（i）与分测验（p）之间的关系则属于典型的嵌套（nested）关系（i：p），所以，该研究模型属于混合设计（Brown，1999；zhang，2006）。由于分测验的目标构想不同，因此，嵌套在两个不同分测验中的题目在测量功能方面具有相当强的异质性。在这种测量模式中，被试的测验分数总变异σ^2（X）是由被试（s）、分测验（p）、题目（i：p）引起的主效应和被试与分测验之间（sp）、被试与题目之间的交互效应（si：p）以及其他混合效应引起的变异分量所构成（见图3—9）（Kunnan，1990；Bolus *et al.*，2001；杨志明、张雷，2003）。

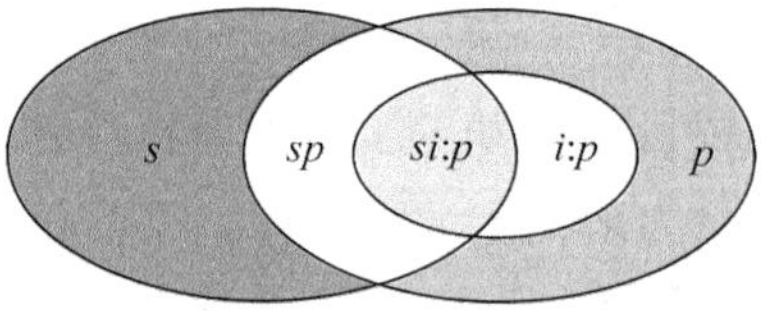

图3—9　双面sx（i：p）嵌套设计中的变异来源维恩图

为了对汉语水平考试［HSK（中级）］测验长度的合理性进行检验，本研究首先借助方差分析技术和G研究变异分量估计公式（Brennan，2001；杨志明、张雷，2003）对随机双面sx（i：p）嵌套设计的HSK［中级］测量模式进行概化研究（其中n_s、n_p和n_i取912、2和60，分别代表被试样本容量、分测验样本容量和题目样本容量），并以自编计算机程序对上述各种效应引起的变异分量和均方值的估计标准误等进行计算，最终获得由各种主效应和交互效应引起变异分量指标和均方值标准误（见表3—14）。

表3—14　　sx（i：p）设计的G研究结果

变异来源 S	变异性质 *effects*	自由度 df	平方和 *SS*	均方 *MS*	变异分量估计值 *Estimated variance*	估计标准误 *SE*
$s \mid S$	主效应	911	3 454.482	3.792	0.028 0（11.47%）	0.001 48
$p \mid S$	主效应	1	31.856	31.856	0.000 2（0.08%）	0.000 48
i：$p \mid S$	主效应	118	2 582.004	21.881	0. 023 8（9.75%）	0.003 07
$s*p \mid S$	交互效应	911	397.090	0.436	0.004 1（1.68%）	0.000 32
si：$p \mid S$	交互效应	107 498	20 180.946	0.188	0.188 0（77.02%）	0.000 01

在G研究的变异分量估计值中，由被试（s）、分测验（p）和题目（i：p）

主效应引起的变异分量估计值为 0.028 0、0.000 2 和 0.023 8，分别占测验分数总变异的 11.47%、0.08%和 9.75%，由分测验（p）引起的变异分量所占的比重最低。由于听力理解能力和阅读理解能力都属于接收型语言技能（receptive skills），因此，这种方差分量结构证明，被试在 HSK［中级］两个分测验上的相对位置（relative standing）比较一致，被试的分测验分数之间具有较高的相关性，听力理解和阅读理解分测验所测量的目标能力之间既有一定的区别，又有较大的相似性。被试与分测验之间的交互效应（sp）以及被试与题目之间的交互效应（si：p）引起的变异分量为 0.004 1 和 0.188 0，分别占测验分数总变异的 1.68%和 77.02%，这说明被试的相对位置在不同测验题目之间具有相当大的差异，或者说测验题目的难度和数量对被试之间的相对排名具有较大的影响（Zhang，2006；Brown，1999）。

四、决策研究（D 研究）

在概化研究（G 研究）阶段所获得的各种变异分量（variance components）是决策研究（D 研究）阶段的基础。由于 HSK［中级］测试的分测验数量已经在测验体系的设计之初由期望测量的目标构想结构事先所决定（$n_p=2$），即分测验的数量保持不变，因此，本研究将在固定分测验侧面（即 n'_p 固定为 2，以 $|S$ 表示固定侧面的测量模式）的前提下，通过调整分测验中题目样本容量（n'_i）的取值范围，针对固定侧面 $s\times(I:P)\ |S$ 嵌套设计中的各种测量模式，分别计算不同概化全域上的概化系数（$E\rho^2$ 系数）（n'_i 由 1 至 100 时的 D 研究结果，见表 3—15），并通过考察题目样本容量与概化系数之间的变化关系，对原型测验试卷的结构和题目数量的合理性做出评估，或者提出更合理、可行的测量改进意见。

表 3—15　$s\times(I:P)\ |S$ 嵌套设计中（$n'_p=2$）不同题目容量的概化系数（$E\rho^2$）

n'_i	$E\rho^2$	n'_i	$E\rho^2$	n'_i	$E\rho^2$	n'_i	$E\rho^2$	n'_i	$E\rho^2$
1	0.225 7	21	0.811 0	41	0.865 7	61	0.886 3	81	0.897 1
2	0.363 4	22	0.815 8	42	0.867 2	62	0.887 0	82	0.897 5
3	0.456 1	23	0.820 2	43	0.868 6	63	0.887 7	83	0.897 9
4	0.522 9	24	0.824 3	44	0.869 9	64	0.888 4	84	0.898 3
5	0.573 2	25	0.828 2	45	0.871 2	65	0.889 0	85	0.898 7

续表

n'_i	$E\rho^2$	n'_i	$E\rho^2$	n'_i	$E\rho^2$	n'_i	$E\rho^2$	n'_i	$E\rho^2$
6	0.612 5	26	0.831 7	46	0.872 5	66	0.889 6	86	0.899 1
7	0.644 0	27	0.835 0	47	0.873 6	67	0.890 2	87	0.899 4
8	0.669 9	28	0.838 1	48	0.874 8	68	0.890 8	88	0.899 8
9	0.691 5	29	0.841 1	49	0.875 9	69	0.891 4	89	0.900 1
10	0.709 8	30	0.843 8	50	0.876 9	70	0.891 9	90	0.900 5
11	0.725 5	31	0.846 4	51	0.877 9	71	0.892 5	91	0.900 8
12	0.739 1	32	0.848 8	52	0.878 9	72	0.893 0	92	0.901 1
13	0.751 1	33	0.851 1	53	0.879 9	73	0.893 5	93	0.901 5
14	0.761 6	34	0.853 3	54	0.880 8	74	0.894 0	94	0.901 8
15	0.771 0	35	0.855 3	55	0.881 6	75	0.894 5	95	0.902 1
16	0.779 4	36	0.857 3	56	0.882 5	76	0.894 9	96	0.902 4
17	0.787 0	37	0.859 1	57	0.883 3	77	0.895 4	97	0.902 7
18	0.793 8	38	0.860 9	58	0.884 1	78	0.895 9	98	0.903 0
19	0.800 1	39	0.862 6	59	0.884 9	79	0.896 3	99	0.903 2
20	0.805 8	40	0.864 2	60	0.885 6	80	0.896 7	100	0.903 5

通过上述不同概化全域中题目样本容量与概化系数之间的对应关系可见：分测验中的题目样本容量（n'_i）越大，测验的信度就越高，而测量的误差也就越小。当分测验的长度（n'_i）由 5 题增加到 10 题（总长度由 10 题增加到 20 题）时，测验的概化系数由 0.573 2 提高到 0.709 8，测量的信度系数具有比较明显的提高。如果将分测验的题目数量由 30 题增加到 35 题（总长度由 60 题增加到 70 题）时，测验的概化系数则会由 0.843 8 提高到 0.855 3。两种测量模式相比，尽管测验长度的增加幅度完全相同（10 题），但是测验概化系数的绝对增量和相对提高幅度却具有比较明显的差异：第一种调整方式中概化系数的增量和提高幅度分别为 0.136 6 和 23.83%，而第二种调整方式中概化系数的增量和提高幅度则仅为 0.011 5 和 1.36%，由此可见，测验的题目数量与测验信度之间的关系并不是严格的线性关系。为了直观地反映不同概化全域上测验长度与概化系数之间的动态关系，可以将两者绘制在二维平面图中（见图 3—10）。

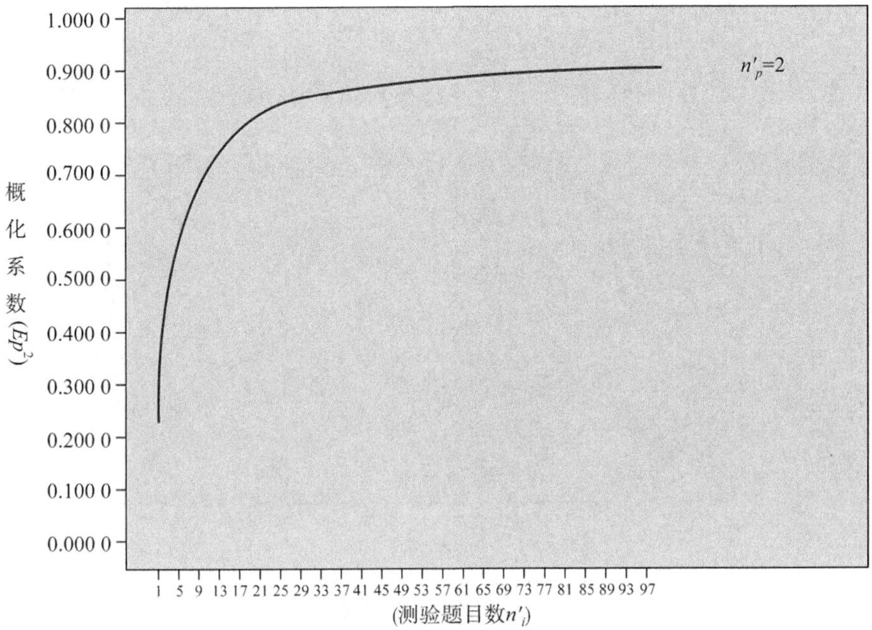

图 3—10　分测验长度与概化系数的关系

由图 3—10 可见：当分测验的题目数量较少时，题目样本容量的变化对概化系数的影响非常敏感，但是，当分测验题目的数量增加到一定程度以后，题目样本容量的增加对概化系数的贡献作用将越来越小，或者说测验题目的数量对信度系数的影响具有比较明显的阶段性特征，这种阶段性效应的起始界标（borderlines），可以根据边际效应递减法则做出具体的判断（Bruce & Jeffrey，2006）。

五、边际效用递减界标决策

为了借助边际效用递减法则（LDMU）对投入变量（测验长度）的合理范围做出明确的界定，本研究将题目的样本容量 n'_i 及其所对应的不同概化全域上的概化系数（$E\rho^2$）分别作为固定分测验侧面时（$p \mid S$）测量模型的投入变量和产出变量。在 D 研究结果（表 3—15）的基础上，首先分别计算题目侧面的不同样本容量在所对应的概化全域上的边际效益值（MU）和平均效益值（AU），然后，将产出变量（效益变量 UV，即 $E\rho^2$）、边际效益变量（MU）和平均效益变量（AU）曲线绘制在共同的投入—产出平面图中（见图 3—11），以便直观地对投入变量和产出变量之间的最佳匹配范围做出判断（Schartz，2005）。

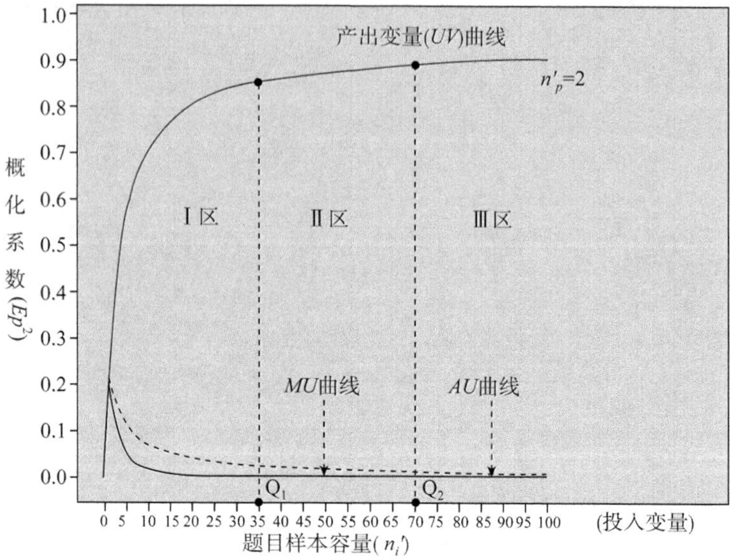

图 3—11　边际效用变量关系

在边际效益递减法则的决策标准中（Gossen，1983），*MU* 和 *AU* 曲线之间的相对关系是对投入变量合理与否进行判定的重要依据。根据 *MU* 和 *AU* 曲线之间的距离关系（见图 3—11），可以将投入变量（题目数量 n'_i）划分为三个基本区域（分别称之为Ⅰ区、Ⅱ区和Ⅲ区），三个区域的基本特征和划分依据分别是：(1) 在Ⅰ区中，题目的投入数量 N 满足条件 $N \leqslant Q_1$，Q_1 点界定的标准是 *AU* 和 *MU* 的值由大到小急剧变化，而且两条曲线之间的距离较大；(2) 在Ⅱ区中，题目的投入数量 N 满足条件 $Q_1 \leqslant N \leqslant Q_2$，$Q_2$ 点界定的标准是 *AU* 和 *MU* 曲线由 Q_1 点到 Q_2 点已基本趋向平缓或开始平行，且两者之间的间距明显缩小；(3) 在Ⅲ区中，题目投入的数量 N 满足条件 $N \geqslant Q_2$，*AU* 和 *MU* 曲线的突出特征是，要么两者初次相交，要么两者近似平行，两条曲线之间的间距已非常小，*MU* 的值近似为 0，甚至在极端情况下可以为负值（Ormazabal，1995；Schwartz，2005）。

根据上述边际效益递减法则确定的界标，在由两个分测验构成 HSK［中级］测试中，当每个分测验的题目数量小于 35 题时（$Q_1 = n'_i \leqslant 35$，总长度在 70 题以内），测验的概化系数（$E\rho^2$）对测验题目数量的变化非常敏感，题目数量的边际效益值（*MU*）和平均效益值（*AU*）最大，不过，测量误差的波动范围也较大，尽管测验的投入成本较低，但是测验结果的可靠性值得怀疑，在高利害性（high stakes）测验中应该尽量避免测验题目的数量小于 Q_1（$Q_1 = 35$）；当分测验的题目数量超过 70 题时（$Q_2=n'_i\geqslant 70$，总测验长度在 140 题以上），题目的边际效益值（*MU*）和平均效益值（*AU*）都非常低（近似为 0），题目数量的增加对概化系数的影响和贡献已经非常小，甚至可以忽略不计。然而，如果采用满足 $n'_i\geqslant 70$ 的测量模式对被试进行测量时，考试过程不仅会加重考生的应试负担和疲劳心理，而且还势必增加命题、施测和题库维护的成本，甚至影响评分和阅卷的效率，因此，在超过 70 题的测量模式中，尽管测验的结果具有足够的稳定性和可靠性，但它们并不属于非常经济的测验方式。在分测验长度介于 35 题和 70 题之间的所有测量模式中，测验的误差既可以得到有效的控制，同时，测验的投入成本也比较有限，因而是大规模、标准化语言测试长度的理想选择。

六、基本结论

在语言测试中，测验的长度并不是在研发和设计的初期主观设定的，而是在测量构想理论的指导下，由研发机构和专业命题人员首先编制一份题目数量比较“中庸”的原型测验，将期望测量的构想结构进行操作化处理（operationalization）；然后将原型测验针对常模（norm）或目标考生团体进行施测，并在实测数据的基础上，借助 CTT 理论的信度预测公式或固定侧面的概化理论（GT）的研究方法对原型测验的长度进行评估；最后结合边际效益递减法则的决策界标，针对原型试卷的长度提出具体“增减”措施，从而获得最终的理想题目数量（Brennan，2001；Emons & Sijtsma，2012）。

为了对固定分测验侧面中不同题目样本容量 n'_i 所对应的测量模式的误差结构进行综合评价，本研究针对 9 种概化全域上（n'_i 分别取 30、40、50、55、60、70、80、90 和 100）的测验分数总变异估计值、相对误差（relative error）、绝对误差（absolute error）、概化系数以及可靠性指数（Dependability index）进行了估计（见表 3－16）。由于 HSK［中级］考试主要适用于对被试的语言水平进行相对性测量，因此，相对误差 σ^2（δ）和概化系数 $E\rho^2$ 是测验长度决策研究中的两个重要指标。该指标显示：如果将听力和阅读分测验的长度分别降低至 55 题或 60 题（总长度为 110 题和 120 题），那么测验的概化系数 $E\rho^2$、相对误差 σ^2（δ）、绝对误差 σ^2（Δ）和可靠性指数 Φ 等指标仍可以得到足够的保证，同时测验的成本投入则将大幅度降低。

表 3—16　　固定侧面（$n'_p=2$）下不同测量模式下的测量精度

指标	$n'_i=30$	$n'_i=40$	$n'_i=50$	$n'_i=55$	$n'_i=60$	$n'_i=70$	$n'_i=80$	$n'_i=90$	$n'_i=100$
$\hat{\sigma}^2(X)$	0.033 7	0.032 8	0.032 3	0.032 1	0.031 9	0.031 7	0.031 5	0.031 3	0.031 2
$\hat{\sigma}^2(\tau)$	0.028 0	0.028 0	0.028 0	0.028 0	0.028 0	0.028 0	0.028 0	0.028 0	0.028 0
$\hat{\sigma}^2(\delta)$	0.005 2	0.004 4	0.003 9	0.003 8	0.003 6	0.003 4	0.003 2	0.003 1	0.003 0
$\hat{\sigma}^2(\Delta)$	0.005 7	0.004 8	0.004 3	0.004 1	0.003 9	0.003 7	0.003 5	0.003 3	0.003 2
$E\hat{\rho}^2$	0.843 8	0.864 2	0.876 9	0.881 6	0.885 6	0.891 9	0.896 7	0.900 5	0.903 5
$\hat{\Phi}$	0.834 1	0.853 7	0.867 7	0.872 8	0.877 2	0.884 4	0.889 5	0.894 0	0.897 2
测验长度	60	80	100	110	120	140	160	180	200

本实证研究的结果表明：HSK［中级］听力分测验的实际长度（N＝60）处于Ⅱ区中的较高位置，这种题目数量既保证了测验具有比较理想的概化系数，同时又是一个比较符合经济学要求的测量模式；阅读理解分测验的实际长度（N＝70）正好处于Ⅱ区和Ⅲ区的分界点上（见表 3－17），如果单从测量的成本角度考虑，测验的长度似乎略微偏高。因为当题目样本容量（n'_i）由 60 增加到 70 时，测量的概化系数仅仅由 0.885 6 提高到了 0.891 9（增量只有 0.006 3，增幅为 0.71％），但分测验的长度则增加了 16.67％。所以，从控制测量误差和投入成本因素综合考虑，本研究至少可以得出如下结论：（1）HSK［中级］听力分测验的长度非常理想，既能保证测量具有较高的信度，同时又非常符合测验成本控制的经济学要求；（2）HSK［中级］阅读分测验的长度在控制测量误差方面的作用非常明显［相对误差 $\sigma^2(\delta)$ 只有 0.003 4，见表 3－16］，但是从测验的成本角度来看，阅读分测验的长度还可以进行适当的缩短。

表 3—17　　总测验长度与信度拟合决策结果

区域标志	Ⅰ区		Ⅱ区		Ⅲ区	
区域范围	下限	上限	下限	上限	下限	上限
样本容量	0	35	36	70	71	∞
决策结论	高风险范围		理想范围		稳健范围	
HSK［中级］总长度	110，120（听力 55 或 60；阅读 55 或 60）					

第四章

标准参照测验长度研究

上一章研究的内容主要针对的是常模参照性（norm-referenced）语言测验的长度决策问题，由于常模参照性测验的信度理论和估计方法通常都是以积差相关系数（product-moment coefficient of correlation）或相关系数的其他变体（variant）形式进行评价和报告的。但是上述经典信度估计理论、估计方法以及与之相应的测验长度的决策手段等，并不完全适用于标准参照性语言测试的信度估计方法和测验长度的实证研究（Schulz & Wang，2001）。其原因是，在标准参照性语言测试中所获得的测验结果通常与某个或某些外在的目标（objectives）、领域（domains）或标准（criterion）等直接关联，常模参照测验（NRT）和标准参照测验的潜在能力假设和分数分布要求方面并不相同。因此，本章将在对标准参照测验的概念、特征、信度估计理论和方法进行简要考察的基础上，专门探讨标准参照性语言测验长度决策的基本理论和具体研究方法。

第一节　标准参照测验的概念与特征

标准参照性测验（Criterion-Referenced Tests，CRT）是伴随着美国 20 世纪 50 年代末期和 60 年代初期教育理念的改变而提出的一个概念（Hambleton，1994）。20 世纪初期，科学测量方法被引入西方心理与教育测量领域，出于对测验原始分数（raw score）含义进行解释的客观需要，美国和德国心理与教育测量专家首先提出了对“相对能力”进行测量与解释的方法，即根据被试的测验分数对考生个体在某个相应的考生团体中的相对位置或相对水平来考查被试的能力水平，与之相对应的测验形式即常模参照性测验（NRT）。此后，针对常模参照测验的理论研究和应用研究一直在教育与心理测量领域占据了主流地位，但是进入 20 世纪 60 年代以后，美国教育测量领域开始并逐渐意识到，如果对学生的测量和评价仅仅局限在与其他学生相对水平的比较方面，那么就忽视了对学生个体所取得的进步或完成学业程度的评价，这种评价方式将对教育事业和学生个体的发展产生非常不利的影响（Popham，1993；Hambleton，1994；Glaser，1994），所以测试和评估的理论方法不能脱离教学评估（evaluation of instruction）的客观需要。正是在这样的历史背景下，标准参照测验的概念便由 Glaser 和 Klaus（1962）首先提了出来，并由 Glaser 在 1963 年的《*American Psychologist*》杂志上发表了一篇题名为“*Instructional technology and the measurement of learning outcomes: Some questions*”的经典文献，该文章对标准参照测验的概念和性质进行了初步的阐述。在此以后的近 30 年里，不少心理与教育测量研究人员分别从 CRT 测验的性质、分数的解释的方法、测验的编制技术、信度的估计、合格分数和测验长度的决策方法等角度进行了大量的研究。根据统计，针对 CRT 方面的研究成果在 20 世纪 70 年代末期和 80 年代初期一度达到了顶峰（Hambleton, 1994）（研究成果情况见图 4—1）。

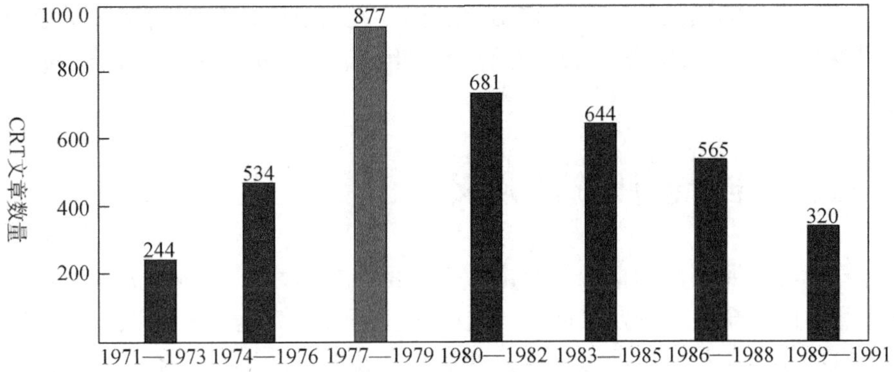

图 4—1 1971—1991 年 CRT 研究文章数量（Hambleton，1994）

为了对 CRT 测验的国际研究趋势进行全面的分析，考察 CRT 研究兴趣的历史发展脉络，作者曾在读秀知识网上（http：//www. duxiu. com）以“Criterion-referenced test”和“Criterion-referenced measurement”作为关键词对国际上标准参照性测验研究的论文数量进行了检索、归类和统计，并获得了 1992 年至 2012 年期间关于标准参照性测验研究方面的英文论文的具体数量情况（见图 4—2）。

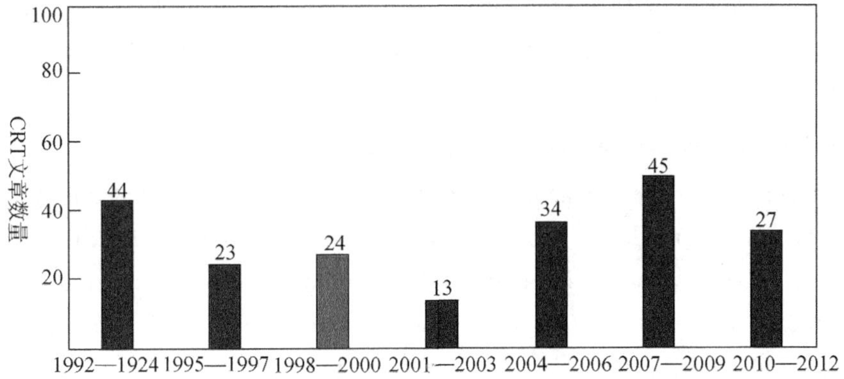

图 4—2 1992—2012 年 CRT 研究文章数量

通过对图 4—1 和图 4—2 的统计结果进行综合分析可见，针对标准参照测验的国际研究成果（不包括中文研究成果）在 20 世纪 70 年代末 80 年代初最为活跃，其中，仅在1977年至1979的三年时间里，关于CRT研究方面的论文数量就达到了877篇，平均每年接近300篇；在1980年至1982年的三年中，CRT研究方面的论文数量也达到了681篇，平均每年接近230篇。但此后的研究论文数量呈现逐渐下降的趋势。特别是进入20世纪90年代以后，平均每年的CRT测验研究论文数量都不超过15篇。由此可见，在标准参照测验的国际学术研究方面存在一个明显的由狂热向理性转变的过程。究其原因，我们认为这与标准参照测验的概念、理论和研究方法在学术界曾经存在的争议和理性认识过程密切相关。

一、标准参照测验的定义

尽管标准参照测验的概念从提出至今已经有超过六十年的历史，但是针对标准参照测验的概念或者说定义问题，迄今为止还没有完全达成共识。在以往的研究中，有些研究人员对标准参照测验的概念存在明显的误解，还有些研究人员对标准参照测验概念的理解失之偏颇，甚至还有学者认为标准参照测验的理论是否成立尚存在很大疑问（张凯，2002）。在标准参照测验研究的历史发展过程中，先后有不少学者曾提出了与CRT测验几乎等价的目标参照性测验（objective-referenced tests，ORT）、领域参照性测验（domain-referenced tests，DRT）以及行为参照性测验（behavior-referenced tests，BRT）等概念，但这些概念与CRT测验的概念大同小异。为了帮助读者了解不同学者在标准参照测验方面所持的观点，我们按照时间先后顺序对若干具有代表性的定义进行了整理，并以原文的形式呈现给读者，以便帮助读者全面认识标准参照测验概念的本质，正确理解不同定义之间的异同。

定义1：Glaser & Clause（1962）

Criterion-referenced measures indicate the content of the **behavioral repertory**, and the correspondence between what an individual does and the underlying continuum of achievement. Measures which assess student achievement in terms of a certain criterion standard thus provide information as to the **degree of competence** attained by a particular student which is **independent of reference to the performance of others.**

定义2：Popham & Husek（1969）

Criterion-referenced measures are those which are used to ascertain an individual's status with respect to some criterion, i. e. , performance standard. It is because the individual is compared with some **established criterion**, rather than other individuals, that these measures are described as criterion-referenced. The meaningfulness of an individual score is not dependent on comparison with other testees. We want to know what the individual **can do**, not how he **stands in comparison to others.**

定义 3: Harris & Stewart (1971)

A pure criterion-referenced test is one consisting of a sample of production tasks drawn from a **well-defined population of performances**, a sample that may be used to estimate the proportion of performances in that population at which the student can succeed [p. 1].

定义 4: Livingston (1972)

the term "criterion-referenced test" will be used to refer to any test for which a criterion score is specified without reference to the distribution of scores of a group of examinees. This definition implies that all the items on the test must measure the same thing-otherwise it makes no sense to specify a single criterion score. This means that if the test user is interested in measuring specific behaviors, all the items on the test must measure the same specific behavior.

定义 5: Hambleton, Swaminathan, Algina & Coulson (1978)

Criterion-referenced tests are used to monitor **individual progress in objectives-based programs**, to **diagnose learning deficiencies**, to evaluate **educational** and **social action programs**, and to assess competencies on various certification and licensing examinations.

定义 6: Nitko (1984) (转自: Paltridge, 1992)、Glaser & Nitko (1971) (转自: Hambleton & Novick, 1973)

A criterion-referenced test is one that is deliberately constructed to yield measurements that are **directly interpreted in terms of specified performance standards.**

定义 7: Henning (1987)

Characteristically, criterion-referenced tests are devised before the instruction itself is designed. The test must match **teaching objectives** perfectly, ... Students are not evaluated **by comparison with the achievement of other students**, but instead their achievement is measured with respect to the degree of their learning or mastery of the **pre-specified content domain.**

定义 8：Hughes et al. （1989）

The purpose of criterion-referenced tests is to classify people according to whether or not they are able to **perform some task or set of tasks satisfactorily** … This means that students are encouraged to measure their **progress in relation to meaningful criterion**, ….

定义 9：Saltstone（1989）

Criterion-referenced measures are tests designed to assess student **performance, irrespective of the performance of other students.** They are used extensively in diagnostic-prescriptive teaching programs in which **criteria are clearly specified** and a high degree of mastery (high passing scores) may be required to proceed to a new learning module.

定义 10：Brown （1989）

Criterion-referenced tests (CRTs), on the other hand, are usually produced to measure **well-defined and fairly specific instructional objectives.** Often these objectives are unique to a particular program and serve as the basis for the curriculum. Hence, it is important that the teachers and students know exactly what those objectives are so that appropriate time and attention can be focused on **teaching and learning** them.

定义 11：Bachman（1990）

Criterion-referenced tests are designed to enable the test user to interpret a test score with reference to a **criterion level of ability or domain of content.**

定义 12：Popham （1993）

In my view, a criterion-referenced test is used to ascertain an individual's status with respect to a **defined assessment domain.** Criterion-referenced tests can consist of all sorts of assessment devices, not only traditional selected-response genres such as multiple-choice instruments, but also the kinds of performance tests that are receiving so much attention these days.

定义 13：Alderson et. al. （1995）

If a test is criterion-referenced, students are compared not with one another, but with a level of **achievement**, or **a set of criterion** set out **in marking descriptors.**

定义 14：(Ornstein, 1995)

Criterion-referenced tests measure an individual's ability in regard to a criterion, that is, **a specific body of knowledge or skills.** The tests are used to determine what **students know or can do in a specific domain of learning**, rather than how their performance compares with other students.

定义 15：(Davies et al., 1999)

Criterion-referenced test is a test that examines the level of knowledge of, or performance on, **a specific domain of target behaviors** (**i. e. the criterion**) which the candidate is required to have mastered.

定义 16：Brown & Hudson (2002)

a criterion-referenced test will be defined as any test that is primarily designed to describe the performances of examinees in terms of the amount that they know of a **specific domain of knowledge or set of objectives.**

上面所介绍的只是我们在有关文献中可以找到的关于标准参照测验定义中比较有影响的一部分，事实上，仅在 CRT 研究的最初阶段，各种不同的定义就曾达到过 57 种之多（Gray，1979），其中不乏对标准参照测验的误解者所提出的若干定义。针对上述 CRT 概念的争议和误解，国内学者对标准参照测验的内涵也进行了深入的考察。罗莲（2007）在对美国教育研究协会（AERA）等机构所编写的《教育与心理测量标准》（1985）进行解析的基础上主张：应该放弃"标准参照测验"和"常模参照测验"的二元划分，因为根据同一个测验所获得的测验分数，既可以做常模参照性解释，也可以进行标准参照性解释，两者只是从分数解释的意义上进行划分的，而不是两种完全不同的测验；张凯（2002）在对 CRT 测验概念的历史脉络和演变过程进行详细追踪和考察的基础上认为，以往对标准参照测验概念的误解主要体现在以下几个方面：（1）Glaser（1962，1963）等最初在提出标准参照测验时缺乏严格、深入和完整的描述；（2）很多研究人员在界定标准参照测验时对"standard"和"criterion"的本质区别产生了误解；（3）部分学者对标准参照测验中的"criterion"与测验分数的分界线（cut-off point）之间的关系产生了误解。根据对标准参照测验本质特征的分析，张凯（2002）认为：在早期的所有关于标准参照测验的定义中，以 Berk（1985）、Popham（1978，1990，1995）以及 Hambleton（1985）和 Cunningham

(1986）等为代表的学者对标准参照测验的定义和理解基本是正确的，其他很多定义都存在一定程度的偏颇。

尽管针对标准参照测验本身的理解曾经存在过很多争议，但按照目前心理和教育测量领域的主流观点，大家认为比较符合标准参照测验本质、并得到普遍认可的定义应该是 Popham 在 1990 年、1993 年以及 1995 年提出并主张的 CRT 定义（上述定义 12 即其中表述之一），即："标准参照测验是依据事先明确规定的知识能力标准而制定，并据此标准可以对被试的测验成绩做出解释的一类测验。标准参照测验主要关心的问题是获得严格而精确的领域规范（specification for domain）或行为领域规范（specific domain of target behaviors，即 criterion），并据此对被试的测验分数做出解释。"（黄光扬，2012）。如果对上述各种定义进行分析，我们不难看出，关于标准参照测验的定义至少应该包括以下几个要素：(1）标准参照测验对所测的心理特性或结构、知识、技能等应该提供行为领域的良好界定；(2）根据界定或描述清晰的行为领域所编制的测验要能够导出（derived）行为领域的代表性样本；(3）对被试在测验上的表现可以参照行为领域做出绝对性评价；(4）结合行为领域和测验分数可以对被试在行为领域上实际能做（can do）什么，不能做（can not do）什么以及能做的程度如何等做出解释。

关于 Berk（1985）、Hambleton（1985）以及 Popham（1978，1993）等人的定义，特别需要澄清的是：首先，在上述定义中，关于领域规范中的目标、能力、技能等术语可以互换；其次，标准参照测验所测的内容、行为目标或能力技巧等，必须是规定详细而明确的；再次，在一次测验中，当 CRT 测验同时测量若干不同的能力时，通常更科学、更可行的解释应当是分别按照每种能力编制测验或分别进行解释；最后，标准参照测验的定义并不是以某个分界分数为参照，通常是将标准参照测验的每项能力界定出一个最低要求，然后把被试的成绩与这个最低要求进行比较。由此可见，标准参照测验中的"标准"完全不同于测验分数线中的分界分数或及格线等，而是一个事先经过严格界定的拟测目标领域，比如一组界定完备的知识、技能、成就目标等。另外，由于上述拟测的目标领域，通常是用来对被试所达到的程度进行解释的，因此分数解释一般被理解为针对测量目标领域的绝对性解释，而不是针对被试之间相对水平的比较性解释。

二、标准参照测验的特征

根据上述各种标准参照测验的定义，特别是根据 Popham（1978，1993，

1995）等人的定义，我们认为在标准参照测验中的“criterion”一词尽管可以翻译成汉语中的“标准”，但是从质的角度来看，这里的标准不同于英文中的“standard”一词的“标准”含义，而是指测试的内容、行为范围或领域，而且这个范围就是测验分数解释所参照的，它将通过内容领域规范得到明确的界定（黄光扬，2012）。另一方面，从量的角度来看，如果我们根据标准参照测验的成绩进行有关决策时，考试的开发者和考试的用户客观上经常需要一个以分数为标志的分界点，或者说分界分数（cut-off score）作为对被试掌握状态或通过考试与否的决策指标。然而这里的分界分数我们只能理解为分数连续体（continuum）上的一个分割点，或者在以正确作答题目数量比例为记分方式下的一个特定的数量百分比。概括起来，标准参照测验一般具有如下几个明显的特征（Ornstein，1993；张厚粲、刘昕，1992；黄锐，2012）。

（一）测量的侧重点（main emphasis）

标准参照测验一般侧重对考生的学习成就（achievement）或表现水平的历时性（diachronous）变化情况进行测量，而且特别关心的是考生在经过一段特定的学习过程以后其语言成绩或语言表现的变化程度如何，这也就是标准参照测验为什么有时也被称之为掌握性测验（mastery test）或表现性测验（performance test）的重要原因之一。

（二）测验的信度方面

由于标准参照测验对考生的语言水平分布并没有特殊的要求，考生之间在所测量的语言水平或成绩方面的差异具有很大的不确定性，所以测验分数的信度一般较低。如果按照 NRT 测验信度的估计方法进行估计的话，其信度系数一般在 0.50 到 0.70 之间。

（三）测验的效度方面

由于标准参照测验对期望测量的目标域或行为域事先进行了明确的界定和刻画，因此如果测验方法和测验程序比较合理的话，标准参照测验的内容效度一般比较高。

（四）应用方面（usability）

标准参照测验的应用特征表现在以下几个方面：（1）施测程序相对不固定，

施测过程通常在教师之间存在差异；（2）标准参照测验一般适用于小范围（small-group）或者个别性测试；（3）标准参照测验通常测量的是学生已经学习过的内容；（4）标准参照测验具有证明考生达到最低知识状态或能力标准的作用；（5）标准参照测验对学生的测量往往集中在一个相对比较具体的范围以内；（6）标准参照测验具备较强的诊断性功能（diagnostic function）。

（五）测验内容方面

标准参照性测验一般侧重在一个相对比较有限的内容或技能范围内对学生进行测量。

（六）测验项目的质量要求

由于很多标准参照测验不一定是由专业命题机构和命题专家编制的，因此标准参照测验的题目质量通常参差不齐；测验的题目一般不进行预测（pilot testing）。

（七）项目选择方面

由于标准参照测验的命题是参照一个事先界定良好的领域进行的，只要测验题目属于测量考生在目标领域上的表现程度的范畴都可以被采纳，所以测验项目的选择和设计不是以测验题目的难度为主要参照标准。

（八）考生应试准备方面

无论是在 NRT 测验中，还是在 CRT 考试中，为了获得自己期望的考试结果，考生的应试准备、复习或刻意学习过程都是难以避免的。由于标准参照测验的测量范围一般都是以一个界定明确和完整的内容域、目标域或标准行为域为参考，因此，考生的应试准备过程具有更强的针对性，对测验内容所覆盖的范围信息掌握得比较充分，所以考生短期的强化学习过程一般有助于测验分数的明显提高。

（九）分数解释方面

在 CRT 测验中，考生的测验结果具有以下几个明显的特点：（1）考生的测验表现水平（performance levels）可以用来确定其相应的成就水平；（2）测验期望得到的测量结果一般是一个比较具体的（specific）、相对于一个事先经过详细界定（specified）或描述的特定水平而言的结果；（3）测验分数通常是由一个绝对性数量来确定的。当然，在以分界分数为决策要求的达标性 CRT 测验中，也可以用“通过”与“不通过”或“掌握”与“未掌握”等进行分类性刻画。

第二节 标准参照测验与常模参照测验的异同

标准参照测验（CRT）作为一种“客观而标准化”的测量，是在常模参照性测验（NRT）实践和理论发展相对比较成熟的基础上而提出的概念。因此标准参照测验与常模参照测验之间既存在很多相似的地方，同时也在很多方面存在差异。

一、CRT 和 NRT 之间的共性

（一）测验质量的评价标准

无论是在标准参照测验中，还是在常模参照测验中，测验的结果都必须要具有尽可能高的一致性、稳定性，都必须尽可能降低各种随机误差对测验结果的影响。因此，尽管考查的角度和估计方法有所不同，但两种测验都必须追求尽可能高的信度。另一方面，常模参照测验和标准参照测验都具有其特定的测量构想，所以，效度也是两种测验共同追求的目标。

（二）测验题目的编制原则

标准参照测验和常模参照测验之间在对测验题目编写的要求和原则方面也是一样的，即测验题目的设计和编写都要满足明确的测量目的和质量要求，比如，在采用多项选择题的形式对被试的第二语言水平或成就进行测量时，题干和选择项的语言都必须避免歧义，选项必须唯一，题目之间要避免局部依赖性（local item dependence）等（黄光扬，2012；Ornstein，1991）

（三）测验方法方面

在标准参照测验和常模参照测验中，两种测验可以采用完全相同的测验方法或题型，比如，多项选择题、是非题（true or false）、简要回答题（simple answer）以及完形填空题（cloze test）等，因为测验方法本身并不能反映测验属于标准参照性测验还是常模参照性测验，所以两者在测验方法或测验形式方面也具有很多共性。

（四）题目的抽样原则

无论是在常模参照性测验中，还是在标准参照性测验中，考生在实际测量活动中所完成的测验任务实际上只是从所有的测验题目总体中随机抽取的一个有限样本（Ground & Waugh，2009；Brown，1996），为了保证测验结果具备足够的概化价值，确保测验分数能够准确反映被试在拟测构想域上的实际水平或取得的学业成绩水平，因此，两种测验的题目抽样原则应该是相同的，即测验题目的抽样要恰当，题目样本对题目总体要具备尽可能高的代表性（representativeness）。

（五）测量构想说明

标准参照测验和常模参照测验所测量的构想（constructs）的性质不同，但在实际的测量活动中，测验的开发者都必须对测验的构想进行明确的说明。

（六）测验信息对教学的价值

常模参照性语言测验一般用来评价考生即时达到的语言习得水平或语言能力，标准参照测验经常用来对课程的教学效果、学生所掌握的语言知识、语言表现状况进行测量，但是根据两种考试所获得的信息反馈，考生和教师都可以了解学生的语言习得水平或学习效果如何，并采取有针对性的弥补措施，指导未来的教学计划和学习行为（Ground & Waugh，2009）。

二、CRT 和 NRT 之间的区别

除了上述共性之外，标准参照测验和常模参照测验毕竟是在不同的历史背景下，针对不同的社会需要和教育需求而提出的两个概念，因此，很多学者曾对 CRT 测验和 NRT 测验之间的差异（differences）进行过对比。舒运祥（1999）从测验的用途、测试的重点、内容覆盖的范围、题目的选择标准以及成绩评价的角度等五个方面对两种测验之间的区别进行了考察；Ground 和 Lin（1990）从测验覆盖的领域、分数解释的角度、题目选择的标准、测验的用途以及测验的开发主体等维度对 CRT 和 NRT 测验之间的区别进行了归纳；黄光扬（2012）认为，CRT 和 NRT 两种测验的区别主要体现在测验的目的、题目分析的指标要求、测验的内容范围、测验的题目数量以及分数解释的方法等方面；Gronlund 和 Waugh（2009）则从测验的用途、测量的目的、结果解释、测量范围、测验计划

的性质、题目选择的标准以及评价标准等方面对两种测验之间的差异进行了研究；Brown（1996）认为，CRT 和 NRT 两种测验之间的区别主要反映在以下六个方面，即分数解释的类型、测量的类型、测试的目的、测验分数的分布、测验结构以及题目对测量的知识的明确程度等。

综合上述各种不同的观点我们发现，在考察标准参照测验和常模参照测验的区别时，尽管不同学者之间的考察角度并不完全相同，但总的说来 CRT 和 NRT 之间的区别主要体现在测验分数的解释、测量的类型、测验的目的、分数的分布要求、测验结构、考生对所测量的知识熟悉程度以及题目选择的标准七个方面（Ornstein，1993；Brown，1996；黄锐，2012）。

（一）分数解释的类型

常模参照测验和标准参照测验之间的最大区别，或者说最初对常模参照测验和标准参照测验进行二元划分（我们在上文中已经简要讨论过，这种划分是否合理还有待商榷）的主要区别就是两种测验分数的解释类型不同。一般认为（Brown，1996；黄锐，2012；Ornstein & Gilman，1991），在常模参照测验中，测验分数的解释属于相对性解释（relative interpretation），而在标准参照性测验中的分数解释则属于绝对性解释（absolute interpretation）。两种分数解释之间的差异，请参见示意图 4—3。

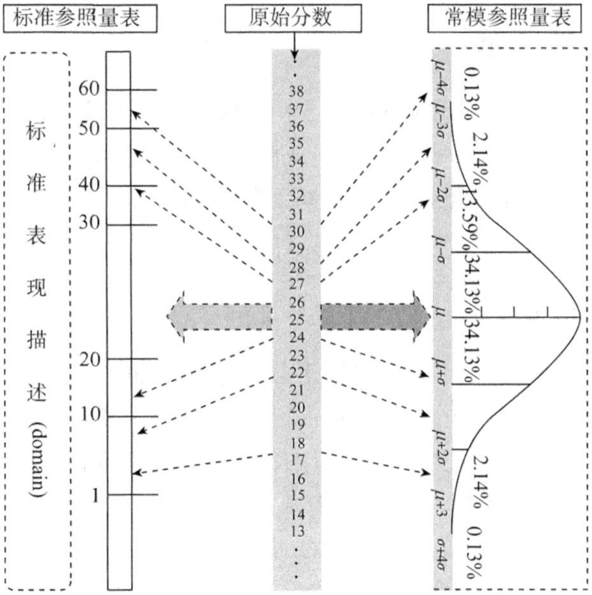

图 4—3　NRT 和 CRT 分数解释差异示意图

在常模参照性测验中，任何一个被试的测验表现（测验的原始分数）都必须参照一个常模，或者参照考生团体中其他考生的表现水平才能得到清晰的含义。比如，在一个 NRT 测验中，如果将考生的原始测验分数转化为一个百分位（percentile）的话，对于一个测验得分是 84%的百分位分数而言，在 NRT 测验中的解释应该是：该考生的测验表现水平要比考生团体中 84%的考生的表现更好，或者说该考生的测验分数在考生团体中属于前 16%的水平。至于该考生对语言知识具体掌握了多少，学会的程度如何以及达到了什么水平等，我们未必清楚，因为，在 NRT 测验中，分数解释侧重的是对考生与考生之间的相对位置进行比较，而不是对其所掌握的知识、技能或能力的绝对描述。但是，在标准参照测验中，如果将考生的测验原始得分也转化为百分数（percentage）表示的话，比如 84%，那么这个分数的含义与考生团体中的其他成员无关，这个百分数只表示该考生在拟测的语言知识领域、行为领域或教学内容范围内掌握了 84%，至于这个百分数在考生团体中所处的具体位置或相对水平等并不是 CRT 测验所关心的。所以理解 NRT 测验和 CRT 测验之间的区别的关键是理解百分位（percentile）分数和百分数（percentage）分数之间的区别。在 NRT 测验中，分数的解释应该用百分位（percentile），在 CRT 测验中分数的解释应该用百分数（percentage）（Brown，1996）。

（二）测量的类型

NRT 测验和 CRT 测验之间的另一个区别表现在测量的类型方面。NRT 测验一般测量的是被试者的一般语言能力或语言水平（general language abilities or proficiency），CRT 测验一般测量的是基于特定目标的语言点或语言知识以及语言成绩等。

（三）测试的目的

NRT 测试的主要目的是期望测量工具能够将不同的被试者在一个语言能力或语言习得水平连续体（continuum）上充分地区分开来（spread out），而 CRT 测试的主要目的则是评价学生在所学习的材料、知识领域、技能或语言行为等方面学会了多少，掌握的程度如何以及能做（can do）什么和不能做（can not do）什么等。因此 NRT 强调的是被试之间的相对差异程度，CRT 强调的则是考生掌握的“量”或“程度”如何。

（四）分数的分布

NRT 测验希望测验分数围绕测验的平均值呈正态分布，但 CRT 测验对测验分数的分布一般不进行刚性的规定（prescribed），如果学生对拟测内容的掌握程度普遍很高或很低时，那么 CRT 测验的分数必然会呈偏态分布（skewed distribution）而不是标准的正态分布。

（五）测验的结构

所谓测验的结构（test structure），即构成测验的分测验（subtests）数量以及分测验中题目的数量等组成形式。在 NRT 测验中，分测验一般要求由相对较多的、测量不同内容的题目所构成，但在 CRT 测验中，测验一般是由一系列相对较短的、定义良好的（well-defined）分测验所构成，并且每个分测验中的题目内容比较相似。

（六）考生对测量内容的熟悉程度

在 NRT 测验中，考生对题目中所涉及的具体内容了解很少或者几乎不了解，但是在 CRT 测验中，学生对测验题目所涉及的内容则相对比较熟悉。

（七）题目选择的标准

在 NRT 测验中，为了保证测验分数符合正态分布的要求和实现对考生的最大区分功能目标，在测验题目的选择方面通常会采取如下措施：（1）尽可能通过预测（pre-test）措施获得测验题目的质量指标；（2）尽量选择难度（difficulty）适中的题目，避免采用太难和太容易的测验题目；（3）尽量选择区分度较大的测验题目，以充分发挥测验分数对考生的区分功能。在 CRT 测验中，测验题目的难度和区分度指标不是选择题目的首要标准，测验应该包括一切能够反映学生学习水平的典型题目，选择符合目标领域、内容领域和行为领域测验要求的题目。

第三节　标准参照测验的信度估计方法

在常模参照测验的信度估计中，反映测量结果一致性、稳定性高低的信度系数主要是用分数之间的相关系数来表示的，比如在重测信度、复本信度和分半信度的估计中，信度系数都是通过计算测验分数之间的相关系数获得的，因为在NRT测验的设计中，考生团体的测验分数往往以正态分布为假设。另外，在NRT测验内部一致性信度估计的$K-R_{20}$和$K-R_{21}$公式中，随着标准差的变小，信度系数的估计值也会变小。所以，在NRT测验的所有信度估计中，分数变异（variance）或标准差都是影响测验信度值高低的重要因素。然而在标准参照测验中，测验的设计并不是以分数的正态分布为假设的，测验分数的变异或标准差有时非常小，因此，NRT测验的信度评价理论和估计方法并不完全适用于CRT测验信度的估计（Brown，1996；Subkoviak，1980；Cohen，1960）。

在标准参照测验中，测量的目的并不是对考生之间的相对位置（relative standing）做出比较，而是以对考生是否达标（通过与否，mastery/non-mastery）的分类一致性或掌握程度等做出决策为主要目的，因此，CRT测验信度的评价方法主要包括三种基本类型（Berk，1984；Coscarelli & Shrock，2002），即分类一致性信度（classification consistency）、测验分数信度和领域分数估计值信度。

一、分类一致性信度

在CRT测验中，有时为了评价被试是否达到了某个教学要求，或者判断考生是否达到了一定的最低掌握水平要求（minimum competence），测验经常会设置一个分界分数，或者通常所说的及格标准。如果考生在测验中的分数达到或超过了该分界分数，那么该考生就可以被判定为掌握者（pass or mastery），否则考生就被划分为未掌握者（fail or non-mastery）、未通过者或未达标者。在这种设置了达标要求的标准参照性语言测验中，衡量CRT测验信度高低的指标就是分类一致性信度。按照计算方法和适用条件之不同，分类一致性指标包括简单百分比系数（简称P_0指标）和Kappa系数两种形式。

（一）P_0指标

P_0指标是反映在两次CRT测试中，测验将同一个考生团体划分为掌握者或未掌握者的一致性程度的高低。分类一致性P_0指标的具体计算过程可以参照表4—1中的数据进行说明。

表 4—1　　CRT 再测/平行测验结果统计值

第二次测试 \ 第一次测试		测验结果 1		合　计
		合　格	不合格	
测验结果 2	合　格	A	B	p_A
	不合格	C	D	q_A
合　计		p_B	q_B	$A+B+C+D=N$

假如有 N 个被试在适当短的间隔时间内分别参加了同一份试卷的 CRT 测验或者两个不同 CRT 试卷的复本测验，那么在这两次测试中同时被划分为合格者和不合格的被试人数在所有考生人数中所占的比例就是分类一致性 P_0 指标。根据表 4—1 中的数据，P_0 指标的具体计算公式如下。

$$P_0=A/N+D/N=（A+D）/N=（A+D）/（A+B+C+D）$$

分类一致性 P_0 指标与常模参照性语言测试中的再测信度和复本信度非常的形式相似。由于受施测可行性的限制，为了估计 CRT 测验的分类一致性 P_0 指标，有时也可以采用类似于 NRT 测验中分半信度的估计方法，在基于一次 CRT 测验的基础上，对测验进行分半处理和统计分类结果，然后再运用上述公式估计分类一致性信度 P_0 指标（Coscarelli & Shrock，2002）。其具体操作过程是：假如有 N 个被试参加了由 L（测验长度）个试题构成的 CRT 测验，如果测验的分界分数（以百分比分数表示）为 C_i，即针对该测验的实际合格分数就是 $L\times C_i=L_0$。如果将 L 个测验题目采用奇偶分半或随机分半的方法分为两个测验（分半处理），那么每个测验的长度就分别变成了 $L/2$，同时考生在每个测验上的合格分数也就相应地变成了 $C_i\times L/2=L_0/2$。最后按照两个测验上的合格分数分别判断考生在两个分半测验上的掌握状态，同时统计在两个分半测验上被统一归类为合格和不合格的人数（见表 4—2），运用上述公式就可以根据一次测试的结果得到分类一致性 P_0 指标。

表 4—2　　CRT 分半测验结果统计表格

分半测验	T1（L/2）			
T2（L/2）	类　别	合　格	不合格	合　计
	合　格	A	B	$A+B$
	不合格	C	D	$C+D$
	合　计	$A+C$	$B+D$	$A+B+C+D$

显然，在 CRT 测验中，这种计算分类一致性 P_0 指标的方法，实际上与 NRT 测验中计算分半信度的方法非常相似，只是这里计算的分类一致性 P_0 指标属于一个百分数，而在 NRT 中的信度系数则是两个测验分数之间的相关系数。

（二）Kappa 系数

由于在计算上述分类一致性 P_0 指标时，我们没有充分考虑到随机因素对分类结果的影响，因此用分类一致性 P_0 指标有可能会高估两次测试或分半测试的分类一致性。为了排除机遇（chance）因素对分类结果产生的分类误差，Cohen（1960）首次提出了一个用来估计多级分类结果之间一致性的 Kappa 系数计算方法，后来，由 Livingston（1972）、Cicchetti 和 Feinstein（1990）等心理与教育测量研究人员将其应用到标准参照测验的分类一致性指标估计中。Kappa 系数的计算公式如下。

$$k=(P_0-P_c)/(1-P_c)$$

在上述计算公式中，P_0 表示观测一致性（observed agreement）指标，即两次测量结果之间简单分类一致性的比例，在只有合格与不合格两种分类结果的情况下，其数值就是基于表 4－1 中所计算的 P_0 指标，即 $P_0=(A+D)/N$。Pc 则表示机遇分类一致性（chance agreement，P_{chance}）指标，是指两次测量结果预期分类相同的概率，Pc 的计算公式如下（以表 4－1 的数据为基础）。

$$P_c=(A+C)(A+B)/N^2+(B+D)(C+D)/N^2$$

（三）加权 Kappa 系数

事实上，Kappa 系数不仅可以用来估计只有两种分类结果（合格/不合格、通过/不通过或者掌握/未掌握）的标准参照测验的分类一致性程度，而且还可以用来解决具有多级分类（multi-category）结果的 CRT 测验的分类一致性估计问题。另外为了提高估计的准确性，研究人员还提供了如下适用范围更为广泛的加权 Kappa 系数 k_w 的计算公式（Cohen，1968；Coscarelli & Shrock，2002）。

$$k_w=\sum_{j=1}^{j=k}\sum_{i=1}^{i=k}(w_{ij}f_{0ij}-w_{ij}f_{cij})/(N-\sum_{j=1}^{j=k}\sum_{i=1}^{i=k}w_{ij}f_{cij})$$

假如在一个多级分类的 CRT 测验中，测验分数可以将考生分为不合格、合格、良好和优秀四个不同的等级（见表 4－3），那么在上述加权 Kappa 系数 k_w（weighted Kappa）的计算公式中，wf_0（即 $w_{ij}f_{0ij}$ 项）表示在两次测验中每种不一致分类情况的实际加权频率；wf_c（即 $w_{ij}f_{cij}$ 项）表示在两次测试中每种不一致分类情况的预期加权频率；N 表示考生的总人数。f_{0ij} 则表示在两次考试中各种分类结果的原始值（即表 4－3 中每个单元格内的第一行数字），表示在两次测验中的原始分类结果；f_{cij} 表示机遇期望一致性频数，f_{cij} 的具体计算公式如下。

$$f_{cij} = f_i \times g_j / N = \sum_{j=1}^{j=k} f_{0ij} \times \sum_{i=1}^{k=1} f_{0ij} / N$$

w_{ij} 表示权重系数，w_{ij} 的加权计算方法主要包括线性加权法（linear weight）和平方加权法（quadratic weight）两种形式（Cicchetti & Feinstein，1990；Livingston，1972）。线性加权值 w_{ij} 的计算公式为，linear weight $w_{ij}=1-|i-j|/(K-1)$，其中 i 和 j 分别表示两次测验中分类结果的序位，K 表示测验结果的分类总数量，在表 4－3 的研究示例中，K 的值为 4，单元格中小括号内的数字（每个单元格内的第二行）就是线性加权系数值。平方加权值 w_{ij} 的计算公式为，quadratic weight $w_{ij}=1-[(i-j)/(K-1)]^2$，其中，i 和 j 分别表示两次测验中分类结果的序位，K 表示测验结果的分类数量，在表 4－3 的研究示例中，K 的值为 4，中括号内的数字（每个单元格内的第三行）就是根据平方加权公式求出的平方加权系数值。

表 4－3　　两次 CRT 测试的多级分类一致性表格

测验		第一次测验（T1）				合计（g_i）
	分类	不合格 $i=1$	合格 $i=2$	良好 $i=3$	优秀 $i=4$	
第二次测验（T2）	不合格 $j=1$	15（1.00） [1.00]	3（0.67） [0.89]	1（0.33） [0.56]	1（0.00） [0]	20
	合格 $j=2$	4（0.67） [0.89]	18（1.00） [1.00]	3（0.67） [0.89]	2（0.33） [0.56]	27
	良好 $j=3$	4（0.33） [0.56]	5（0.67） [0.89]	16（1.00） [1]	4（0.67） [0.89]	29
	优秀 $j=4$	1（0.00） [0]	2（0.33） [0.56]	4（0.67） [0.89]	17（1.00） [1]	24
合计（f_i）		24	28	24	24	100

根据表 4－3 中的数据，我们采用平方加权法，按照上述计算公式就可以得到在对被试进行四级分类的标准参照测验中，两次测验结果（复本测验或分半测试）的分类一致性加权 Kappa 系数为 0.672。

为了通过 Kappa 系数判断 CRT 测验分类一致性程度的高低，Cohen（1960）、Subkoviak（1988）、Feinstein 和 Cicchetti（1990）、Livingston（1972）以及 Brown（1996）等人提出了一个分类一致性评价标准（见表 4—4）。根据该判断标准，上述四级分类的标准参照测验的一致性属于高度一致的范围，即分类一致性信度较高。

表 4—4　　Kappa 系数与分类一致性评价标准

Kappa 值范围	一致性程度
小于 0	一致性极差（bad）
0.00～0.20	一致性差（slight）
0.21～0.40	一致性较弱（fair）
0.41～0.60	一致性中等（moderate）
0.61～0.80	高度一致性（substantial）
0.81～1.00	一致性极高（almost perfect）

二、测验分数信度

（一）K^2（X，T）指标

在运用上述 P_0 指标、k 指标和加权的 Kappa 系数计算 CRT 测验的分类一致性时，主要是基于阈限损失函数一致性（Threshold Loss Agreement）对两次测验结果之间的分类一致性进行的信度估计，或者说上述指标并不能反映标准参照测验的分数一致性如何。因此，Livingston（1972）和 Subkoviak（1988）等人又在平方误差损失一致性模式（Squared-error Loss Agreement Approaches）的基础上，提出了一个用来估计 CRT 测验分数一致性的 K^2（X，T）指标。K^2（X，T）指标可以针对一次测验就可以估计 CRT 测验的信度（Bachman，1990；张厚粲，刘昕，1992），其具体计算公式如下。

$$k^2(X, T) = [r_{xx}s_x^2 + (\bar{X} - c_0)^2] / [s_x^2 + (\bar{X} - c_0)^2]$$

其中，r_{xx} 是根据上一章介绍的经典测量理论估计的 NRT 形式的测验分数信度值（包括 *Cronbach* α 系数，分半信度系数，$K-R_{20}$ 和 $K-R_{21}$ 内部一致性信度系数等），$\bar{X}$ 表示该 CRT 测验的观察平均分，s_x^2 则是被试在该 CRT 上的测验分数方差，c_0 是对被试进行掌握与否二元划分时以题目数量表示的分界分数（合格分数）。如果测验的总长度为 L（测验的题目数量），而且分界分数是以百分数 λ（比如 λ 取 0.65 时，表示被试只要掌握所有测验题目的 65%以上时，被试即可被划分为掌握者或通过者）表示时，那么以测验题目数量表示的分界分数就满足 $c_0 = L \times \lambda$ 的条件。

由 K^2（X，T）指标的计算公式可见，当 CRT 测验的分界分数（c_0）正好等于测验分数的平均值（$\overline{X}$）时，K^2（X，T）指标就是常模参照测验的经典测量分数信度。运用 K^2（X，T）指标估计 CRT 测验的分类一致性信度，不仅可以估计阈限损失函数所描述的关于掌握和未掌握的质的区分一致性，而且还可以在测验分数连续体上考查关于掌握者和未掌握者的量的差异程度。

（二）Φ(λ) 指标

Φ(λ) 指标是由 Brennan（1980，1984）以及 Brennan 和 Kane（1977）等基于概化理论而提出的另一个平方误差损失一致性指标。Φ(λ) 指标的具体计算公式如下。

$$\Phi(\lambda) = 1 - \frac{1}{L-1}\left[\frac{\overline{X}_p(1-\overline{X}_p) - S_p^2}{(\overline{X}_p - \lambda)^2 + S_p^2}\right]$$

在Φ(λ) 指标的上述计算公式，λ 代表以正确回答题目的百分数表示的分界点（cut-point），L 表示 CRT 测验中的题目数量（测验长度），$\overline{X}_p$ 表示以百分比为记分形式的测验分数平均值，S_p 则表示百分比分数的标准差。事实上，Φ(λ) 指标就是概化理论中关于绝对决策的可靠性指数的变通形式。

三、标准参照测验信度的影响因素

正如在常模参照测验中有很多因素可以影响测验分数的各种信度估计值一样，在标准参照测验中，也有很多因素可以影响测验的分类一致性指标和可靠性指数。其中有些影响因素属于测验开发者可控制的范围，有些因素则属于不可控变量。概括起来，影响 CRT 测验信度的因素主要包括以下几个方面（Brown，1996；黄锐，2012）。

（一）测验的分界分数

通过对 P_0 指标、Kappa 系数、K^2（X，T）指标和Φ(λ) 系数计算公式的对比可知，CRT 测验分类一致性指标的高低对分界分数的设置点非常敏感。测验分数的平均值与分界分数之间的距离越远，那么考生被错误划分的概率就越低，反之，如果测验分数的平均值与分界分数的位置越靠近，那么考生被错误划分的概率也就越高（见图 4—4）。所以，分界分数与平均分数之间的相对位置对测验分类一致性信度估计值的影响非常明显（Bachman，1990；Subkoviak，1988）。

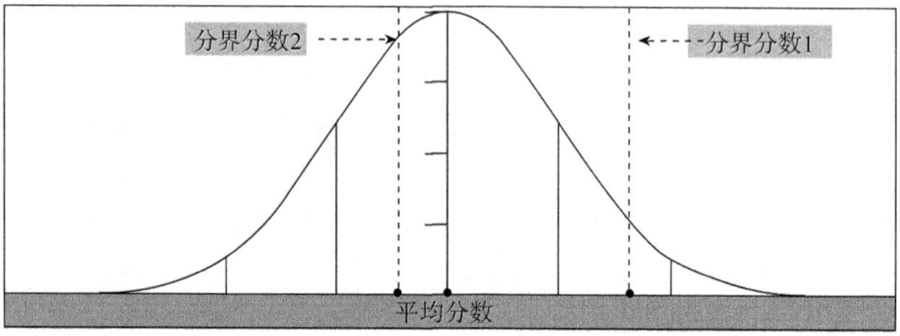

图 4—4　分界分数与平均分数关系示意图

（二）测验的长度

测验的长度不仅影响 NRT 测验的信度，而且也是影响 CRT 测验信度的重要因素之一。因为在对被试进行合格与否的二元分类性 CRT 测验中，如果测验的题目数量太少，各种随机因素对分类结果一致性的影响就越大；反之如果测验题目的数量越多，那么就可以有效降低随机因素对分类（classification）结果一致性的影响。

（三）测验题目的质量

测验题目的编制质量越高，题目测量的语言目标越相似，CRT 测验的分类一致性就越高。

（四）*B-indexes*

所谓 *B-indexes* 指标，就是指被划分为掌握者和未掌握者的两组被试在测验题目上的答对概率之差（Brown，1996），该指标与 NRT 测验中经典测量题目分析中的区分度指标非常相似。构成 CRT 测验的题目的 *B-indexes* 指标越大，测验的分类一致性信度就越高，*B-indexes* 指标越小，分类一致性信度也就越低。

（五）题目与测量目标的关联性

测验题目与测量的目标，比如与教学目标等的关联性越高，CRT 测验的分类一致性信度就越高，反之如果测验题目与测量目标的关联性越低，那么测验的分类一致性信度也就越低。

第四节　CRT 测验长度研究中的若干基本概念

在标准参照测验的信度估计和长度研究中经常会遇到很多在 NRT 测验中并不常用到的概念和术语，而且这些术语绝大多数都是从英文文献中直接翻译过来的，不同研究者针对同一个概念或术语的理解以及翻译之间存在很大的差异，因此很多研究文献中经常出现混用甚至误用的现象。为了避免歧义和接下来的研究方便，本节将首先对 CRT 测验长度研究中常用的若干概念进行澄清。

一、领域分数

所谓领域分数（domain score）就是指在整个测验题目领域或题目总体中，被试能够正确回答的题目比例（percentage），领域分数通常是一个用小数或百分数表示的不大于 1.00 或 100％的数字，在本章后面的研究中一般统一用符号 π 表示。

二、分界分数

分界分数（cut-off score，或者 cut-off point），是指能够区分"真正达标者"和"真正未达标者"的测验领域分数。分界分数其实是领域分数连续体上的一个特殊值，是分类性 CRT 测验中必须明确界定的重要指标之一。一般用 π_0 表示（$\pi_0 \in \pi$），π_0 也是一个用小数或百分比表示的数值。如果以汉语语法标准参照测验的设计为例，那么分界分数其实就是由语言学家、汉语教师或测验专家共同确定的"可以划分为达标者的考生在汉语语法测验题目总体中至少答对的题目数量所占题目总体的比例"，分界分数也是一个不大于 1.00 或 100％的数字。

三、合格分数

合格分数（qualified score），在有些研究文献中经常将合格分数与分界分数混合使用，甚至将它们作为同一个概念使用。如果是在常模参照测验中，这种误用还可以接受，但是在标准参照测验中，这种误用不仅会导致概念的使用错误，而且还会曲解标准参照测验的本质（张凯，2002）。事实上，这里的合格分数主要是指在

测验长度为 n 的一个具体测验中，将考生划分为达标者（与领域分数 π_0 相对应的考生）时，考生至少答对的测验题目数量。测验的合格分数通常用正整数 n_0 表示。

四、测验长度

测验长度（test length）是一个 CRT 测验所包含的题目数量，即从整个测验题目领域或总体中随机抽取并组成测验的题目数，在下文中将统一用 n 表示。

五、测验分数

测验分数（test score），主要是指在一个由 n 道测验题目所组成的 CRT 测验中，考生实际答对的测验题目数，通常用正整数 x 表示（$x<n$）。

第五节　标准参照测验长度的研究方法

由于标准参照测验经常用来对被试掌握程度或达标与否进行分类决策，因此在测验的信度和测验长度的决策研究中，所关注的视角不完全等同于 NRT 测验。在标准参照测验长度的研究中，一般不是根据测验长度对测验总分信度的影响程度进行取舍，而是根据测验对被试的分类一致性（classification consistency）和准确程度来评价的。本节将在对 NRT 测验和 CRT 测验信度观进行比较的基础上，专门针对国外在标准参照测验长度研究中常用的二项式概率模型（Binomial Probability Model，BPM）、不肯定区域模型（Indifference Zone Model，IZM）和项目反应理论模型（IRT Model）的理论基础、适用条件和研究方法进行考察，以便为国内相关标准参照性语言测验长度的决策过程提供具体的操作思路和研究方法。

一、NRT 测验与 CRT 测验信度观之比较

测验长度是一个与测验信度密切相关的指标，因此，测验长度的决策方法是测验信度理论的具体体现。NRT 测验是以被试团体的常模（norm）为参照标准来解释个体成绩的测验，而 CRT 测验则是依据某种特定的操作标准（operational criterion）解释测量结果的测验（张厚粲，刘昕等，1992；Bachman，2004）。

操作标准一般可以通过界定个体应该完成的任务集合或任务领域来确定，而CRT测验的题目一般是由从这一领域中随机或分层随机抽取出来的任务样本所构成的（Ornstein，1991）。这样，CRT测验的结果就可以直接参照这一领域对每一个被试的水平或达到的程度进行绝对性解释（Livingston，1972；Glaser & Nitko，1971）。

为了对被试的能力做出有效的区分，NRT测验的设计和开发通常是以考生之间的分数差异或分数方差最大化为追求目标，以便对被试彼此之间存在的能力或知识差异尽可能详细地进行描述。在测验的设计与开发中以难度适中、题目或试卷具有最大区分度为原则。而在CRT测验的分数解释中，被试的能力或知识水平一般不是根据某一组被试的平均表现水平进行界定的，而是根据考生在从标准任务全域（domain of criterion tasks）中抽取的一组测验任务样本上的完成情况，或者参照考生在测验考察的构想上的表现程度进行解释的，比如考生掌握的程度如何、是否合格或达标等。因此，在标准参照测验的分数解释中，测验分数提供的并不是关于某一具体被试在一个特定团体中的相对位置方面的信息，而是关于考生在某一能力域上的掌握程度方面的信息（Bachman，1990；Popham & Husek，1969）。所以，CRT测验的设计与开发以标准能力域的最佳代表性（maximally representative）为追求目标。

上述两种测验在测量目的、分数解释和使用目标方面的不同，必然体现在测验的信度理论和估计方法上的不同。在NRT测验中，无论是分半信度、平行信度、再测信度还是内部一致性信度等都是通过估计测验总分（或分测验）之间的相关性来考察测验结果的稳定性和一致性的。NRT测验信度系数的高低与测验的长度密切相关，在测验项目保持同质性的前提下，测验的长度越长，信度系数自然也就越高（王孝玲，2001；熊丽萍，2007）。然而，NRT测验的信度估计方法并不完全适用于标准参照测验的信度估计。其原因是：（1）CRT测验的信度一般不是根据测验分数之间的相关系数来考察的，而是根据测验的分类一致性来评价的；（2）CRT测验中的误差衡量标准不同。尽管并非所有的CRT测验都必须设置与某一分界分数相对应的、作为判定被试达标或掌握与否的合格分数线，但事实上，随着国际教育测量理念的转变，国内外几乎所有的标准参照测验为了满足用户的多元需求而不得不设置相应的及格线。因此，在根据某一分界分数对被试进行“达标”与否的二元决策中，或者在对被试掌握程度的多级分类测验中，CRT测验更注重的是高于分界分数和低于分界分数的两类考生，或多级分类考生之间质的区别，而不是测验总分之间量的差异。所以，在CRT测验中，测验长度的确定一般以对考生分类决策的误差最小化为目的。

二、CRT 测验长度研究的本质

由于 CRT 测验和 NRT 测验分别适用于对被试的能力水平或掌握的知识程度进行绝对决策（absolute decision）和比较性决策（comparative decision）研究，因此，上述测量理论在对这两种测验的长度进行研究时所遵循的原则、思路和方法也不完全相同（Bachman，1990；Coscarelli & Shrock，2002）。在 CRT 测验中，分类一致性和分类准确性是信度关注的核心，测验长度的决策不仅要结合特定的测验分界分数（cut-off score）进行研究，而且主要是以降低错误肯定（false positive）和错误拒绝（false negative）的误差概率为原则（Bachman，1990，2004；Brown，1996），或者说测验长度的确定是以对被试的正确分类为主要目标。因此，测验长度的决策不是以 NRT 测验中经常使用的 Spearm-Brown 公式和 Kuder-Rchardson 的信度估计方法为基础，而是采用米尔曼（J. Millman，1972）的二项式概率模型法、Novick 和 Lewis（1974）的贝叶斯估计法、Wilcox（1977，1980）的不肯定区域法（张厚粲，刘昕，1992）以及项目反应理论（IRT）下的信息函数法等。这些研究方法在对 CRT 测验的长度进行决策时，不仅要考虑测验的题目数量与测验信度之间的关系，而且还必须关注分界分数与分类准确性之间的关系。因此，CRT 测验长度研究的本质是：在符合测量误差控制要求的前提下，寻求最符合经济原则的测验长度和合格分数的优化组合方式（combination），以便将测验对被试掌握程度的错误分类（misclassification）降低到最低限度（Gaver & Jacob，1997；Walker，2005）。

三、CRT 测验长度的研究方法

从 20 世纪中期开始，随着美国认知科学和教育测量与评价理论的发展，社会各界对被试进行绝对评价的客观性需求日益迫切。CRT 测验的观念一经提出（Glaser，1962，1963），并经过 20 世纪 70 年代的完善以后（Popham & Husek，1969；Glaser，1971），逐渐被应用于教育测量的实践中。因此，关于 CRT 测验长度的研究理论和方法也应运而生。Wilcox（1980）、Hambleton 和 Simon（1983）等人先后针对 CRT 测验长度问题的研究方法进行了理论探讨。Burisch（1984，1997）、Schulz（2001）以及 Fitzpatrick（2001）等人分别就测验长度对

CRT 测验的分类一致性的影响进行了实证研究。据不完全统计，针对标准参照测验长度的研究方法曾经多达十几种，研究方法不仅涉及经典测量理论，而且涉及概化理论和项目反应理论。其中，在这些实证研究方法中，使用范围较广、理论基础相对比较成熟的当属米尔曼（Millman，1974）的二项式概率模型、威尔克斯（Wilcox，1976）的不肯定区域模型和项目反应理论的拟合估计模型。

（一）二项式概率模型法

由于标准任务域中的潜在测验题目数量太多，在测量实践中我们不可能让被试接受无限长的测验，而只能采用从标准域中随机抽样的方法组成一个“适当长”的 CRT 测验，然后根据被试在该测验上的表现水平，对其掌握程度或达标与否进行分类。由于对被试进行分类时是以考生完成标准任务域中同质性题目的某一具体百分比（分界分数）为依据的，因此测验长度和合格分数的组合方式不同，测验的分类误差就不一样。如果简单地以测验长度与分界分数的乘积作为测验的及格线，那么测验对被试错误接受和错误拒绝的概率就明显不同。假设某一 CRT 考试的分界分数是 80%，即当考生能够答对标准任务域中所有测验题目的 80%以上时，该考生就属于真正的合格者。但在实践中，由于受猜测概率和其他随机测量误差的影响，这并不意味着随机选择任意长度（N）的测验，并以 $N\times 80\%$作为合格分数就可以实现对被试掌握状态的准确分类。因为当测验的长度为 10（$N=10$）或 20（$N=20$）时，如果分别以 8（$10\times 80\%=8$）和 16（$20\times 80\%=16$）作为合格分数，那么测验对能力水平略低于或略高于分界分数的被试错误划分的概率完全不同，即误差不一样。所以，为了保证错误分类的概率最小，我们必须通过合格分数与测验长度的最佳组合，将错误划分的误差控制在某一可接受的范围以内，这就是二项式概率模型对测验长度进行决策研究的理论依据。

CRT 测验长度研究中的二项式概率模型法最初是由 Millman（1972）和 Wilcox（1977，1980）提出来的。运用二项式模型法对标准测验的长度进行决策研究时，研究人员提出了测验必须满足的四个基本假设（Millman，1972；Wilcox，1977，1980）：（1）测验必须是由（0，1）二值记分的题目组成；（2）对某一被试而言，其对所有测验题目的正确反应概率是一个常数；（3）被试对各测验题目的反应是独立的，即项目满足局部独立性要求；（4）误差概率适合二项式的测验模型。

根据二项式概率模型理论，在标准参照性测验中，具有领域分数为 π 的任意被试在由 n 道题目所组成的测验上答对任意 x 道测验题目的概率值为 $Prob$（x |

π），并且该概率值可以通过如下公式进行估计。

$$\text{Prob}\ (x/\pi)\ = C_n^x * \pi^x *\ (1-\pi)^{n-x}$$

在以合格分数为依据对被试是否达标做出决策的 CRT 测验中，误差主要是用测验对被试错误划分的概率值 $Prob\ (x \mid \pi)$ 来衡量的，即测验将本来能力或知识水平没有达到分界分数的考生（$\pi<\pi_0$ 的考生）划分为合格者的概率，以及测验对本来能力或知识水平已经达到或超过分界分数的考生（$\pi \geqslant \pi_0$ 的考生）划分为不合格者的概率。前者称之为错误接受或错误肯定（false positive）的误差（即错误区分的正误差，用 P_+ 表示），而后者则称之为错误拒绝或错误否定（false negative）的误差（即错误区分的负误差，用 P_- 表示）。根据概率的加法原理和上述公式可知，具领域分数为 π 的被试，在一个由 n 道测验题目组成且合格分数为 n_0 的测验中被错误划分的正、负误差值可以分别用二项式概率模型进行估计。

其中，对于领域分数为 $\pi<\pi_0$ 的被试而言，如果测验将其划分为未掌握或未通过者时，测验对被试的分类就是正确分类；反之，如果测验将其划分为掌握者或通过者时，测验对该水平考生的划分就属于错误肯定性分类。在二项式概率模型中，这种错误划分的正误差值可以用下式进行估计。

$$P_+ = Prob(x \geqslant n_0 \mid \pi, n) = \sum_{x=n_0}^{n} C_n^x * \pi^x *\ (1-\pi)^{n-x}$$

同样，对于具备领域分数为 $\pi \geqslant \pi_0$ 的被试而言，如果测验将其划分为掌握者或通过者时，那么测验对被试的分类就属于正确分类；反之，测验的分类就会产生错误拒绝或错误肯定误差，并且这种错误划分的负误差值可以通过下面的公式进行估计。

$$P_- = Prob(x < n_0 \mid \pi, n) = \sum_{x=1}^{n_0-1} C_n^x * \pi^x *\ (1-\pi)^{n-x}$$

根据上述公式可知，在测验长度（n）、合格分数（n_0）和分界分数（π_0）保持不变的情况下，CRT 测验对具有不同领域分数水平（π）的被试错误拒绝和错误接受的误差并不相同；在测验长度（n）、合格分数（n_0）相同的前提下，如果分界分数（π_0）不同，那么测验对具有相同领域分数（π）的被试的错误划分误差也不相同；在分界分数（π_0）和合格分数（n_0）保持不变的前提下，当测验长度不同时，测验对具有相同领域分数的被试的错误划分误差也不相同。所以，在 CRT 测验长度的研究实践中，研究人员的任务就是根据正误差和负误差在测验的实际应用中所带来的社会后果的相对严重程度之不同，事先设定两个最大可接受的概率值，并根据既定的分类准确性要求，通过二项式模型选择最佳的测验长度与合格分数组合。

（二）不肯定区域法

1. 不肯定区域法的基本原理

在二项式模型中，如果以分界分数为依据对被试达标与否进行分类时，CRT测验对于能力水平距离分界分数越远的考生而言，其被错误划分的概率越小。反之，当被试的水平与测验的分界分数越接近时，考生被错误拒绝或错误肯定的可能性就越大，即测验对处于分界分数附近的考生错误划分的正、负误差存在相当大的不确定性。因此，Wilcox（1976，1977，1980）在二项式模型的基础上，又针对该不确定区域提出了一个操作性更强的模型，即不肯定区域模型（Indifference Zone Model，IZM）。其基本原理是：在测验的合格分数线已经确定为 n_0 的前提下，设 α 为测验对被试错误区分的正误差概率，β 为错误区分的负误差概率，Wilcox 提出测验长度的选择应该满足如下的误差要求。

$Prob\ (x \geqslant n_0 \mid \pi) \leqslant \alpha$　　对于所有的 $\pi < \pi_0$ 而言；

$Prob\ (x < n_0 \mid \pi) \leqslant \beta$　　对于所有的 $\pi \geqslant \pi_0$ 而言；

测验的设计目标应该是通过合理选择测验长度和合格分数，尽量降低 α 值和 β 值。但是因为 $\alpha = 1 - \beta$，要使这两个概率值同时保持在最低水平上是不可能的。所以，Wilcox 提出了一种变通的解决办法，即设立一个不肯定区域（indifference zone）（见图 4—5），并假设测验对处于该区域内的被试错误区分所造成的损失难以避免或可以忽略不计，而且从理论上讲，只要我们有充分的理由（以给定的概率）断定测验对领域分数高于不肯定区域上限（$\pi_u = \pi_0 + c$）或低于不肯定区域下限（$\pi_l = \pi_0 - c$）的被试所做的分类是正确的（误差满足控制要求），那么据此确定的测验长度和合格分数就是理想的组合方式。

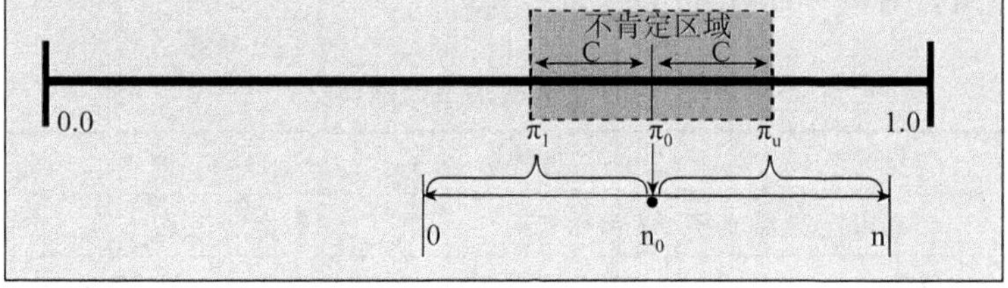

图 4—5　不肯定区域示意图

2. 不肯定区域法的误差估计

当被试的领域分数（能力或知识水平）正好与分界分数（π_0）相同或非常接

近时，测验对这些被试进行划分的正、负误差都比较大，而且难以避免。不过对于领域分数远低于不肯定区域下限（π_l）或远高于不肯定区域上限（π_u）的被试而言，其错误划分的误差则明显降低。这样，只要我们设定了对不肯定区域上限和下限水平的被试进行正确区分的可接受的概率值（P^*）以后，就可以根据如下公式对满足条件的测验长度和合格分数做出选择。假设测验对于领域分数处于π_l点的被试正确区分的最小概率值为$P_l{}^*$，那么$P_l{}^*$就可以用下式进行估计。

$$P_l^* = \sum_{x=0}^{n_0-1} C_n^x * \pi_l{}^x * (1-\pi_l)^{n-x} \qquad \alpha = 1 - P_l{}^*$$

同样，如果测验对于领域分数处于π_u点的被试正确区分的最小概率为$P_u{}^*$，那么$P_u{}^*$也可以通过下面的公式进行估计。

$$P_u^* = \sum_{x=n_0}^{n} C_n^x * \pi_u{}^x * (1-\pi_u)^{n-x} \qquad \beta = 1 - P_u{}^*$$

这样，如果我们事先设定了可以接受的正、负误差值α、β，那么我们就可以根据上面的两个公式求出相应的测验长度和合格分数组合。而且有足够的把握保证测验对于领域分数低于π_l或高于π_u的被试正确划分的概率值也高于相应的概率值P^*，或者说误差小于α、β值。

3. 不肯定区域法的应用示例

在具体的应用中，我们必须在对测验错误划分可能引起的社会风险进行评估的基础上，首先确定一个可以接受的不肯定区域范围（即确定C值的大小）和不肯定区域上、下限必须达到的正确划分的概率值（即设定$P_l{}^*$值和$P_u{}^*$值），然后参照上面的两个公式通过计算机程序进行模拟计算，经过不断循环找到n和n_0最佳组合。表4—5就是在分界分数为75%、C=0.05和C=0.10时，我们用自编计算机程序对不肯定区域上、下限被试的正确划分的概率值和相应的测验长度与合格分数组合方式下得出的α值和β值。

表4—5　　不肯定区域法模拟结果

测验长度（n）	分界分数（π_0=0.75）					
	不肯定区域半宽（C=0.05）			不肯定区域半宽（C=0.10）		
	合格分数（n_0）	上限 $P_u{}^*$	下限 $P_l{}^*$	合格分数（n_0）	上限 $P_u{}^*$	下限 $P_l{}^*$
12	10	0.558 3	0.747 2	10	0.735 8	0.848 7
14	11	0.698 2	0.644 8	11	0.853 5	0.779 5
14	12	0.448 1	0.839 6	12	0.647 9	0.916 1

续表

测验长度 (n)	分界分数（$\pi_0=0.75$）					
	不肯定区域半宽（$C=0.05$）			不肯定区域半宽（$C=0.10$）		
	合格分数（n_0）	上限 $P_u{}^*$	下限 $P_l{}^*$	合格分数（n_0）	上限 $P_u{}^*$	下限 $P_l{}^*$
15	12	0.648 2	0.703 1	12	0.822 7	0.827 3
15	13	0.398 0	0.873 2	13	0.604 2	0.938 3
16	13	0.598 1	0.754 1	13	0.789 9	0.866 1
16	14	0.351 8	0.900 6	14	0.561 4	0.954 9
18	13	0.867 1	0.465 6	13	0.958 1	0.645 0
18	14	0.716 4	0.667 3	14	0.879 4	0.811 4
18	15	0.501 0	0.835 4	15	0.720 2	0.921 7
20	16	0.629 6	0.762 5	16	0.829 8	0.881 8
……	……	……	……	……	……	……

注：$\alpha=1-P_l*$，$\beta=1-P_u*$

4. 不肯定区域法的应用原则

从表 4—5 的数据可见，在分界分数、不肯定区域、合格分数和测验长度完全相同的前提下，CRT 测验对不肯定区域上、下限的被试正确区分的概率并不对称，比如，在分界分数（π_0）为 0.75，测验长度和合格分数分别为 16 和 13，不肯定区域半径 $C=0.05$ 时，测验对不肯定区域下限（0.75－0.05＝0.70）的被试正确划分的概率值至少为 0.754 1（$\alpha=1-P_l*=0.2459$），但是对不肯定区域上限（0.75＋0.05＝0.80）的被试正确划分的概率则只有 0.598 1（$\beta=1-P_u*=0.4019$）。因此，我们在实际决策研究中要么选择一个上、下限概率值相同的标准，确定测验的长度和合格分数；要么根据测验应用的风险情况，采用非对称决策法，分别对上、下限误差设置不同的临界值，然后寻求最佳测验长度和合格分数组合。

（三）项目反应理论测验长度研究法

上述二项式模型和不肯定区域模型在 CRT 测验长度的决策研究中，都是假设测验题目之间具有较高的同质性的，即模型中没有涉及关于测验题目的质量问题，因此，测验题目采用随机或分层抽样法是可行的。然而，当测验题目之间的质量指标具有很高的异质性时，上述抽样方法和长度决策模型的应用效果就会大打折扣。因为，对某一固定长度的测验而言，区分被试最有效的题目应该是那些在分界分数附近具有最大区分度的题目，但上述两种方法显然无法对此做出有针对性的选择，所以我们只能借助更符合测量实际的项目反应理论（IRT）模型并结合不肯定区域模型来确定 CRT 测验的长度。

1. IRT 模型中的测量精度问题

在项目反应理论中，对 CRT 测验长度的研究问题，实际上已经不再是单纯的测验长度的决策问题，而是如何从 CRT 测验题库中选择最佳测验题目的问题。在三参数 IRT 模型中，反映测量精确性的指标不是相关系数的大小和分类一致性指标的高低，而是测验题目和测验的信息函数值（information function）。根据项目反应理论，项目 i 对于具有 θ 能力水平的被试所提供的信息函数值 $I_i(\theta)$ 满足如下条件。

$$I_i(\theta)=\frac{[P_i'(\theta)]^2}{P_i(\theta)Q_i(\theta)}$$

其中，$P_i'(\theta)$ 是 $P_i(\theta)$ 的一阶导数，$Q_i(\theta)=1-P_i(\theta)$，据此，我们可以进一步得出满足信息函数值最大化的测验项目与被试的能力 θ_i^* 之间存在的如下关系。

$$\theta_i^*=b_i+\frac{1}{D*a_i}\log_e^{0.5(1+\sqrt{1+8C_i})}$$

当 $C_i=0$ 时，在能力量表的 b_i 点上，题目 i 提供的评价信息量最大，项目信息函数值最大，即测量结果的误差最小。所以，在估计出测验题目的基本参数以后，根据统计量 θ_i^* 和 $I_i(\theta)$ 就可以选取相应的题目反应模型对被试的操作水平进行精确描述。

2. 项目反应理论法在 CRT 测验长度研究中的原理

用项目反应理论法对 CRT 测验长度进行研究的基本前提是必须要有一个事先已进行过参数估计的题库，以便可以从中选择满足测量精度要求的题目组成一个 CRT 测验，从而根据被试的领域分数 π 和其潜在能力水平 θ 之间的如下关系进行项目选择和合格分数的确定。

$$\pi=\frac{1}{m}\sum_{i=1}^{m}P_i(\theta)$$

在上述公式中，m 是样本中测验的总题目数。分界分数 π_0 可以设定在领域分数 π 量表上，并可以自然转换到 θ 量表上；反之，也可以通过上述公式从 θ 量表转换到 π 量表上。因此，对于某一个给定的分界分数 π_0 而言，θ 的值 θ_0 和 π_0 之间自然就可以转化为如下关系。

$$\pi_0=\frac{1}{m}\sum_{i=1}^{m}P_i(\theta_0)$$

这样，我们就可以根据上述公式中 θ_0 和 π_0 之间的关系，找到能力量表上的 θ_0，并使之对应于领域分数量表上的 π_0 值。

3. 基于 IRT 理论和 IZM 模型的测验长度研究过程

（1）事先针对测量的目标领域、行为领域或测量内容范围，建立一个足够大的有效题库。

（2）基于较大的被试样本对题库中题目的参数（a、b、c 参数）进行估计。

（3）对题目反应模型和反应数据之间的拟合关系进行检验，如果模型不适合，那么就停止如下步骤。

（4）如果模型拟合良好，那么在领域分数量表上选择 CRT 测验的分界分数（π_0）和不确定区域（C）。

（5）根据上面介绍的公式将不肯定区域下限、分界分数以及不肯定区域上限的领域分数 π_l、π_0 和 π_u 分别转换成相应的不肯定区域能力值 θ_l、θ_0 和 θ_u。

（6）设定对不肯定区域下限和上限可以接受的最小正确划分的概率值（P^*，或者分别设置 $P_l{}^*$ 和 $P_u{}^*$ 值，含义与威尔克斯法相同）。

（7）根据项目信息函数值与项目反应概率之间的关系，选择能够在能力水平 θ_0 处可以提供最大信息量的测验题目。

（8）参照项目特征曲线（ICC），将 θ_l、θ_0 和 θ_u 分别转换成 $\pi_l{}^*$、$\pi_0{}^*$ 和 $\pi_u{}^*$，然后分别计算正确区分处在不肯定区域上、下限水平的被试的反应概率（分别以 P_u 和 P_l 表示），针对不同的分界分数值，找出这两种概率值之间的较小者 P_m，对于由 K 个测验题目所组成的 CRT 测验，选择满足下列条件中的 F 的整数作为测验可能的合格分数。

$$F=\sum_{i=1}^{K}P_i(\theta_0)$$

（9）如果 $P_m<P^*$，那么继续选择下一个可以在 θ_0 处提供最大信息量的测验项目，并继续重复第（8）个步骤，直到满足 $P_m \geqslant P^*$ 时，即可停止选择测验题目，此时的测验长度（n）和合格分数（n_0）组合就是满足事先设置的误差控制要求的最佳测验组合。

四、三种 CRT 测验长度研究方法之比较

上面介绍的关于 CRT 测验长度的各种研究方法，各有其优缺点（见表 4—6），研究者应结合考试的具体情况综合考虑各种因素，做出最佳选择。一般而言，如

果事先已具备一个参数完善的较大规模的 CRT 题库时，研究者可以优先考虑使用 IRT 理论下的 IZM 法对测验的长度进行决策研究；当不具备较大规模的题库时，可以在二项式概率模型（BPM）和不肯定区域模型（IZM）之间做出选择（张厚粲，刘昕，1992；Livingston，1972；Wilcox，1980）。

表 4—6　　三种测验长度研究方法比较

方法	优　点	缺　点	使用条件
BPM	1. 可直接使用； 2. 效率高、费用低； 3. 适用于被试个体和被试团体； 4. 可以控制正确区分某一特定领域分数的被试的概率值	1. 基于严格的二项式条件； 2. 对于某些远离不肯定区域的被试而言，测验长度一般较长	不必有参数已估的较大题库
IZM	1. 可以直接使用； 2. 可以根据表格做出最优选择；效率高、费用低； 3. 适用于被试个体和被试团体	1. 基于严格的二项式模型； 2. 至少对于某些领域分数远离不肯定区域的被试而言，测验的长度一般太长	不必有参数已估的较大题库
IRT	1. 一般产生的测验长度较短； 2. 可以应用于被试个体或被试团体	1. 参数估计需要较大样本； 2. 该方法的效度取决于模型和测验数据之间的拟合程度； 3. 对测验题库的规模有较高要求； 4. 必须保证测验的内容效度	必须有一个参数已估的较大题库

特别值得说明的是，CRT 测验长度的合理性问题实际上是各种因素协同作用的结果。在具体的测验设计和编制中，研究者只有在对测验目的、使用要求和测验结果使用所产生的社会后果以及对考生本人的影响性质，进行全面的风险评估和综合考虑的基础上，才能设定恰当的区分概率临界值，并通过获得合格分数和测验长度的最佳组合，将测验的分类一致性误差和测验使用的消极影响降低到最低。

第六节　基于二项式模型的标准参照性语言测验长度研究

随着认知心理学（cognitive psychology）理论和教育理念的转变，进入 21

世纪以来，标准参照性测验因为具有较高的认知诊断功能，因而又重新成为研究的热点。然而，在设置达标要求的标准参照性测验中，测验对被试掌握状态或通过与否的分类不是根据被试之间的相对差异程度（inter-individual variation），而是根据外在的表现标准（criterion）确定的。测量误差也不是单纯地就测验总分而言的，而是根据测验对被试划分的准确性和一致性来考察的。由于CRT测验分类一致性信度的高低，与测验的分界分数和测验长度的组合方式密切相关，因此，本节将专门对二项式概率模型在标准参照性语言测验（Criterion-Referenced Language Tests，CRLT）长度决策研究中的应用问题进行探讨。

一、国内CRT测验长度研究的现状

标准参照测验始于20世纪60年代，由于受Glaser（1963，1963）、Lord（1968）、Novick（1974）和Nitko（1971）等学者的影响，在70年代中后期曾达到过鼎盛时期。但是，由于当时正处于许多大规模商业化语言考试的高速发展期，而且这些大规模商业化考试多属于NRT测验的范畴，加之CRT测验在社会需求和应用范围等方面尚存在诸多限制，因此国际心理与教育测量界对标准参照测验的研究关注度曾出现了明显下降的趋势。不过，进入21世纪以来，随着认知科学、认知心理学和认知语言学理论的发展，社会各界对教育评价的诊断性需求越来越迫切，从而推动教育测量界在评估观念方面发生了巨大转变。国内关于标准参照测验的理论和实证研究，特别是针对测验长度和合格分数设置方面的研究成果又呈现出了一定的繁荣之势。

近几年来，国内针对标准参照测验的研究成果无论是在深度还是在广度方面也具有明显的提高。赵世明（2006）和刘清伟等（2010）分别对资格认证测验的信度估计和卫生专业技术资格考试测验长度的科学性进行了理论探讨和实证研究；汪存友和余嘉元（2010）等对标准参照测验中标准设定的理论方法问题进行了探讨；而余嘉元（2008）则专门对标准参照测验——执业医师资格考试分数线的设定问题进行了实证研究。综观上述各项研究，针对CRT测验的研究热点主要集中在三个方面：一是测验的合格标准问题。二是测验表现的认知诊断和标准参照解释问题。三是测验的长度问题，即如何通过选择恰当的测验长度和设定合理的分数线，实现对被试能力或知识掌握状态的准确分类。

二、CRT 测验的用途与信度观

标准参照测验有两个基本用途（见图 4—6），其一是用于估计被试的领域分数水平，就是根据考生在测验题目（领域样本）上获得的测验分数（通常以原始分或原始分占测验题目总长度的百分比表征），对被试在标准领域上达到的程度进行估计（Bell & Lumsden，1980；Bachman，1990，2004）。其二是用来对考生进行达标与否的分类决策，即根据被试在测验上的表现状态，对被试进行分类。如果将测验用于估计考生的领域分数时，那么测验信度的评价主要是以考生的测验总分为研究对象。不过，对于以分类决策为主要目的的 CRT 测验而言，我们对测验信度的评价不是以测验总分是否稳定为主要标准，而是以提高测验对考生所做的分类一致性指标为主要追求。

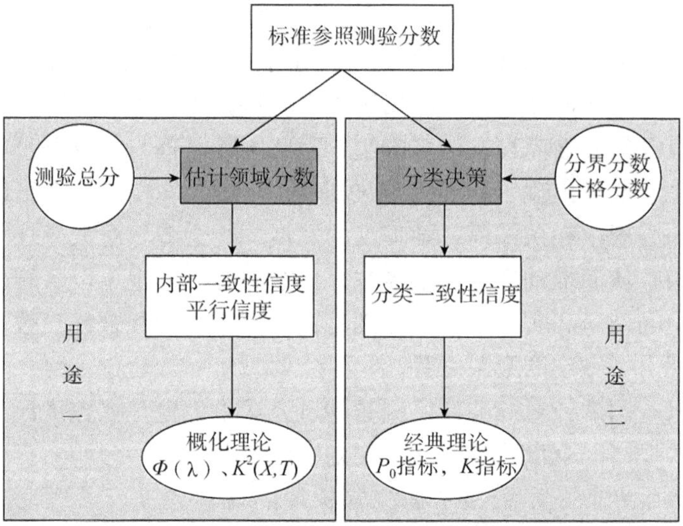

图 4—6　标准参照测验的用途与信度差异

由于在分类决策性 CRT 测验中，考试的使用目的主要是用来对考生达标与否或考生是否具备某项最低水平要求等进行分类，所以对测验信度和效度的评价，必须以测验对考生的分类是否准确和是否一致为标准（Burisch，1997；熊丽萍，2007；杨志明，2003）。测验误差的控制实际上就是以降低测验对考生实际掌握程度的错误分类概率为目的。只要考生的水平已经达到或超过了分界分数的要求，并且测验确实可以将考生划分为通过者，就可以认为测验具有较高的分类信度，至于其分数超过了分界分数的具体程度并不重要；同理，对于水平确实没有达到分界分数标准的考生而言，只要测验能够将其划分为未达标者（未通过者），那么我们就可以认为测验具有较高的分类准确性和分类一致性信度，至于考生的测验分数低于或超过了分界分数的具体距离，以及被试与其他考生相比所处的位置等，并不是CRT测验关注的核心。因此，在对考生达标与否进行决策的标准参照测验中，测验长度和测验合格分数的设置问题是对分类信度影响最大的两个指标。

三、标准参照测验的操作原理

在CRT测验中的“标准”不是就实际测验的合格标准或合格分数而言的，而是以测量某一语言能力或知识领域的行为总体或任务总体对被试语言能力所达到的水平进行描述的。比如在对留学生汉语语法知识进行的标准参照性测验中，我们可以将该测验的标准领域定义为可以用于测量考生语法知识的所有测验题目组成的题目总体，不同的领域分数水平与不同的“标准”表现行为相对应。由于组成标准测验领域的题目数量非常大（甚至可以看作无穷大），所以，我们对学生是否达到某个标准的刻画，不可能用被试在标准领域上答对的测验题目数来评价。因为无论是在非测验条件下还是在测量情景中，我们不可能要求被试对标准领域中的所有测验题目全部进行作答，并以此来考查其汉语语法能力是否达标或掌握的程度。我们通常以测验的目标总体为参照，对被试在测验题目总体中获得的领域分数所对应的水平进行描述，或者对什么样的领域分数才能达标或合格做出界定。然后根据测量学理论采用随机抽样或分层抽样的方法，从测验题目领域中抽取合适的样本构成适当长度（n）的测验，并通过设置恰当的合格分数（n_0）实现对被试掌握状态的准确评价（见图4—7）。

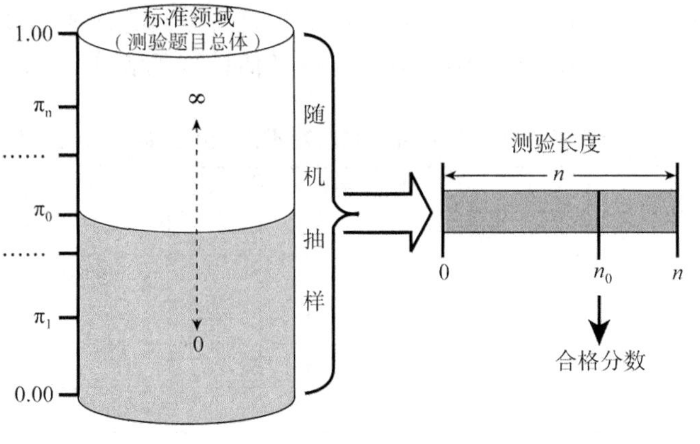

图4—7　标准参照测验操作原理示意图

由于针对被试合格与否的判断结论是以考生的领域分数与分界分数对比为依据的，因此二项式概率模型法（BPM）认为：如果简单地以测验长度与分界分数的乘积作为合格线，那么测验对被试错误接受和错误拒绝的概率就明显不同。因此，为了保证错误分类的概率最小，必须结合测验的分界分数、领域分数、合格分数对测验的长度做出决策。

根据二项式概率模型，领域分数为 π 的被试在由 n 道题目组成的测验上答对任意 x 道测验题目的概率为 $Prob(x \mid \pi)$，而且 $Prob(x \mid \pi)$ 的值可以根据上面介绍的公式进行估计。在以合格分数为依据对被试是否达标进行决策时，误差主要是根据测验对被试错误划分的概率来衡量的，即测验将真实能力或知识水平没有达到分界分数要求的考生划分为合格者的概率，以及将水平已经达到或超过分界分数标准的考生划分为不合格者的概率。前者称为错误接受或错误肯定的概率（即错误区分的正误差，用 P_+ 表示），而后者则称为错误拒绝或错误否定的概率（即错误区分的负误差，用 P_- 表示）（见图 4—8）。

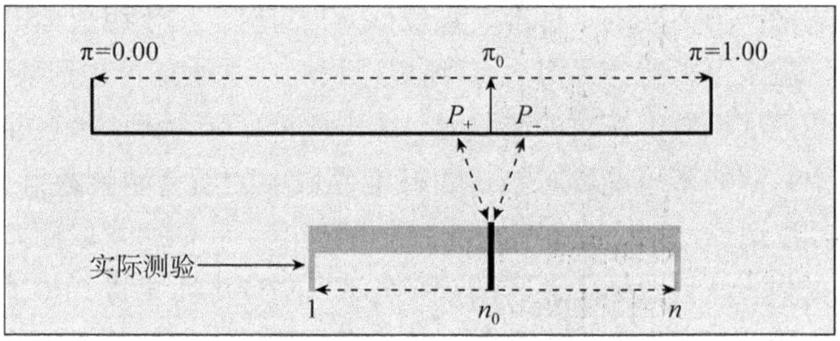

图 4—8　二项式概率模型示意图

为了说明二项式模型的具体应用，我们以 80%为分界分数（$\pi_0=80\%$），以不同测验长度（n）和合格分数（n_0）组合下的 CRT 测验对具有不同领域分数（π）的被试进行分类时的正负误差情况进行了估计（见表 4—7）。

表 4—7　不同长度和合格分数组合的测验对不同领域分数划分的误差

测验长度（n）	合格分数（n_0）	领域分数水平（π）（$\pi_0=80\%$）									
		50	55	60	65	70	75	80	85	90	95
		正误差（P_+）					负误差（P_-）				
9	8	2	4	7	12	20	30	56	40	23	7
10	7	17	27	38	51	65	78	12	5	1	—
10	8	6	10	17	26	38	53	32	18	7	1

续表

测验长度 (n)	合格分数 (n_0)	领域分数水平（π）（$\pi_0=80\%$）									
		50	55	60	65	70	75	80	85	90	95
		正误差（P_+）					负误差（P_-）				
10	9	1	2	5	9	15	24	62	46	26	7
11	8	11	19	30	43	57	71	16	7	2	—
11	9	3	7	12	20	31	46	38	22	9	2
12	8	19	30	44	58	72	84	7	2	—	—
12	10	2	4	8	15	25	39	44	26	11	1
13	11	1	3	6	11	20	33	50	31	13	2
15	10	15	26	40	56	72	85	6	2	—	—
15	11	6	12	22	35	52	69	16	6	1	—
15	12	2	4	9	17	30	46	35	18	6	—
20	12	25	41	60	76	89	96	1	—	—	—
20	15	2	6	13	25	42	62	20	7	1	—
22	19	—	—	1	3	7	16	67	42	17	2
……	……	……	……	……	……	……	……				

注：虚线左侧为正误差（P_+），虚线右侧为负误差（P_-）。

由表 4—7 的误差值可见，在测验长度和合格分数已经确定的前提下，如果分界分数（π_0）不同，那么测验对相同领域分数水平（π）的被试错误拒绝（P_-）或错误接受（P_+）的误差不同；在分界分数（π_0）和合格分数（n_0）相同的前提下，如果测验的长度不同，那么测验对具有相同领域分数（π）的被试错误划分的误差也不相同。在测验的设计中，研究人员应根据正、负误差在测验实际应用中所带来的社会风险的性质，事先设定两个可以接受的最大误差概率值，然后根据 BPM 模型选择最佳的测验长度与合格分数组合。

四、CRT 测验长度决策和误差控制的原则

在标准参照性测验中，影响对被试达标与否划分准确性和一致性的测验操作因素主要包括测验长度和合格分数，两者的组合不同所产生的误差大小也就明显不同。所以在借助 BPM 模型对考生达标与否的研究中，测验设计者总是希望用尽可能少的题目实现对被试掌握状态的准确分类。为了实现该目的，我们必须首

先设置一个对被试错误划分的概率临界值（threshold），即确定一个用户可以接受的对被试错误划分的正误差临界值（$P_+{}^*$）或负误差临界值（$P_-{}^*$），然后寻求满足误差控制要求的测验长度和合格分数。在对误差临界值进行设定时，可以选择对称性决策和非对称性决策两种形式之一。

如果将 $P_+{}^*$ 和 $P_-{}^*$ 设置为同一个值 P^*（$P_+{}^* = P_-{}^* = P^*$），那么我们称之为对称决策（symmetrical decision），即认为测验的错误接受和错误拒绝所导致的后果同样严重；反之，如果我们将 $P_+{}^*$ 和 $P_-{}^*$ 设置为不同的 P^* 值时（$P_+{}^* \neq P_-{}^*$），那么我们称之为误差的非对称决策（asymmetrical decision）。在选择具体的误差控制方式时，研究者必须考虑以下因素：一是测验决策结果的使用对社会所带来的后果的严重程度。如果测验结果的使用直接涉及非被试以外的国民身心健康问题，比如执业医师资格考试、飞行员驾驶技能测试等，或者测验的使用涉及关键的国际形象，比如外交人员口译能力测试等，那么就应该将测验的正误差临界值设置得适当低一些，而负误差临界值则可以设置得高一点，即对达标“门槛”控制的严一些，因为测验的错误肯定和错误否定所带来的社会风险存在着显而易见的非对称性。二是测验决策结果的使用对考生本人和所属团体所带来的后果。比如，在语言知识普及性测验、一般短期培训性的学业成绩测试中，因为测验结果的使用所产生的社会风险较小，测验本身兼具推广、鼓励和知识普及的社会功能，所以可以对误差临界值采用对称设置或适当将分类的负误差设置得高一点，即对达标“门槛”设置得低一些。

五、CRLT 测验长度研究的过程

由于二项式概率模型主要适用于测验项目具有较高同质性的单一目标测验中，但是，在标准参照性语言测试（CRLT）的具体实践中，我们不可能分别编制语法、听力、阅读等测验，然后再分别对被试进行施测和评价，而是希望用一份综合性试卷实现对被试语言能力掌握程度的全面测量。这样，在借助二项式模型对测验长度进行研究时，就必须采用分项决策和整体验证相结合的方法（见图4—9），尽可能寻求测验长度和合格分数的最佳组合，从而将错误分类的误差控制在预期的范围以内。

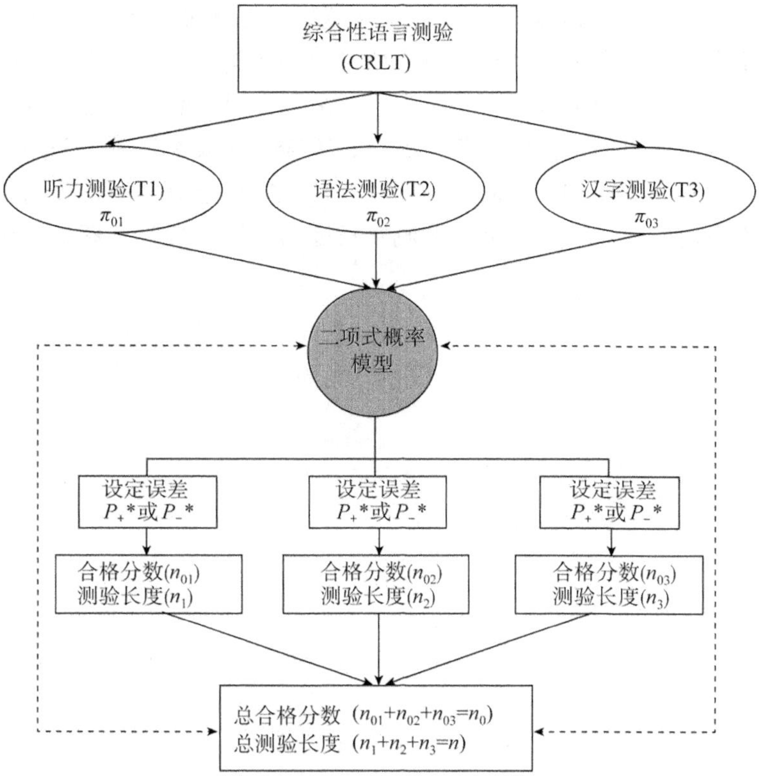

图 4—9　标准参照性语言测验长度的研究过程

参照图 4—9，我们以一个由听力、语法、汉字书写三个分测验组成的综合性 CRLT 的测验长度研究为例，说明二项式概率模型在测验长度与合格分数组合决策中的研究过程。

综合性 CRLT 长度的实证研究过程包括以下几个步骤：首先，由命题专家和汉语教师根据测量目标，分别对听力、语法和汉字书写能力或知识领域进行界定；其次，编制大量具有代表性的同质性测验题目，并针对三个分测验（sub-sections）分别确定分界分数（π_{0j}）；第三，根据测验的目的和测验结果使用的风险评估结论，设置误差控制的方式，并对分测验和总测验分别设置可接受的误差临界值，同时通过随机抽样的方法组成分测验和总测验；第四，运用二项式概率模型，以事先确定的误差临界值为标准，分别针对听力、语法和汉字测验的长度和合格分数，做出满足误差控制要求的分测验长度 n_1、n_2 和 n_3 以及合格分数 n_{01}、n_{02}和 n_{03}的组合；第五，获得总测验长度（$n_1+n_2+n_3=n$）和总测验合格分数（$n_{01}+n_{02}+n_{03}=n_0$）的组合形式；最后，以总测验长度（n）和总测验合格分数（n_0）组合为基础，再根据二项式概率模型对总测验的错误划分误差进行验证，如果错误划分的概率值达到了总测验对误差控制的要求，那么分测验和总测验的长度和合格分数决策过程即告结束。反之，如果总测验对考生分类的错误划分概率高于事先设定的误差临界值，那么，重新增加或调整三个分测验的长度和合格分数，直到分测验和总测验的长度与合格分数组合分别满足分测验误差和总测验误差临界值的要求以后，此时的测验长度和合格分数就是理想的测验长度和合格分数。

第五章

语言测试信息化研究

随着计算机信息技术的发展和多媒体网络教学设备的日益普及与完善，语言测试的信息化发展趋势越来越明显。基于项目反应理论（IRT）的计算机自适应性语言测试，由于在测验的信度、测验效率和考试安全性等方面比传统的纸笔测验具有更大的优势（Sawaki，2001；Ockey，2009；Chalhoub-Deville，1999），因此针对计算机自适应性考试的理论问题和实践问题正在成为教育考试信息化研究的热点之一（Rover，2010；简小珠，张敏强，彭春妹，2011；柳学智，2009）。本章将对计算机自适应性语言测试的智能选题方法、中国汉语水平考试（HSK）考生信息资源库的建设与应用、汉语水平考试（HSK）远程 CAT 阅读理解测试模式以及中国汉语水平考试（HSK）网络报名系统的使用现状等问题分别进行理论探讨和实证研究。

第一节　计算机自适应性语言测试的智能选题方法研究

一、引言

当代计算机科学的日益普及和信息技术及网络技术的高速发展，不仅对语言教学模式和语言教学手段的完善发挥了重要作用，而且还全面提升了教育信息化和考试信息化的水平。21 世纪，以项目反应理论（Item Response Theory，简称 IRT）为基础的计算机自适应性（Computer-Adaptive Testing，简称 CAT）考试模式，在国内外语言水平测试方面的应用已经由理论探索阶段进入了测量的实践探索阶段。2000 年，美国 ETS（Educational Testing Service）即开始对计算机自适应性 TOEFL 考试的可行性问题进行了实验研究（Fulcher，2005），并于 2005 年正式推出了计算机网络版的 TOEFL 考试（Internet-Based TOEFL，简称 TOEFL iBT）。与此同时，美国大学入学考试（SAT）、研究生入学资格考试（GRE）以及全美建筑师资格考试等也相继尝试从传统的纸笔测试方式逐渐向计算机自适应性语言测试方式过渡。

国内教育测量界和语言测试领域的不少专家，针对计算机自适应性语言测试的理论探索和实验研究也取得了较明显的进展。早在 20 世纪末期，漆书青（1986）、谷思义等（1990）就分别对 CAT 测验的理论和在英语水平测验中的应用问题进行了理论探索和模拟研究；2008 年，谢小庆教授对中国汉语水平考试（HSK）自适应性测试的可行性问题进行了初步探讨，并开发出了国内第一个计算机自适应性 HSK 模拟考试系统；2008 年，全国大学英语四、六级考试（CET—4，CET—6）也对自适应性测验方式进行了初步的实验研究。综观上述理论和实验研究的结果，我们不难发现，计算机自适应性语言测试在提供个性化考试模式、保证测验的信度、提高测验的效率和评分信息化等方面确实具有纸笔考试无法比拟的优势。不过，上述研究主要是针对以分离式（discrete items）、客观性多项选择题为主要测验方式所进行的研究，不少实验的结果和研究结论对于传统的基于共同刺激材料（stimulus）的阅读理解测验项目的 CAT 研究却鲜有涉及。因此，本研究将在对 CAT 测验原理、测试的逻辑过程进行考察的基础上，专门就 CAT 在阅读理解测验中的适应性选题方法问题进行研究。

二、计算机自适应性语言测试的原理

计算机测试和计算机自适应性考试是最近几年国内外语言测试领域和教育测量界研究的热点问题之一，由于两种测试方式所依托的信息技术背景完全相同，而且与传统的纸笔测验方式存在显著的差异，所以两者经常被混淆（misunderstanding），在此我们首先澄清计算机测试和计算机自适应性考试的关系。

所谓计算机考试，顾名思义，就是被试通过计算机终端完成测试的过程，也称之为基于计算的考试，其标准的英文表达是“Computer—Based Testing”，简称 CBT。而计算机自适应性考试的标准英文名称则是“Computer-Adaptive Testing”或“Computerized Adaptive Testing”，简称为 CAT。CBT 和 CAT 之间存在很多相同的地方，但也存在本质的区别。

首先，CBT 和 CAT 考试所依托的信息技术基本一样（见图 5—1），都是以计算机科学和网络技术为基础，而且测验的内容都是通过网络化传递和呈现，考生全部在计算机上完成测试的过程。与传统的纸笔测试相比，CBT 和 CAT 的考试效率和评分效率更高，答题的方式更加便捷。

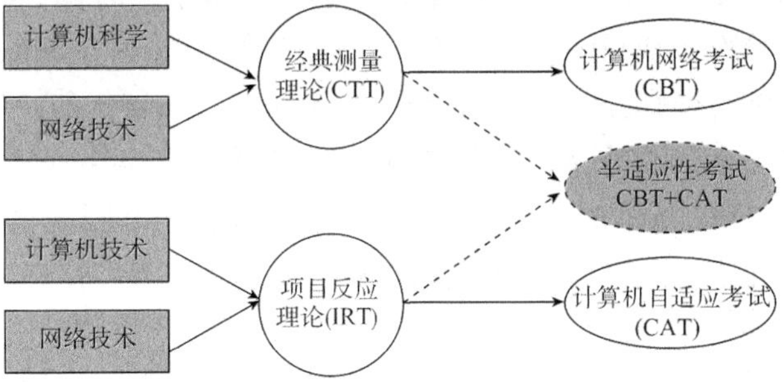

图 5—1　CBT 与 CAT 比较

其次，CBT 和 CAT 也存在若干不同的地方，其中最本质的区别在于两者的测量理论基础完全不同。CBT 设计的理论基础是经典测量理论（Classical Testing Theory，CTT），而 CAT 设计的理论基础则是现代项目反应理论（Item Response Theory，IRT）。所以，以计算机信息科学和网络技术为基础，不仅可以开发和实施 CBT 考试，也可以实施 CAT 考试，甚至还可以进行 CBT 和 CAT 混合型考试模式的设计，即半适应性测验（semi-adaptive testing），两者的差异不体现在信息技术手段方面，而是体现在测量理论和计算机施测时的计算模型方面。

在 CBT 考试中，所有考生必须在相同的时间内，按照相同的试题呈现顺序，回答相同的测验题目。考试结束后，计算机网络系统按照事先设计的记分规则和分数体系对考生的表现水平进行计分统计、分数转换和分数报告。无论考生之间的语言水平差异有多大，考生被要求完成的测验题目完全相同，所以这种测验方式与传统的纸笔测验（paper-and-pencil test，PPT）方式相比，除了在评分效率和测量方式、答题手段方面不同以外并没有本质的区别，甚至可以认为 CBT 考试只是将纸笔测验的内容移植到计算机系统中，并借助局域网或国际互联网对考生进行团体施测。虽然在 CBT 测试中还可以借助多媒体技术的应用将考试任务的设计情境更接近现实生活，从而达到更高的测验效度（validity），但 CBT 考试无法根据考生语言水平之差异提供个性化的（individualized）测验内容。

基于 CTT 理论下的 CBT 考试与 PPT 考试，在测量信度（reliability）或测量效率方面存在的最大弊病在于：所有的考生，无论其语言水平差异有多大，都必须在相同的时间内完成由相同题目构成的定长测验。由于考生的语言水平和测验题目的难度指标一般符合正态分布（见图 5—2），因此，在定长测验（fixed form）中比较容易的部分题目，比如 N1 和 N2 部分的题目对于考生团体中语言水平较高的 E 组和 F 组考生而言，显然非常容易。由于题目的难度水平已远低于考生的语言水平，所以考生在回答这部分题目时既无法获得有效的分数差异（ceiling effects，天花板效应），同时也是一种时间的浪费。同样，对于语言水平较低的 A 组和 B 组考生而言，试卷中较难的 N5 和 N6 部分题目的难度则太难，考生在回答这部分试题时就会产生地板效应（floor effects），即考生的分数普遍较低，因而也无法区分考生之间的语言水平差异。考生对这部分测验题目的回答几乎无法提供任何测量信息，同时还会挫伤考生的应试动机。另外，由于受 CTT 测量理论的严格平行测验和真分数假设的限制，在 CBT 或 PPT 考试中，考生答对任何一个题目所获得的分数都相同，即答对相同题目数量的考生被认为具有相同的语言能力。事实上，考生答对题目的难度不同，其语言水平也必然存在本质的区别。

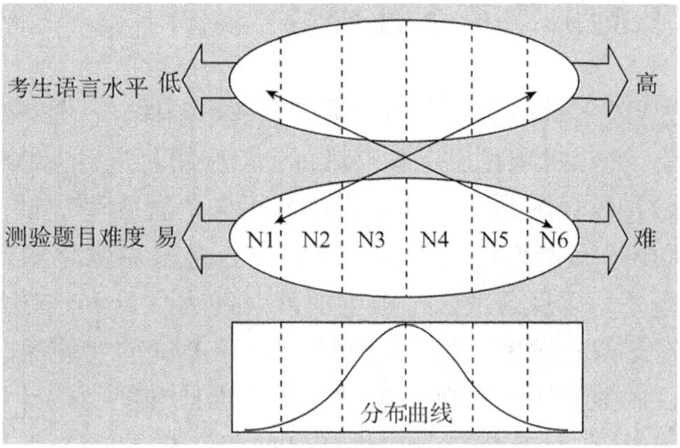

图 5—2　CTT 与 IRT 比较

基于 IRT 理论下的 CAT 考试则可以克服 CTT 理论之不足。在 IRT 理论中，考生的语言水平不是单纯地以定长测验的总分笼统表示的，因为每个测验题目的难度、区分度和猜测度不同（a，b，c 参数不同），所以不同能力水平（θ）的考生答对每个测验题目的概率值也就不同，并且可以用下列公式进行估计。

$$P_i(\theta)=c_i+(1-c_i)\frac{1}{1+exp[1.7a_i(\theta-b_i)]}$$

在上述公式中，$P_i(\theta)$ 表示具备能力水平 θ 的被试在题目参数为 a_i、b_i 和 c_i 的题目上正确回答的概率。可见，同一个测验项目，不同能力水平的考生正确回答的概率不同，相同能力水平的考生回答 a_i、b_i 和 c_i 参数不同的题目的概率也不相同。由于在 IRT 中测验的难度参数不依赖于被试样本，所以，我们就可以借助计算机对被试的能力和项目参数分别进行估计，并将被试的能力值与项目的难度值转换到同一个量表上进行比较，同时将若干测验题目进行参数估计后建立题库（item pool，或 item bank）和进行等值处理。参数完备的测验题库是 CAT 考试设计的必要条件之一，因为 CAT 考试的主要优点就是“量体裁衣”，只有具备数量较大、参数完备的题库后，才能借助计算机技术参照被试的不同水平进行随机选择题目，以保证每个考生回答的测验题目的难度与其能力水平最接近，从而不必回答那些难度水平明显高于或低于其语言水平的题目。这样既提高了测验的效率，也确保了测验题目对不同被试水平的测量提供最大信息函数值（item information function），即提高测量的信度。

三、CAT 测试的基本过程

计算机自适应性考试的实施必须满足三个基本条件：一是事先必须建立一个容量较大的题库，并根据项目反应理论对每个测验题目进行参数估计和参数量表化处理（scaling），以保证题库具备适应测量不同语言水平被试的足够题量。二是成熟的计算机技术和网络信息技术的支持。三是采用优化的计算方法（algorithm）和操作程序，以保证考试过程中的即时能力估计和选题策略。目前，计算机科学和网络技术的发展已经足以满足 CAT 考试的实施条件，因此，决定 CAT 考试可行性的关键因素是题库建设、题库维护和能力估计的优化算法以及选题策略。根据国内外计算机自适应性考试的研究成果，CAT 语言测试的基本流程包括初测、实测和结果处理三个逻辑阶段（见图 5—3）。

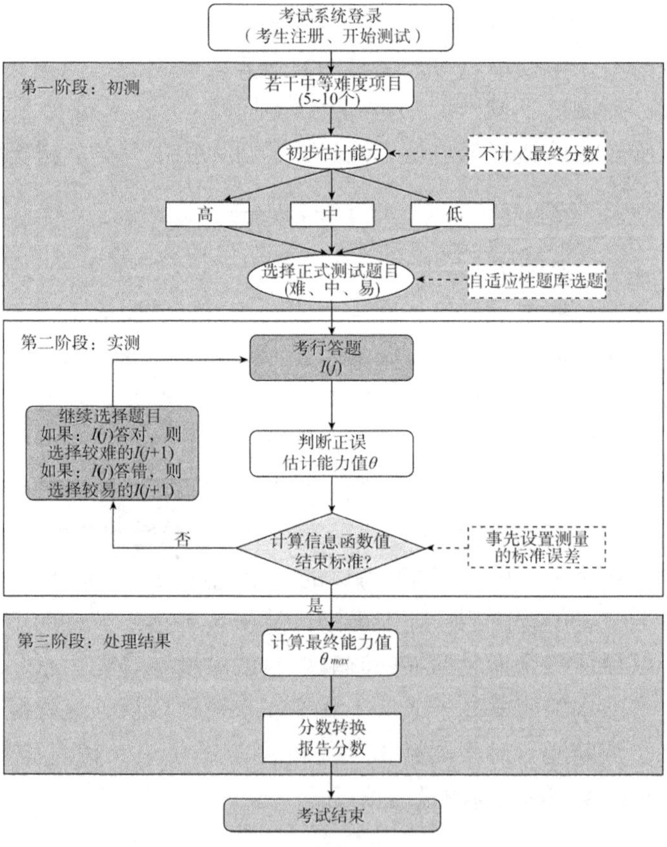

图 5—3　CAT 考试的逻辑过程

（一）初测阶段（piloting）

CAT考试的精髓就是针对不同水平的考生提供不同难度的测验题目，属于典型的裁缝式（tailored）测量方式。初测阶段的测量目的主要是对被试的语言水平进行初步的估计，以便判断正式考试阶段首先作答的题目的难度。在初测阶段，计算机首先从题库中随机抽取少量（5～10个）的中等难度的题目让被试作答，同时计算机系统通过期望能力法（EAP）或最大似然估计法（MLE）对被试的能力水平进行在线（on-line）估计，从而判断正式考试阶段对每一个被试第一次呈现的题目难度。这部分题目一般不计入考生最终能力水平的分数中。初测阶段的操作机制与眼科大夫根据国际标准视力表检查学生的裸眼视力时第一次选择辨别符号的方法一样。检查者首先让被试辨别几个代表中等视力的符号“E”，然后根据学生反应的正确情况再决定继续让被试辨别的视力符号的级别，这样不断循环，逐步逼近学生的真实视力水平后即可终止检查过程，从而可以在最短的时间内准确地判断被试的视力水平。

（二）实测阶段（formal administration）

CAT考试的实测阶段是考试的核心阶段。根据初测阶段的结果，计算机从题库中随机选择并呈现一个与被试初测水平难度最匹配的题目让被试回答，回答结束后，系统马上根据回答的结果判断下一个应该呈现的题目的难度，并计算测验的信息函数值是否达到了终止测验的标准。测验的信息函数值（information function）是反映测量准确性的关键指标，它是测验项目信息函数值的总和。项目信息函数值和测验信息函数值可以分别用以下公式进行估计。

$$I_i(\theta)=\frac{[P_i'(\theta)]^2}{P_i(\theta)\,Q_i(\theta)} \qquad \text{（项目信息函数值）}$$

$$I(\theta)=\sum_{i=1}^{N}\frac{[P_i'(\theta)]^2}{P_i(\theta)\cdot Q(\theta)} \qquad \text{（测验信息函数值）}$$

其中，$P_i'(\theta)$ 是 $P_i(\theta)$ 的一阶导数，$Q_i(\theta)=1-P_i(\theta)$，据此，我们可以得出满足信息函数值最大化的项目与能力值之间存在如下关系。

$$\theta_i{}^*=b_i+\frac{1}{D*a_i}\log_e{}^{0.5(1+\sqrt{1+8C_i})}$$

当 $C_i=0$ 时，在能力量表的 b_i 点上，题目 i 提供的信息量最大，即当被试的语言能力水平与项目的难度值相同时，项目对被试的测量准确性最高。所以，在选择下一个测验题目时，如果被试答对了项目 $I_{(j)}$，并且测验的信息函数值 $I(\theta)$

还没有达到终止测验的标准，那么系统就会继续给被试随机提供一个难度更高（b 值更大一点）的项目 $I_{(j+1)}$，如果被试答错了项目 $I_{(j)}$，系统则会为被试随机提供一个难度更低（b 值更小一点）的项目 $I_{(j+1)}$，并继续计算被试的反应结果和测验信息函数值，按照该过程不断循环，直到满足结束标准（达到预先设置的信度要求）后，实测阶段即告结束。结束标准通常以测验的标准误来估计，即用公式 $SE(\theta)=1/[I(\theta)]^{1/2}$ 来计算。

（三）处理结果（score transformation and report）

CAT 考试的最后阶段是在测验满足终止（end-up）条件后，首先对每个考生的能力估计值进行计算，然后进行分数转换，并给每个考生报告一个可以理解的标准分数（standardized score）和测量的标准误（信度值），最后宣布考试结束。

四、CAT 在阅读测验中的选题策略

阅读理解能力是一个人语言水平高低的重要标志，同时也是一种基本的社会文化技能（socio-cultural skills）。因此，国内外几乎所有的外语测试或第二语言测试都将阅读理解能力的测量作为考试的重要组成部分，而且基本上都是采用经典的篇章阅读测验方式对被试的阅读水平进行考查，即命题者首先选择若干适当长度的阅读材料（passages），然后针对每篇阅读材料命制适当数量的多项选择题（multiple-choice items）让考生回答（这些题目称为题束，item bundles，或题组，testlet），从而通过考生对测验题目的回答情况推断其阅读理解水平的高低。

这种测量方式与其他分离式间接测量方法相比具有独特的优势，它可以比较准确、全面地评价考生的综合阅读理解能力，具有较高的构想效度（construct validity），因此在未来一个相当长的时间内，教育测量领域还无法找到其他替代的测量方式。不过，CAT 考试中的即时能力估计和选题策略基本上都是以二分记分（dichotomous）模式的孤立测验项目为基础的，因此，在以 CAT 方式进行这种经典的阅读测验时，就必然会面对这样一个困境：基于同一篇阅读材料命制的题束内测验项目之间的难度并不相同，如果仅以题目的难度参数作为标准选择题目时，不同能力水平的考生必然需要回答不同的测验项目，同时还必须让被试阅读相同的阅读材料，否则考生就无法对测验的题目做出回答。然而，考生对同一个题束内不同题目的回答，并不能完全反映考生对同一篇阅读材料的整体理解水平。另外，如果两个考生分别正确回答了一个难度指数相同，但属于不同文章

的题目时，两者的阅读能力也不具有可比性。

所以，为了解决上述测量悖论，在以 CAT 方式对被试的阅读能力进行测量时，必须以整篇阅读材料为单位，而不是以其中的题目参数值为标准进行题目的适应性选择，否则在考试的可行性和能力的估计方面都会产生逻辑矛盾。目前，国外在实施计算机自适应性语言测试时，主要采用三种方法解决阅读测试的可行性问题：一是计算机考试和适应性考试的混合设计方式；二是篇章难度系数控制法；三是借助题组反应理论（TRT）的固定路径法（fixed branching routine）尝试解决上述问题，不过该方法仍处于理论探索阶段，目前还不能在 CAT 中进行实际应用。

（一）混合设计模式

在绝大多数语言测试中，为了保证测验的内容效度（content validity）和避免测验方法效应引起的构想无关变异（construct-irrelevant variance），测验题目主要以客观性测验方式为主。所以，在段落听力理解和阅读理解考试部分不得不采用题束方式。为了避免产生 CAT 考试中的上述选题陷阱，不少考试采用“CAT+CBT”混合设计的方式进行施测。这样一方面可以尽量发挥 CAT 的优势，同时又可以避免阅读测试中的题目选择困难。在考试开始阶段，首先对考生进行基于 CBT 的阅读理解定长测验，然后再进行其他客观性题目的 CAT 测试。这样，所有的考生必须在相同的考试时间内，阅读相同的阅读材料并回答相同的题目，然后计算机根据每个题目的参数，估计考生的能力和信息函数值。阅读理解测试结束后，再按照严格的 CAT 模式继续完成其他部分的测验。目前，“CBT+CAT”混合测量模式是国际语言测试的主流模式之一，其优点是效率高、可行性强，但缺点是两种测量模式的考试结果必须进行复杂的分数合成处理。

（二）篇章难度系数控制模式

篇章难度系数控制模式的 CAT 考试理论基础源自美国对英语阅读材料的易读度（readability）研究。1948 年美国哈佛大学的语言学家和心理学家 G. K. Zipf 在对大样本语料库（corpus）进行统计研究和语言变量分析的基础上，提出了书面语言表达中的最省力原则（principle of least effort），即任何作者在用自然语言写作时，都会潜意识地在不违反语言篇章组织原则的前提下，使用尽量简单的词汇和简单的句法表达期望表达的意思，这也是后来被称为齐普夫定律（Zipf's law）的精髓。齐普夫定律中的词频和句子复杂度是英语阅读材料易读度研究的基础。1995 年，Stenner 在齐普夫定律的基础上提出了蓝思文本难度计算公式

(text difficulty in Lexile)，并将其用于语言测试中阅读材料的难度估计。

Lexile difficulty$=582-386*mean\ [ln\ (WF)]+1768*ln\ [mean\ (SL)]$

该公式的基本含义是：文章的难度与文章中词频（WF）对数的平均值和平均句长（SL）（平均每个句子中的词汇数量）密切相关。词频越低、平均句长越长，文章的难度越高，即蓝思值越大；反之蓝思值越小。为了保证 CAT 语言测试中的阅读理解文章的选择具有理想的适应性，在建立题库时，不仅要根据 IRT 模型对题目的参数进行估计，而且还要对每篇文章的难度值 Lexile 和每篇文章后的题目数量进行计算和标注，从而在 CAT 考试的选题中根据考生的不同阅读水平，自动从题库中选择满足相应 Lexile 值的阅读材料让考生阅读。篇章难度系数控制模式的 CAT 阅读选题和测试过程包括三个阶段，分别是初测、正式施测和能力估计（见图 5—4）。

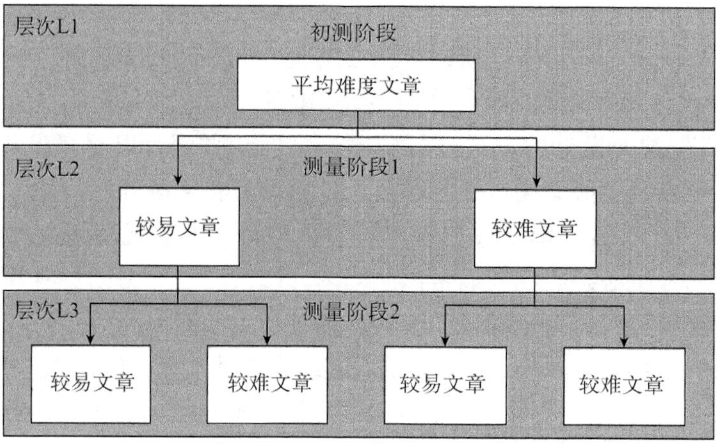

图 5—4　CAT 中阅读测试选题过程

在初测阶段，CAT 系统以题库中所有文章的平均难度值 Lexile 为基础，随机选择一篇文章对所有的考生进行施测，并根据考生对该文章后面题目的反应情况，用上文介绍的方法以测验项目为单位即时估计考生的能力值。然后根据考生的能力值的不同，再分别呈现较难或较容易的整篇文章而不是单个的测验项目让考生继续阅读。

正式考试阶段，在初测阶段阅读水平较低的考生将在第二阶段阅读若干篇难度较低的文章，而初测阶段阅读水平较高的考生则在第二阶段阅读若干篇难度较高的文章。在考生回答完每篇文章的所有题目后，CAT 系统马上估计每个考生的测验信息函数值，如果达到终止条件，考生的阅读测试即告结束；反之，考生将继续按上述步骤阅读相应难度的文章，直到满足终止条件。

在考生完成阅读测验以后，CAT系统将分别估计考生在阅读理解测验部分的能力值，经过分数横向连接（linking）转换和合成后，为考生提供最终的测验总分和分测验考试分数。

篇章难度系数控制模式的CAT阅读理解考试，是一个在充分考虑阅读材料难度基础上的选题方案。这种测试方法，不是简单地以测验项目的难度值为选题策略，而是充分考虑到文章本身的难度变量对文章和题目难度的影响因素，因而从理论上讲更符合语言学的客观事实。在具体的测量实践中，我们还可以根据测量精度的要求，将题库中所有的阅读材料按照蓝思值的大小进行分层组织，从而构造出更多的选题路径（Fulcher，2005），使CAT阅读理解测验的适应性更强，测量的信度和效度更高。

五、结束语

基于项目反应理论的计算机自适应性语言测试，可以提供个性化测量模式并确保测量具有更高的信度与效度，因而CAT考试是未来语言测试和教育测量发展的必然趋势。不过，由于分离式测验题目在考查学生的综合语言能力方面存在诸多不足，尽管采用综合性（integrative）、整体性（holistic）测验任务对考生语言能力进行评价的社会需求日益迫切，然而仅靠传统的CAT选题策略已无法满足对传统的阅读理解测验以及段落式（或长对话式）听力理解测验的考试要求，因而这在相当大的程度上限制了CAT考试模式在语言测试领域的推广和普及。所以，为了充分发挥CAT在语言测试中的各种优势，我们必须在对测验内容进行深入分析的基础上，采用科学的指标体系和灵活的选题方法才能满足对考生语言水平的自适应性测量。当代计算机科学和多媒体技术与项目反应理论的有机结合为CAT测量方法的实现奠定了基础，同时针对CAT考试中各种可行性问题的探索，特别是对阅读和听力测验中选题方式的探索也对语言测试研究人员和计算机科学设计人员提出了更高的技术和知识要求。在多级计分IRT模型（polytomous IRT）和题组反应理论（Testlet Response Theory，TRT）基于计算机自适应性考试的实践研究取得实质性进展以前，阅读理解测验的选题策略问题仍将是在CAT语言测试普及中我们必须面对的挑战。

第二节　汉语水平考试（HSK）考生信息资源库的建设与应用

一、引言

语言资源是一种重要的社会资源，是开展学术研究和开发语言经济的重要手段，特别是在语言测试领域产生和积累的各种考试资源、考生信息资源以及作文语料和口语语料等，一直是进行语言教学与研究的重要学术基础。为了充分地挖掘各种形式的语言资源，不少国家先后成立了若干专业化的语言资源开发组织或协会，致力于不同形式的语言资源的开发、保护、整理和利用。1992 年，美国宾夕法尼亚大学（Pennsylvania University）成立了国际上第一个语言资源联盟（Linguistic Data Consortium，LDC），其目的是建设、收集和发布各种形式的语言资源库，为语言信息处理领域的研究、教学和开发提供支持；1995 年，由欧洲若干国家在卢森堡（总部设在法国巴黎）成立了第一个非营利性欧洲语言资源协会（Europe Language Resources Association，ELRA）。该协会设立的初衷主要包括两个方面：其一是开发欧洲各国、各种形式的语言资源；其二是对各种语言资源工程进行评估，并向个人或机构提供语言资源研究服务（Maegaard 等，2005）。进入 21 世纪以后，对汉语资源的开发、保护、利用和研究也日益得到我国政界和学界的高度重视。2003 年，由中文信息学会语言资源建设和管理工作委员会发起，并由若干中文语言资源（包括文本、语音、文字等）建设和管理领域的科技工作者自愿成立了我国第一个中文语言资源联盟（Chinese Linguistic Data Consortium，CLDC）。中文语言资源联盟是我国第一个专注于建设能够代表当今中文信息处理国际水平的语言信息与知识库的学术性、公益性社会团体（陈建华，2010）。由此可见，针对各种形式的语言资源的深度开发、利用以及资源库的建设正在成为国内外学术界关注的焦点之一。

然而，受各种原因的影响，与高速发展的信息技术和网络技术相比，我国的语言资源开发和建设研究还相对滞后。针对诸如语言测试资源等具有高附加值的衍生性语言资源的开发和利用尚未引起足够的重视，特别是专项语言资源库的研究成果还十分匮乏，这在一定程度上影响了我国的语言教学研究水平以及语言信息化水平。比如，由于针对外语教学资源、对外汉语教学资源以及各种语言考试信息资源库的开发和建设明显不足，这不仅影响了我国语言经济的发展，而且也阻碍了语言研究的深度和广度，使得不少语言调查研究、语言教学研究和语言教育决策研究等因为缺乏相关语料和统计证据的支撑，从而导致实证研究的生态效度（ecological validity）不高。基于该考虑，本研究将以汉语水平考试（HSK）考生信息资源库的建设和开发为例，对语言测试中的考生信息库建设的原则、方法和过程以及资源库的应用价值进行初步探讨。

二、考生信息资源库建设的必要性

语言资源的开发和利用是语言信息化的出发点和最终归宿，作为语言资源的一个重要组成部分，第二语言测试资源的开发和利用水平不仅是国家语言资源开发水平的重要标志之一，同时也是第二语言教学与应用研究水平的反映。

在第二语言习得中，学习者的中介语（interlanguage）水平是有别于其母语和目的语的一个特殊系统（Ellis，1999），这种中介语水平也被称之为“过渡语言能力”（transitional competence）（Corder；1967，1971；Gass，2008，王建勤，2009）。过渡语言能力即学习者现实的心理规则系统，这种规则系统是学习者个体习得过程和教学过程共同作用的结果，并与学习者的个体特征信息密切相关。学习者的中介语水平或过渡语言能力，是第二语言水平测试的目标，同时也是语言教学与研究的主要对象，因此，以考生的习得背景信息、生物描述信息（bio-data）和应试动机与目的为主要内容的考生信息资源，是语言测试研究和语言教学研究的共同接口（interfaces）。所以，对考生的各种背景信息、应试信息以及应试策略信息的开发，特别是对考生信息资源数据库的建设与开发，对于语言测试和教学资源的整合、利用等具有重要的学术价值和经济价值。

中国汉语水平考试（HSK）是为测试母语非汉语者（外国人、华侨和中国少数民族考生）的汉语水平而研发的国家级标准化考试，HSK 是对留学生汉语水平进行评价的重要工具，同时也是对外汉语教学研究和教育决策研究的基本依据。近年来，随着全球孔子学院教学模式和汉语国际推广形势的迅猛发展，在国内外参加 HSK 考试的留学生人数不断增加，截至 2012 年，累计已有超过 180 多个国家的 200 多万名考生参加了各种级别的 HSK 考试，因此我们不仅积累了各种形式的语料资源和考试资源，而且还积累了大量的以考生背景描述为主要内容的考生信息资源。充分整理、挖掘和利用 HSK 考试的各种考生信息资源，开发并建设一个规模较大、信息完整和使用便捷的共享性考生信息资源库，是语言测试资源开发和建设的一个重要组成部分，在对外汉语教学的学术研究、语言认知规律研究和考试效度的实证研究等方面具有不可忽视的应用价值。

2008 年，为了提高我国对外汉语理论研究、汉语教学研究的信息化水平，充分开发和利用中国汉语水平考试（HSK）的考生信息资源，北京语言大学在充分调研和专家论证的基础上，正式启动了“HSK 考生信息资源库”的开发和建设工作。期望通过“HSK 考生信息资源库”的建设，为我国汉语测试的信度、效度研究，对外汉语教学领域的学习规律研究，留学生汉语入学资格决策研究等提供充分的保障。

三、HSK 考生信息资源库的建设

汉语考试资源库建设的主要目的是服务于对外汉语教学和语言测试研究领域的专业研究人员，它属于专业性语言资源库建设和开发的范畴。根据考试资源的内容性质、服务对象、开放程度和共享范围的不同，汉语水平考试（HSK）的考试信息资源由四个部分组成，即考试宣传资源、考试服务资源、考试数据资源和考生信息资源（见图 5—5）。因此，HSK 考生信息资源库是中国汉语水平考试资源仓库的一个重要组成部分，同时也是对其他考试资源进行次级开发（secondary development）和充分利用的基础。

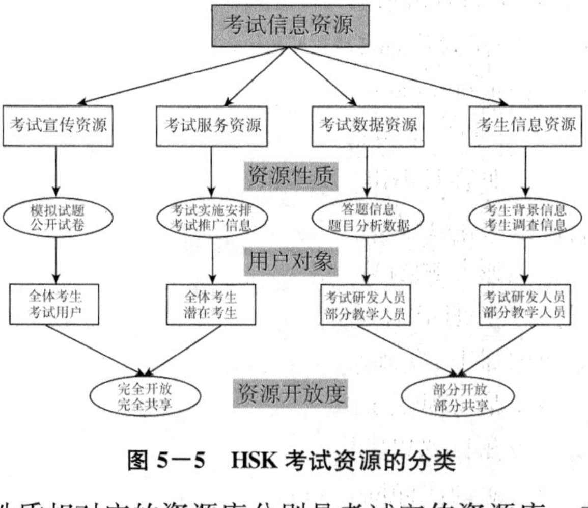

图 5—5 HSK 考试资源的分类

与考试资源性质相对应的资源库分别是考试宣传资源库、考试服务资源库、考试数据资源库和考生信息资源库。其中，考试宣传资源库和考试服务资源库的服务对象是希望了解中国汉语水平考试范式和考试安排的所有汉语教师和潜在考生，因此考试宣传资源库和考试服务资源库属于完全开放和完全共享的数据库。考试宣传资源是由考试开发机构提供的非交互式、静态资源（static resources），而考试服务资源的内容则属于动态资源（dynamic resources）。考试数据资源库是在考试过程中，考生为了完成答题任务而产生的各种考试内部信息所构成的表现型资源（performance data），比如考生的客观题选择信息、作文语料、口语表达语料以及评分阅卷过程中的题目分析数据和其他衍生资源等。HSK 考生信息资源库则是由考生的各种背景信息和拓展调查信息（extended data）共同构成的为考试研究而专门建设的信息资源库。HSK 考生信息资源库是对考试内容资源库进行深度语言学研究、考试科学研究的基础，它与其他资源库之间的关联性最强，因此，为了充分发挥相关考试资源库的使用效益和应用价值，HSK 考生信息资源库的建设必须遵循专业性信息资源库建设的原则、方法和过程。

（一）HSK 考生信息资源库建设的原则

1. 开放性（openness）

HSK 考生信息资源库建设的开放性有两层含义，一是指信息资源库对用户的开放度问题，二是指信息资源库的动态追加性和累积性。HSK 考生信息资源库建设的宗旨是为考试研究人员、对外汉语教师和教育行政主管部门的研究提供素材和服务的，因此，HSK 考生信息资源库的建设必须在需求分析（need analysis）的基础上以开放性为原则。另外，考试本身是一个具有较强稳定性和持续性的教育测量活动，每次考试的对象不同，考试的具体题目也不相同，因此所产生的考生信息资源的内容也不一样，所以，HSK 考生信息资源库的建设必须遵循开放性原则。

2. 针对性（pertinence）

所谓语言信息资源库的针对性就是指信息资源库的建设与语言研究和资源应用的关联程度。Itai 和 Wintner（2008）经过调查研究认为：很多应用语言学理论问题一直无法得到解决的重要原因之一就是因为缺乏具有较强针对性的语言资源库的支持。专业性语言资源库的建设是提高语言资源应用意识的重要途径，因此，HSK 考生信息资源库的建设应该以汉语理论研究、语言测试研究、对外汉语教学研究以及国家汉语教学政策研究作为导向。

3. 前瞻性（prospective）

语言资源库建设的前瞻性主要是指资源库的建设应该充分地考虑到未来的应

用前景和潜在的开发价值，而不仅仅停留在资源的局部利用和即时应用价值方面。特别是专项语言资源库的开发建设更不能以原始资料（raw data）的简单累计为目的，而是以对原始资源的初级开发（Primary development）和深度挖掘为最终目标（Witt 等，2009）。所以，HSK 考生信息资源库的建设应该以未来的研究趋势和用户的潜在需求为原则。

4. 协作性（interoperability）

语言资源库的协作性是反映若干关联资源库之间信息交换、信息共享和协同作用水平高低的重要属性（Witt 等，2009），是评价项目型（item-based）专项语言资源库应用价值高低的重要标准之一。因为专项语言资源库建设的目的不仅仅是为了语言资料的保存或存档（documentation），而是以资源库中的信息项目作为参照进一步发挥相关资源库的研究作用，并提高关联资源库之间的协同研究价值为目标。实现协作性的前提是在若干专项资源库之间设置具有相同指代对象的关键性共享字段，保证专项语言资源库之间信息交流的开放性。HSK 考生信息资源库是其他相关资源库应用的引擎，为了充分发挥相关资源库的研究价值，我们通过对各项 HSK 资源库进行逻辑分析和需求分析后，设置若干链接不同资源库的共享字段，从而保证与 HSK 研究和汉语教学研究相关的资源库之间具有较高的协作性。

（二）HSK 考生信息资源库的建设

根据语言资源内容的结构属性不同，语言资源可以分为篇章型（text-based）语言资源、项目型（item-based）语言资源和实体型（ontological）语言资源等（Bebell 等，2004）；从库际关系和资源更新的程度来看，语言资源可以分为静态语言资源（static language resources）和动态语言资源（dynamic language resources）两种；根据语言资源加工的程度不同，语言资源可以分为解释性语言资源和非解释性语言资源（interpretative versus non-interpretative）。不同类型的语言资源库的建设方法和过程不同，HSK 考生信息资源库属于动态、项目型、非解释性资源库，其建设过程包括资源库的结构设计、资源调查和数据采集三个阶段（见图 5—6）。

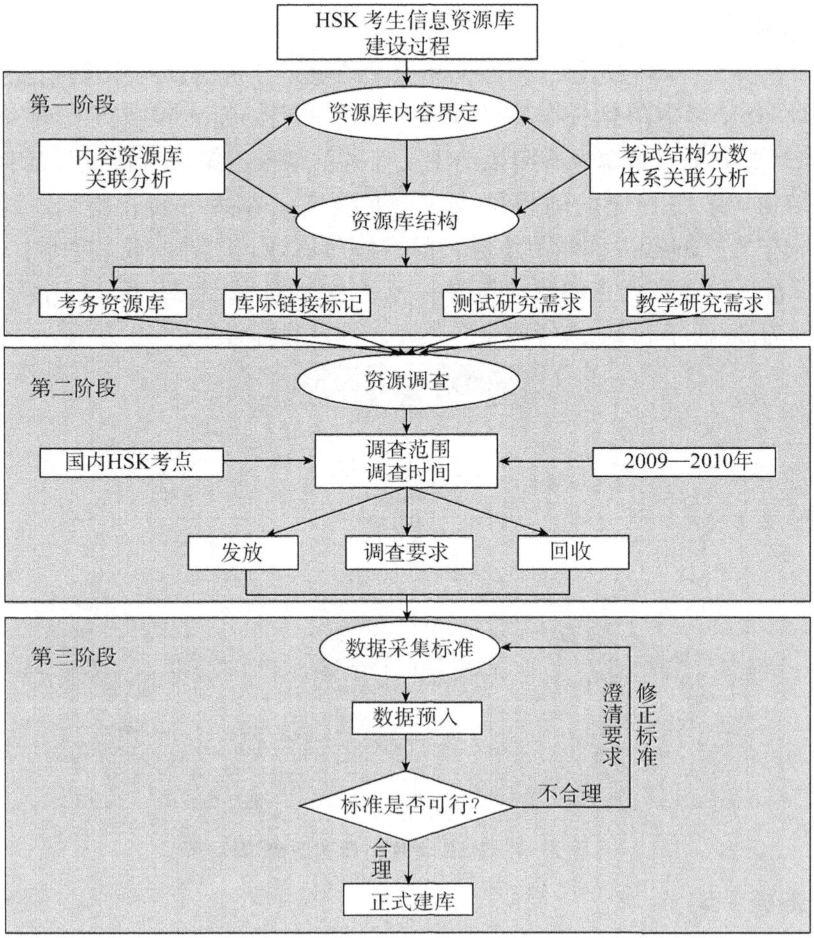

图 5—6 HSK 考生信息资源库建设示意图

1. 设计阶段

HSK 考生信息资源库建设的关键环节是基于应用需求和维度分析（dimension analysis）的结构设计。为了确保所开发的信息资源库具有较高的互用价值，考生信息资源库开发的第一阶段必须首先对信息资源库与汉语水平考试的分数体系、考试内容以及考试数据资源库等进行关联分析（relevance analysis），同时还要兼顾对外汉语教学体系和教学理论研究的需要，在此基础上确定合理的资源库结构，并设计准确的字段信息和具有库际共享意义的关键字段，从而为信息资源内容的调查和应用提供操作架构（architecture）。HSK 考生信息资源库的内容分为三个维度，即考生背景信息、应试调查信息和考生对汉语学习和考试内容的评价信息等（见图 5—7）。

2. 资源调查

为了获得大样本和足够丰富的考生背景信息、评价信息和多维度语言习得信息，针对 HSK 考生信息资源库的建设，我们采用的是大规模问卷调查（questionnaire）的方法。资源调查阶段的主要任务就是根据第一阶段设计的信息库的内容和结构，编制相应的问卷调查表，并确定调查的时间和范围，同时针对 HSK（初中等）的考生目标团体进行问卷填写培训、问卷发放和回收。HSK 考生信息资源库建设和调查的范围是国内 38 个城市的 52 个 HSK（初中等）考点，调查时间为 2009 年和 2010 年两个自然年，涉及目标考生近 10 万人。

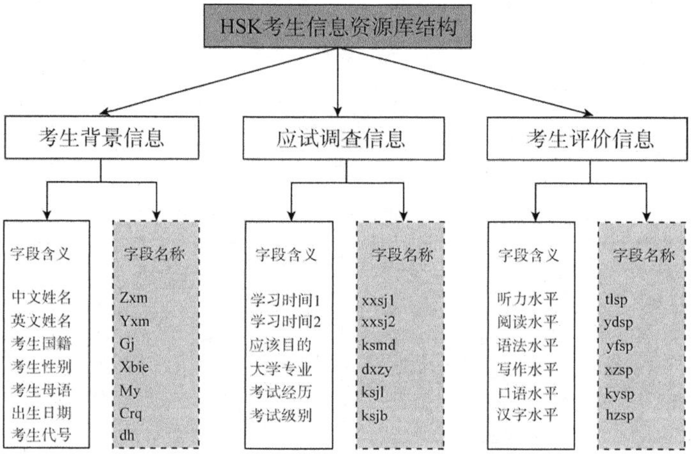

图 5—7　HSK 考生信息资源库结构

3. 数据采集

数据采集是资源库建设的关键环节，数据采集阶段包括录入标准的制定、信息的编码和数据的标准化。数据录入标准化水平的高低将直接影响资源库的检索和应用效果，为了降低信息条目的理解歧义度，确保数据加工和输入的标准化、规范化，我们首先邀请专业人员编制统一的录入标准和编码规则，然后通过试录过程检验录入标准和编码规则是否可行，如果可行，数据采集工作将正式展开，否则，对录入标准和编码规则进行修改或澄清，最后再正式开始资源库的数据采集工作。

四、HSK 考生信息资源库的基本情况

按照上述过程，经过两年的建设和完善，我们最终获得了国内第一个包含各种原始信息和具有次级开发价值的大规模、项目型 HSK 考生信息资源库。为了

方便国内对外汉语研究人员基于该信息资源展开相关的应用研究，我们对 HSK 考生信息资源库的基本情况进行了初步统计。

（一）HSK 考生信息资源库的元信息

语言资源库的元信息（metadata）就是关于资源库本身的信息。元信息是信息资源库应用的指南和索引，也是引导语言资源应用研究的基础。HSK 考生信息资源库包括 80 523 条记录，每条记录包括 28 个内部字段，每一条记录对应一个考生。按照资源库中的共享字段，可以将 HSK 考生信息资源库与其他考试内容资源库进行关联检索，从而对语言测试和语言习得规律进行专题研究（资源库的基本情况见表 5－1）。

表 5－1　　HSK 考生信息资源库的基本情况

项目 年度	国家数	母语数	人数		平均年龄		数据库总人数
			男	女	男	女	
2009	173	113	21 351	22 438	23.50	22.50	43 789
2010	176	116	17 781	18 953	23.00	22.10	36 734
合　计			39 132	41 391			80 523

（二）HSK 考生的考试成绩

考试成绩是考生汉语水平高低的标志，同时也是汉语教学质量和学生习得效果的反映。根据我们对 HSK 考生信息资源库的初步分析，可以获得 80 523 名考生按性别在听力理解、语法结构、阅读理解和综合填空以及总分上的平均成绩（见表 5－2）。从男、女考生的 HSK 平均成绩来看，女生在听力理解、语法结构、阅读理解、综合填空和总分上的平均成绩全部略高于男生的平均成绩。基于 HSK 考生信息资源库的这一初步统计结果，为对外汉语教学研究的理论推断提供了实证证据。

表 5－2　　HSK 考生考试成绩基本情况

		听力理解		语法结构		阅读理解		综合填空		总分	
年份	成绩	男	女	男	女	男	女	男	女	男	女
2009	原始分	28.2	30.3	16.1	17.2	26.8	28.8	19.5	21.5	90.6	98.2
	标准分	58.5	62.0	57.2	61.0	60.8	64.6	55.5	60.5	233.1	249.1
2010	原始分	28.2	30.1	16.3	17.7	27.0	29.1	19.2	21.4	90.7	98.3
	标准分	58.6	62.1	58.1	62.6	59.4	63.7	55.2	59.7	232.1	248.5

（三）HSK 考生应试动机信息

任何考生报考 HSK 考试，都是在一定的内部动机或外部动机支配下的行为，有些考生的应试动机属于工具型动机（instrumental motivation），有些考生的报考目的则属于融入型动机（integration motivation）。应试动机、学习动机和第二语言习得效率之间存在着相当复杂的关系（Ellis，1999），也是对外汉语教师和语言测试研究人员一直感兴趣的问题。为了考察留学生的 HSK 应试动机与汉语习得效率之间的关系，为 HSK 考试成绩的应用提供决策参考，我们将考生的 HSK 应试动机纳入了 HSK 考生信息资源库的采集范围（统计结果见表 5－3）。

表 5－3　　考生信息调查问题与结果

男性考生 N＝39 132	应试动机调查内容	女性考生 N＝41 391
13 271（16.48％）	A. 申请进入中国大学学习	9 312（11.56％）
1 530（1.90％）	B. 申请进入自己国家的大学学习	2 416（3.00％）
4 445（5.52％）	C. 申请获得母语国家的大学学分	5 749（7.14％）
467（0.58％）	D. 申请进入其他国家的大学学习	427（0.53％）
2 706（3.36％）	E. 在中国找工作	2 432（3.02％）
2 134（2.65％）	F. 在考生自己的国家找工作	3 978（4.94％）
362（0.45％）	G. 在其他国家找工作	419（0.52％）
12 816（15.92％）	H. 了解自己的汉语水平	15 635（19.42％）
1 401（1.74％）	I. 其他目的	1 023（1.27％）

对考生 HSK 应试动机的调查实际上是按照学业需要（选项 A、B、C、D）、就业需要（选项 E、F、G）和非功利性需求（选项 H、I）三个维度进行的。通过对 HSK 考生信息资源库应试目的的分析我们不难发现：无论男性考生还是女性考生，考生报考 HSK 的动机主要是由学业需求（academic requirements）所驱动的，考生选择 A、B、C、D 四个选项的比例高达 46.71％；另外，选择“了解自己的汉语水平”选项的考生人数所占的比例也达到 35.34％，而且报考 HSK 的目的倾向与性别基本无关。可见，外国留学生参加 HSK 考试的目的与考生追求获得更高层次的教育机会密切相关（见图 5－8），这一统计结论对 HSK 考试用途的定位、内容的调整和招生政策的制定等均具有较高的参考价值。

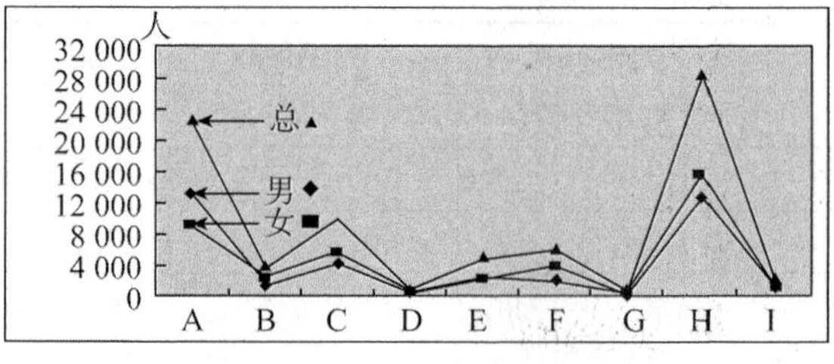

图 5－8　考生应试动机分布图

五、HSK 考生信息资源库的应用

HSK 考生信息资源库是国内第一个针对留学生的大规模语言测试专业资源数据库，其中包含着丰富的研究信息。这些研究信息与留学生的汉语习得时间、习得方式、使用教材等其他变量结合在一起可以进行深入的汉语教学研究；基于考生的测验表现可以对考试本身的信度和效度进行研究，也可以针对考生的学业表现和 HSK 考试成绩的统计分析制定相关的留学生录取决策、分班决策和招工录用标准等。我们把 HSK 考生信息资源库的应用范围归纳为三个基本方面，即语言测试研究、语言教学和学生学习研究以及教育决策研究等（见图 5—9）。

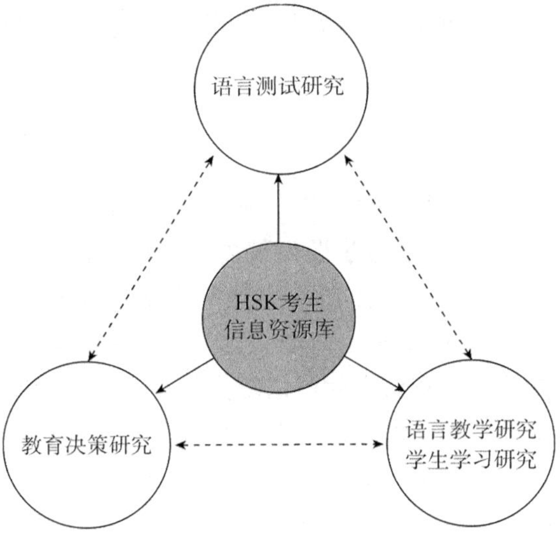

图 5—9 HSK 考生信息资源库的应用

（一）语言测试研究

任何语言测试都是为了测量某一特定考生团体的某一方面语言能力、水平、知识或成就而设计的，考试本身的信度和效度如何，测验内容对不同背景的考生亚团体（subgroups）是否具有公平性等问题是评价考试质量高低的重要证据。汉语测试的理论研究和实证研究是 HSK 考生信息资源库开发和建设的直接动因之一，因此，基于 HSK 考生信息资源库可以针对汉语水平考试（HSK）进行如下研究：（1）针对母语、年龄、性别等不同背景的考生进行测验信度和效度的跨样本一致性检验；（2）针对不同汉语习得背景、学业背景和学习方式的考生进行测验内容的公平性（fairness）检验；（3）针对不同考生亚团体进行测验题目指标的评价，考查题目的难度、区分度、猜测度等指标对样本的依赖性程度。

（二）汉语教学和学习研究

语言测试的设计理念是不同语言能力和教学理论的反映，测试的模式和内容对语言教学具有一定的反拨效应（washback effects），因此，第二语言测试和第二语言教学之间存在若干研究接口（Bachman，1998；Shohamy，1998，2000），以 HSK 考生信息资源库为平台，可以开展如下各种形式的汉语教学研究：（1）对留学生汉语习得顺序进行研究；（2）以汉语习得时长（duration of acquisition）为控制变量，对汉语教学方式、教学效率等进行比较研究；（3）对汉语教学内容进行诊断性（diagnostic）评价；（4）根据不同考生团体的考试表现，对汉语教材的编写提供参考依据。

（三）教育决策研究

留学生的汉语教学组织和管理工作，是我国对外汉语教育体系的一个重要组成部分，HSK 考生信息资源库的建设不仅可以在语言测试研究、教学研究中发挥重要的作用，而且在对外汉语教育的决策研究中可以发挥如下作用：（1）以 HSK 考生信息资源库的统计指标为基础，为留学生的汉语入学分班、专业入学标准的制定提供依据；（2）对留学生汉语能力标准的制定提供参考；（3）为汉语教学评估、语言教学政策的调整和职业晋升标准的设置提供决策平台；（4）以考生的汉语习得时长、习得方式（mode of acquisition）为控制变量，考察留学生的汉语习得起始年龄（onset of age）因素对语音、词汇、语法和汉字习得速度的影响模式，验证第二语言习得关键期假设（critical period hypothesis）在留学生汉语习得中的有效程度，从而为留学生汉语教学政策的制定和不同语言模块的最佳教学时机选择提供实证参考。

六、结束语

语言资源的开发和建设是一个国家语言研究水平高低的基本体现，同时也是保障应用语言学学术研究、教育教学研究和考试质量监控与改进的重要依据。语言资源的范畴十分广泛，既包括世界各国家、各民族曾经使用和尚在使用的各种语言工具系统，也包括某一自然语言使用群体在语言使用基础上产生、形成的衍生语言资源。汉语水平考试（HSK）的考生信息资源就是关于外国留学生汉语学习者的一种重要汉语衍生资源，是汉语语言资源的一个重要组成部分。如何充分挖掘和利用汉语水平考试（HSK）的各种衍生资源，为汉语教学和语言理论研究提供素材一直是我们迫切需要解决的难题。HSK 考生信息资源库的开发和建设，不仅可以满足国内汉语理论研究的需求，而且还可以在考生信息资源库的基础上对汉语水平考试的信度和效度进行评价，对汉语作为第二语言的教学要素进行对比研究，同时还可以在语言要素、语言教学和语言教育决策之间进行各种接口式实证研究。

第三节 汉语水平考试（HSK）远程 CAT 阅读测试模式研究

随着计算机科学和互联网技术的日益普及与发展，以项目反应理论（IRT）为基础的计算机自适应性考试（CAT）正在成为远程教育测量的重要手段之一。不过，CAT 测量模式在语言测试，特别是在经典阅读理解测试中的应用一直受到题库（item pool）参数结构和计算机自动选题操作机制的限制。本节在对 CAT 测量原理和核心技术进行考察的基础上，专门就中国汉语水平考试（HSK）在计算机自适应性阅读理解测验的实现过程中存在的问题进行了考察，并提出了以文本属性参数为标准的 HSK 远程计算机自适应性考试的设计理念。

一、引言

基于项目反应理论（Item Response Theory，简称 IRT）的计算机自适应性语言测试，由于在测量信度（reliability）、测量效率和考试安全性等方面比传统的纸笔测验具有更大的优势（Jamieson，2005），因此针对计算机自适应性语言测试的理论和实践问题正成为远程教育测量模式研究的热点。为了推广基于国际互联网的远程教育测量模式，为全球考生提供便捷的考试方式，美国教育测量服务中心（ETS）开发的英语作为外语的语言水平测试（TOEFL）已经于 2005 年正式推出了网络版 TOEFL 测量模式（TOEFL iBT）（Fulcher，2010）。全国大学英语四、六级（CET）考试委员会也从 2008 年开始进行了若干次远程网络考试的实验研究，为全面实现 CET 考试的远程化、网络化和自适应性考试模式奠定了基础。

中国汉语水平考试（HSK）是为测试母语非汉语者（主要是外国人和海外华侨考生）的汉语水平而设计的国家级标准化考试。随着全球孔子学院教学模式和汉语国际推广形势的迅猛发展，参加 HSK 考试的考生人数不断增加。截至 2012 年，HSK 已经在全球超过 95 个国家设立了近 400 个考点（见表 5—4），考生人数已累计超过 200 万。HSK 具有考试规模大、考点分布广和考生来源国家较多以及考生的母语背景多元化的显著特点。为了提高 HSK 考试的信息化水平，给国内外考点的考生提供个性化的服务模式，从 2010 年开始，HSK 已经在美国、加拿大等国以及国内的部分考点采用了纸笔测试（Paper-and-Pencil Testing）和计算机测试两种并行的模式进行施测，考生可以根据自己的实际需求选择报考任何一种测量形式。每年已有几万名考生在世界各国通过国际互联网和计算机终端完成了远程 HSK 测试，在相当大的程度上提高了测量、评分和分数报告的效率，并为大规模远程自适应性测量系统的开发、推广和普及积累了丰富的研究成果和实践经验。

表 5—4　　HSK 海外考点基本情况

	亚洲	欧洲	美洲	非洲	大洋洲	合计
国家（地区）数	28	33	13	18	3	95
考点数	115	129	109	25	13	391

注：中国考点的数量（不包括港澳台地区）未计入亚洲统计中。

然而，从测量的理论基础和计算机操作的逻辑过程来看，无论是基于 Internet 的网络版 TOEFL 考试还是 HSK 考试都不是真正意义上的完全计算机自适应性考试（Sawaki，Stricker & Oranje，2008；唐进，2011）。TOEFL 远程考试没有完全实现计算机自适应性考试的主要原因有两个：其一是出于题库维护成本和考试的安全性考虑；其二主要是因为部分考试内容，特别是阅读理解测试部分的考试题目在计算机自适性选题参数和智能选题过程方面还存在诸多制约（Ockey，2009）。对于 HSK 的远程网络考试而言，网络版 HSK 仍然是以经典测量理论（CTT）为基础的纸笔测量模式的平行迁移。同样，大学英语（CET）考试尚未完全采用 CAT 考试的重要原因除了考试规模、远程技术、网速和考试安全等方面的因素以外，也是因为在阅读理解测验的选题标准和参数体系方面尚存在一定的制约因素。由此可见，阅读理解测验中的智能选题方法和参数标准的确定问题，已经成为国内外大规模远程自适应性语言测试模式推广与应用中必须面对的最大挑战之一（Chalhoub-Deville & Deville，1999；蔡旻君，2010）。基于上述考虑，本研究将首先对计算机自适应性远程语言测试原理进行简要的介绍，然后参照国外的最新研究成果，介绍以文本属性参数为标准代替项目属性参数作为计算机自适应性考试的操作模式，以期为未来中国汉语水平考试（HSK）和国内其他语言测试在阅读理解测验的远程 CAT 系统设计和开发过程中提供借鉴。

二、远程 CAT 语言测试的基本原理

远程计算机自适应性测试（Computer-Adaptive Testing，CAT）与基于计算机的考试（Computer-Based Testing，CBT）是当代计算机科学和互联网技术相结合在远程教育测量模式中的两种重要考试方式（李建珍，2006；Rover，2010）。其中，CBT 考试是传统的纸笔测试方式（PPT）向网络化和远程化考试的平行迁移，其实施的远程技术要求和题目的呈现方式已经相对比较成熟，因而 CBT 在提高测验效率、完善考试内容和分数处理自动化等方面均具有纸笔测试无法比拟的优势，而且其实际应用和普及的范围要比 CAT 模式更加广泛。而 CAT 考试与 CBT 考试相比最大的优点在于：CAT 考试可以更充分地利用当代计算机科学和互联网技术，以项目反应理论（IRT）为基础设计自适应性考试系统（CAT System），并为全球各地的考生提供“因材施考，按需施测”的个性化测量模式，在测量的科学性、测量误差控制等方面具有独特的优势，因而也是未来远程语言测试模式的主流发展方向。

（一）CAT 测试的原理

所谓远程 CAT 语言测试，就是以现代教育测量理论为基础，充分利用计算机科学和互联网技术进行远程考试组织和施测的方式。CAT 考试过程中，系统可以根据考生语言水平的不同自动从统一的题库（item pool）中选择题目并进行个性化远程测量。尽管 CAT 测量模式既可以采用非远程、单机测验形式，也可以借助互联网进行远程考试方式，但由于受题库的物理存储、安全和更新方面的限制，我们不可能在每次考试以前分别为每一个考生或部分考生预装一个相同的题库，特别是对于考试规模巨大、考点分布的时空距离较远的全球性语言测试而言更是如此，比如汉语水平考试（HSK）、TOEFL 等。因此，计算机自适应性考试（CAT）只有采用远程测量模式才能充分发挥其优势。远程 CBT 考试与远程 CAT 考试的本质区别在于：前者仍属于定长、定时测验，测试过程和测试内容不具备任何自适应性特征（adaptability），即所有的考生无论其语言水平差异

有多大都必须在规定的时间内完成相同的测验题目（Sasaki，2001；杨建原，柏桧，赵守盈，2012；简小珠，张敏强，彭春姝，2011）。而 CAT 考试则是一个根据考生语言水平不同可以自动进行智能化选题的考试技术，因而考生在测验中只需回答与自己语言水平相当的题目即可，一旦测验满足既定的误差控制要求，系统将自动终止对该考生的测量过程，并提供在线分数报告。远程 CAT 测量系统的设计必须以远程教育信息技术和项目反应理论为先决条件（prerequisite），并以题库、考生信息管理数据库为基础，实现远程考试中心和远程考生终端的集成化管理（见图 5—10）。与传统的纸笔测试模式相比，远程 CAT 语言测试模式具有如下明显的优势。

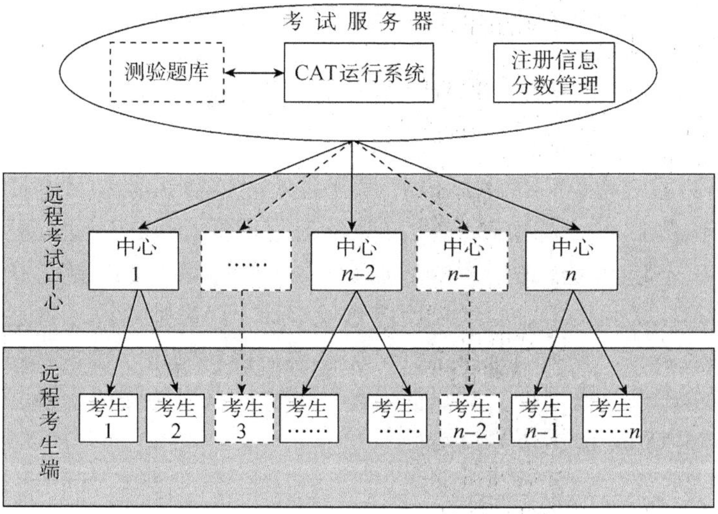

图 5—10　远程 CAT 语言测试组织示意图

1. 考试安排具有高度的灵活性

现代网络技术和计算机科学的发展可以使 CAT 测量模式根据全球不同考点或不同考生的要求随时提供远程测试，而不必像传统的纸笔测验那样采用全球、全国统一的考试时间，考试安排（scheduling）更加灵活，并将考试对不同时区考生的时空限制降低到最低限度，因而考试的次数和时间安排也更符合考点和考生的实际需求。

2. 测试的过程更富有人性化

由于远程 CAT 语言测试模式采用的是自适应性选题技术，因此系统可以根据考生语言水平的不同自动选择最接近考生语言能力的题目进行测量，而不必让考生回答难度水平已经明显高于或明显低于自己语言水平的题目。这样，一方面有效地缩短了考试时间，提高了考试效率，另一方面也提高了测量的准确性，考试过程更符合个性化和人性化要求。

3. 测试的标准化程度更高

由于远程 CAT 测量模式完全由计算机系统控制，考试的指令更加明确、规范和统一，考试的程序完全相同，从而避免了在传统的纸笔测试中因试卷印刷、监考行为和指令发布等方面存在的无关因素对测量结果产生的干扰。

4. 测验的内容效度更高

在传统的纸笔测试方式中，由于受测验题目呈现方式的限制，语言测试的内容或题目经常因为脱离目标语言应用情景（target language use situation）而导致测验任务缺乏真实性（authenticity），从而影响了测验的内容效度。而远程 CAT 语言测试方法则可以充分地利用多媒体（multimedia）技术设计更加丰富和真实的考试内容，不仅可以提高测验任务的互动程度（interaction），而且还可以提高测验的构想效度（construct validity）（Alderson，2000；Yang，2011）。

5. 分数处理效率高

远程 CAT 考试不仅可以对考生的表现情况进行在线（on-line）评分，还可以针对考生的测验表现提供丰富的评价信息，因而测量模式更符合现代语言教学和语言测试的认知诊断性（diagnostic）发展趋势。另一方面，评分过程比较客观，分数处理准确性更高，因而考试结束后，考生可以马上获得一个标准的分数报告（score report）。

除此以外，远程 CAT 语言测试在题库的存储、维护、等值、更新、激发考生动机以及确保考试安全性等方面也具有纸笔测验所不具备的诸多优点。

（二）远程 CAT 语言测试的题库建设

远程计算机自适应性语言测试系统的开发必须经过两个阶段。第一阶段是题库的建设，第二阶段是基于题库的远程 CAT 系统设计。所谓题库就是大量测验题目的集合，而且其中的每个测验题目都必须被标注完整的参数体系（parameter system）。参数的估计是在对目标被试进行大样本实测或预测基础上获得的。如果题库中的题目没有完整的描述性参数（比如难度、区分度和猜测度）指标，那么远程 CAT 测试系统的适应性逻辑过程就无法实现（熊春明，2006），所以，题库建设是实现 CAT 测验方式的必要条件。题库的建设包括三个基本步骤（见图 5—11）。

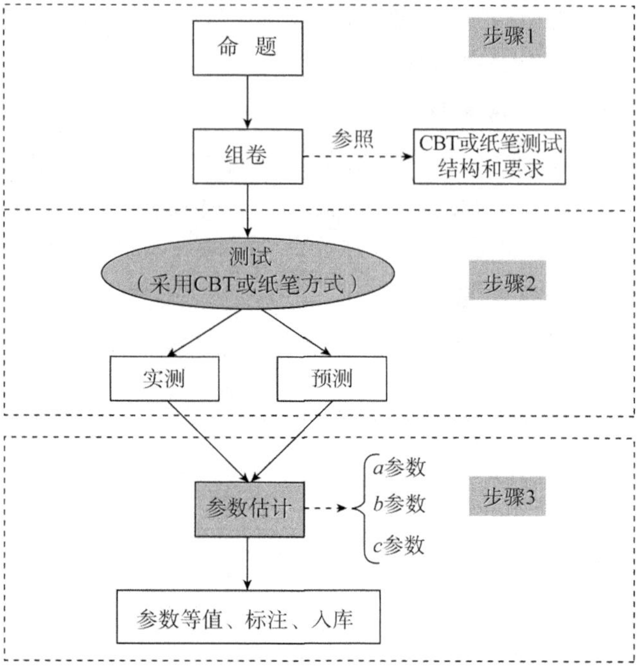

图 5—11 CAT 测试题库建设过程

1. 命题与组卷

命题不仅是纸笔测验方式的核心工作，同时也是题库建设的必要条件。题库的基本单位是试题（items），试题的质量将直接影响题库的性能。所以，命题工作必须要在专业命题人员的指导下，由专职汉语教师参照测试的目的和内容，严格按照测验细目表（specifications）的要求进行命题。在题目编写结束以后，为了在测试基础上获得测验题目的参数指标，首先要进行组卷工作（assembly）。组卷的过程应参照拟采用的 CBT 测量模式或纸笔测量模式的要求编制标准的定长测验（fixed form test），以便对目标考生进行团体施测。

2. 测试

在命题和组卷工作完成以后，再选择目标考生进行实测或预测，以便获得估计题目参数所需要的基本数据。实测是指以 CBT 或 PPT（纸笔测试）方式对考生进行的正式测量过程，考试结束后在为考生提供标准成绩报告的同时，还要根据预先选择的 IRT 模型继续估计题目的参数，并将参数指标符合要求的题目全部保存在题库中，以便为进一步开发 CAT 考试体统提供测量基础；预测（pre-test）则是为了积累题库中的题目数量或获得题目参数而对部分考生进行的一种实验性测试。题库的规模只有在不断积累纸笔测试或 CBT 测试题目的基础上才能达到一定的数量要求。如果题库内测验题目的数量太少，那么在远程 CAT 测试中的题目曝光率（item exposure）就无法控制，题目指标的分布就会不均衡，因而也就无法满足大规模施测时对不同水平考生的适应性测量要求（Douglas & Hegelheimer，2007）。

3. 参数估计与等值

题库不同于“卷库”，它不是测验题目的简单积累或追加。题库中的题目必须具备完整的描述参数，否则系统就无法针对不同语言能力的考生从题库中自动选择适应性题目。所以，在纸笔测试和 CBT 测试结束以后，必须基于适当参数的 IRT 模型，借助计算机对每个测验题目的区分度（*a* 参数）、难度（*b* 参数）和猜测度（*c* 参数）等进行参数估计和标注，以便为远程 CAT 语言考试系统的实现提供智能化选题标准和进行能力估计的参数体系。在所有测验题目的参数估计结束以后，还要对题目的参数进行等值化处理（equating），以便将它们统一到同一个单位系统上，从而确保题目参数的稳定性、准确性和可比较性。

（三）远程 CAT 语言测试的制约因素

远程 CAT 语言测试模式的理论基础是项目反应理论（IRT）。项目反应理论研究的主要内容就是被试在测验题目上的答对概率（反应行为）与测验题目所测的潜在能力或者说语言水平之间的函数关系（见图 5－12），即项目特征曲线（ICC）（蔡旻君，2010；简小珠，张敏强，彭春妹，2011）。

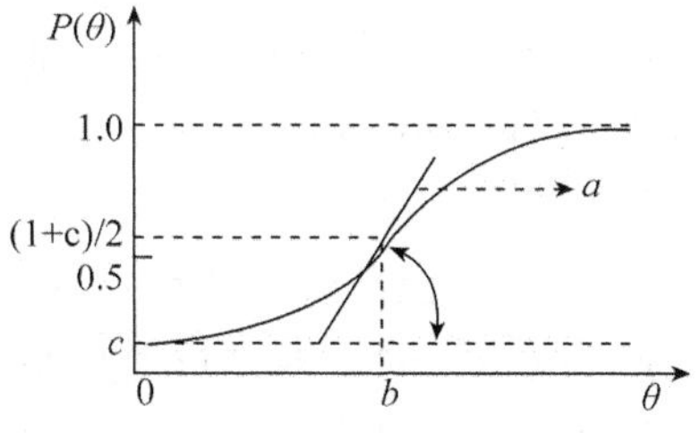

图 5－12　项目特征曲线

项目特征曲线是以潜在特质水平（θ）为横坐标，以被试正确回答的概率值 P（θ）为纵坐标，以此反应项目为基本特征的曲线。其中 b 是该测验项目的难度参数，并与被试的能力水平 θ 定义在同一个量表上，b 值的大小与项目特征曲线（ICC）斜率最大处在能力量表（横坐标）上所对应点的 θ 值相等，也就是曲线拐点所对应的能力值。项目的区分度由 a 参数表示，是曲线拐点处切线斜率的函数，斜率越大，曲线在 b 点附近就越陡峭，项目的区分度也就越大（a 值越大），反之，a 值越小。而项目的猜测度反映的是考生在不具备或没有达到项目所测能力水平时随机猜测的概率值的大小，通常用参数 c 表示。该模型也可以用以下三参数逻辑斯蒂克模型（logistic model）进行数学描述。

$$P_i(\theta)=c_i+(1-c_i)\frac{1}{1+exp\left[1.7a_i(\theta-b_i)\right]}$$

由上述项目特征曲线可见，不同能力水平的考生在同一个测验题目上答对的概率不同，同一个考生在难度等参数不同的题目上答对的概率也不相同。因此借助上述模型和计算机技术就可以根据被试的能力水平和每个题目的具体参数从题库中进行智能化选择题目，同时，系统也可以根据测验题目的属性参数和考生的表现情况估计考生的语言能力。由此保证测验题目的难度水平与考生的能力水平最匹配，不同能力水平的考生可以不必回答完全相同的测验题目，从而获得最佳测验精度和提高测验的效率（Chalhoub-Deville & Deville，1999；Chalhoub-Deville，1999）。所以，根据测验题目的属性参数选择测验题目，进行个性化测试是远程 CAT 语言测试的关键环节。

三、HSK 远程 CAT 模式实现的制约因素

远程 CAT 语言测试模式实现的基本条件包括三个主要方面：（1）是计算机科学和技术；（2）是互联网技术；（3）是以 IRT 为基础的题库建设和随机选题方法。进入 21 世纪以来，计算机科学和国际互联网技术的高速发展，已经为远程 CAT 测试模式的开发和普及奠定了良好的基础，而基于题库系统的参数结构和自动选题技术则是目前制约国内外包括 TOEFL、CET 和 HSK 等考试远程 CAT 测量模式实现的重要瓶颈之一。

一般大规模、综合性语言测试通常都是由听力、语法、阅读和填空等若干分测验构成的集成式测验体系，测验中的很多题目都是基于共同的输入材料所编制的，而不是由完全孤立的测验项目所构成的。比如在篇章型阅读理解测验中，考生只有在对一篇阅读理解材料进行完整阅读的基础上，才能回答根据该阅读材料编制的若干多项选择题（multiple-choice items）。显然，这在远程 CAT 语言测试的实现过程中就存在一个明显的制约因素：即考试题目的智能选题过程是以测验的项目为单位，还是以整篇阅读材料为单位的问题。如果完全按照三参数 IRT 理论的逻辑斯蒂克模型进行选择题目，就会发生不同测验题目的难度值可能满足对不同语言水平的考生的测量要求，但他们还必须阅读相同的阅读材料的现象。

此时，考生对不同测验题目的回答情况并不能完全反映考生对同一篇阅读材料的理解水平。因此，为了克服上述因素对远程 CAT 测量模式的限制，国内外大型语言测试机构分别采用了一些相关妥协方案。目前，TOEFL 考试采用了远程"CAT+CBT"混合的测量模式，回避了阅读理解题库参数结构和能力估计要求之间的矛盾，即对分离式客观题采用完全 CAT 测量方式，而对阅读理解测验则采用"定长"和"定时"的远程 CBT 测量模式。同时，ETS 目前也正在进行基于文本难度参数法的多阶段适应性考试（Multistage Adaptive Test，MST）方法的对比实验（Fucher，2010）；国内 CET 考试则仍处在对远程 CBT 考试和 CAT 考试的实验研究和尝试阶段。中国汉语水平考试在远程 CBT 考试方面已经取得了初步的成功，但在未来 HSK 远程 CAT 测试系统的设计构想中，针对阅读理解测验的智能选题标准和题库参数结构体系的设计问题，将不可避免地成为影响测量系统设计成功与否的关键因素之一，或者说 HSK 的远程 CAT 测试模式的实现必须首先考虑阅读理解测验中题库参数和选题技术问题。

四、CAT 阅读理解测试的实现方式

为了解决远程 CAT 阅读理解测试模式中存在的上述诸多制约，国外远程教育测量领域、信息技术领域和教育测量界的不少研究人员曾先后进行了若干实验研究，并尝试采用包括多级项目反应模型（polytomous IRT）、题组反应理论（TRT）模型等在内的各种参数选择标准。不过，由于这些方法目前尚处在理论探索阶段，并且还存在其他许多不成熟的地方，所以上述模型并不能完全解决远程 CAT 阅读理解测试的可行性问题（Luecht，Brumfield & Breithaupt，2006）。

近年来，国外部分学者（Luecht et al.，2006；Yang et al.，2011）在大量蒙特卡洛（Monte Carlo method）实验研究的基础上提出了远程 CAT 阅读测量模式的文本属性参数法，或者说文本难度参数法（Yang，2011；Luecht，Brumfield & Breithaupt，2006）。文本属性参数法的应用，不仅能够充分发挥和挖掘 CAT 测量模式的各种优势，克服智能选题参数的制约，而且还可以充分顺应计算机自适应性语言测试发展的历史趋势。文本难度参数法的实现包括题库参数的完善和测试过程的逻辑设计两个阶段。

（一）题库结构与参数体系

所谓文本难度参数法（readability parameter approach），就是为了解决传统的 CAT 阅读理解测验题目选择过程存在的操作矛盾，采用文本难度参数作为考

生语言能力的适应性选题标准，实现对考生语言水平的远程测量。文本难度参数法，也称为多阶段法或文本路径漫游法（杨建原，柏桧，赵守盈，2012），即在CAT测验系统的智能选题中不是以测验题目的属性参数（a、b和c参数）为标准，而是以整篇阅读材料的难度参数为标准进行文本的逻辑选择。系统根据对被试阅读能力的初步估计结果一旦选择一篇阅读材料，那么考生将在阅读该文章的基础上必须回答基于该文本编制的所有测验题目，无论其中的个别测验题目的难度是否完全与考生的能力水平相匹配。同时，系统在对被试的阅读能力（θ）进行估计时则仍然以测验项目的难度、区分度等项目属性参数为基础进行统计分析（Chalhoub-Deville，1999；Luech，Brumfield & Breithaupt，2006）。这样一方面可以有效避免不同能力水平的考生虽然所回答的题目不同，但又必须阅读同一篇阅读材料的矛盾，另一方面还可以充分利用每个测验题目的参数信息对被试的阅读水平进行准确的估计，从而充分发挥和实现远程CAT考试的潜在优势。

文本难度参数法实现的前提必须首先对题库的参数系统进行更新和完善。即在题库建设阶段，除了估计传统的项目参数以外，还必须借助计量语言学（computational linguistics）的方法对每篇阅读材料的难度或易读度参数（readability，用R参数表示）进行估计，同时由命题专家对文章的题材（topic，用T参数表示）和体裁（genre，用G参数表示）等属性进行人工标注（Chalhoub-Deville，1999）。这样题库的参数体系除了包括一般项目特征维度以外，又额外增加了一组文章属性和难度描述参数（见图5－13）。其中文章属性参数包括R参数、T参数和G参数，这三个参数主要反映的是文章本身的难度和其他属性，并且可以用做控制智能选题的逻辑路径（logical routines）。而题目属性参数则是由测量模型针对每个题目进行估计所得到的难度、区分度和猜测度等参数，这些参数描述的对象是具体的测验题目而不是整篇文章，它们主要是用于对被试的综合阅读水平进行精确的估计（Yang，2011；Luecht，Brumfield & Breithaupt，2006）。

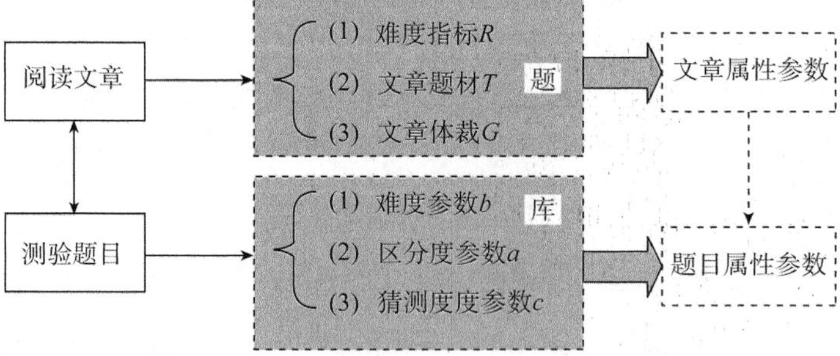

图5—13 CAT阅读测试题库参数系统结构

（二）远程 CAT 阅读测试的逻辑过程

基于文本难度参数法实现远程 CAT 阅读理解测试的基本原理是：考试的自适应性智能选题的单位是以整篇阅读材料为基础，文本选择的标准是阅读材料的属性参数，其中主要是 R 参数。同时，为了避免同一个考生在阅读过程中重复阅读难度不同但题材和体裁相同的文章，所以在文章选择过程中还要参照 T 参数和 G 参数作为文章选择的二级和三级控制变量，从而保证考生阅读的文章不仅在难度方面具有较高的适应性，而且还可以有效平衡文章题材和体裁的呈现频率。文章选择过程完成后，考生的阅读能力值（θ）则完全是根据与文章相关的测验题目的参数进行估计（见图 5－14）。具体的测验过程包括初测和正式测量两个核心阶段。

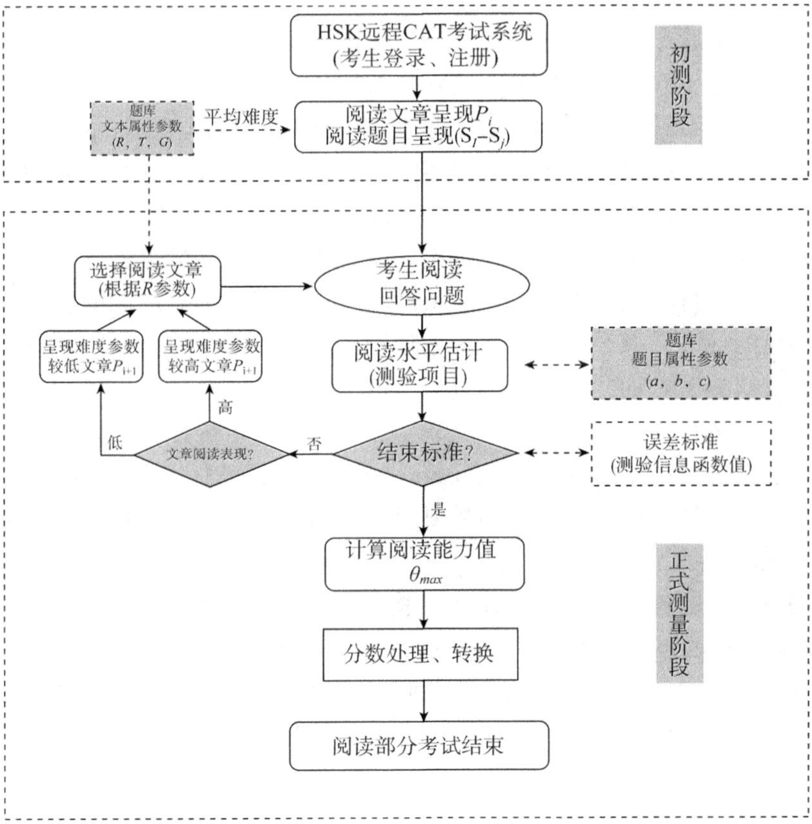

图 5－14　基于文本难度参数的 CAT 阅读测验过程

1. 初测阶段

初测阶段也称之为摸底测试阶段，主要是对所有被试的阅读水平进行一个粗略的估计，以便判断正式考试阶段应该为每个考生提供的阅读材料的难度水平，因此考生在摸底阶段的表现一般不计入考生最终的评价结果中。在初测阶段，CAT 系统将根据文本的难度参数值为所有的考生随机呈现一篇中等难度（以 R 的平均值为依据）的阅读文章及其与该文章相关的 j 个测验题目（S_1-S_j），考生阅读完该文章和完成测验题目后，系统马上根据题库中的题目属性参数（item attribute parameters）对被试的阅读水平（θ）进行估计，同时参照每个考生在初测阶段的表现水平再决定正式考试阶段将要阅读的文本难度。

2. 正式测量阶段

如果考生在初测阶段的表现水平较高，那么系统将采用随机抽样或分层随机抽样的方法，从题库中选择一篇比初测阶段阅读的文章更难的阅读材料让考生阅读，反之如果考生在初测阶段的表现水平较低，那么系统就继续选择一篇比初测阶段更简单的文章让考生阅读。只要考生完成针对当前文本材料的阅读过程并提交选择答案后，系统将对考生的阅读能力值进行即时估计，并判断测验是否满足结束的标准。如果测验的信息函数值（test information function）达到了事先设定的误差控制要求，那么测验即告结束。系统将估计考生的最终阅读能力值和信度指标，然后进行分数处理和转换，最后继续进行其他部分的测验。如果测验尚未达到结束的标准，那么系统将按照上述逻辑过程为考生提供适当难度的阅读文章和题目继续测试，如此不断循环直到考试满足结束的条件。

文本难度参数模型在远程 CAT 阅读理解测验中的精髓在于，测试过程采用文本属性参数（passage attribute parameters）和题目属性参数分别满足自适应性考试的文章选择和能力估计的测量要求，可以有效避免阅读材料和测验题目之间的逻辑脱节现象。这种测验模式，不但充分发挥了阅读材料难度的语言学评价优势，避免了命题过程中引入的命题者构想无关变异（construct-irrelevant variance）因素对测验构想效度的潜在威胁（Alderson，2000），而且还可以借助先进的计算机科学和信息技术将现代教育测量理论的自适应性优势发挥到极至，从而为考生提供更准确和更富有针对性、个性化的测验服务。

五、结束语

以当代信息技术和项目反应理论为基础的远程计算机自适应性（CAT）汉语

水平考试（HSK）是未来发展的必然趋势。不少传统的分离式（discrete）测验题目尽管在测量效率和远程CAT的实现方面具有一定的优势，但是现代语言测试更追求对被试语言能力的综合性评价，因此这种传统的测验方法已经越来越难以适应语言测试的效度要求。所以，要全面实现HSK的远程CAT测量模式，必须首先解决比如阅读理解测验等综合性测验内容的题目选择问题。本研究介绍的文本难度参数法，不仅可以解决阅读材料的选择单位问题，而且还可以充分利用测验题目的微观信息（题目属性参数）实现对被试阅读能力的准确估计。当然，由于这种测量模式是基于英语考试的最新研究成果之一，国外针对英语阅读材料的难度参数的计算机自动估计技术已经相对比较成熟，而汉语阅读文本难度的自动估计在准确性方面尚存在一定差距，因此，为了稳妥、积极地开发、推广和普及远程自适应性汉语水平考试（HSK），我们有必要结合汉语自身的特点，首先对汉语文本难度的计算机自动估计手段进行探索，然后采用文本难度参数法，在局部实验的基础上逐步实现HSK考试的完全远程自适应性测量模式。

第四节　汉语水平考试（HSK）网络报名系统的使用与调查研究

信息技术的飞速发展，不仅促进了考试研发、考试组织、评分方式和考务管理模式的巨大转变，而且全方位提升了考试服务的质量和效率。汉语水平考试（HSK）网络报名系统已经在全国正式运行五年，报名系统设计合理、性能稳定，考生普遍感觉使用高效、便捷，从而对留学生HSK的报名方式提供了多元化服务。不过，由于受留学生汉字输入方式、输入水平、母语背景和网络付费瓶颈的制约，HSK网络报名系统的使用率明显地低于我们的预期，为此，我们在对系统设计及功能进行简要介绍的基础上，对HSK考生进行了问卷调查，分析了影响考生报名系统使用的各种原因，并对系统的推广提出了相应的对策。

一、问题的提出

中国汉语水平考试（HSK）是为测试母语非汉语者（外国人、华侨和中国少数民族考生）的汉语水平而研发的国家级标准化考试，其测量结果可以作为考生求职、申请在中国大学接受本科和研究生学历教育的汉语能力证明。随着全球孔子学院教学模式和汉语国际推广形势的迅猛发展，每年来华留学生的人数不断增加，2011 年来华学习的外国留学人员总数已突破 29 万人（教育部国际合作与交流司，2011 年），与上年相比增长 10.38%。与此同时，在中国境内报名参加 HSK 考试的考生人数和承办 HSK 考试的国内考点数量也不断增加，传统的报名方式给不少异地报考的考生带来了诸多不便。因此，如何发挥信息技术在汉语水平考试中的作用，如何借助信息化手段提高汉语水平考试的服务质量和管理效率，已经成为不少考生和考点的迫切需要。基于此考虑，我们在保留传统的现场报名方式、信函报名方式的基础上，专门针对国内考点开发了“HSK 网络报名系统”，经过几年的试用和完善以后，已经于 2008 年投入运行。本研究将在对系统进行简要介绍的基础上，通过对考生的问卷调查与分析，专门就留学生对“HSK 网络报名系统”的使用情况和考生的认知倾向进行研究，探讨系统使用和推广中存在的问题，以期对国内相关考试的信息化策略提供可资借鉴的参考。

二、汉语水平考试（HSK）网络报名系统简介

信息技术的发展，不仅对教育观念、教育手段产生了巨大影响，而且给国内外考试研发、考试组织、评分方式和考务管理模式等都带来了巨大转变，并全方位提升了考试服务的质量和效率。作为专门为测试外国留学生汉语水平而开发的 HSK 考试的发展与壮大，自始至终与计算机技术、网络技术的发展密不可分。从最初的人工阅卷到计算辅助阅卷、人工评分方式向计算机评分方式的转变，再到计算机组卷、拼卷、题目分析、题库管理、网络发布成绩等，无不体现了信息技术带来的考试实施和操作手段的多元化革命。

2007 年，在借鉴美国教育考试服务中心（Educational Testing Service，ETS）、英国剑桥大学测试中心（The University of Cambridge Local Examinations Syndicate，UCLES）和澳大利亚高校国际开发署（IDP Education Australia）分别开发的 TOEFL 和 IELTS 考试报名信息化成功经验的基础上，我们经过充分调研和技术论证以后，正式启动了“HSK 网络报名系统”的设计与开发工作。该系统是采用 Microsoft SQL Server 数据库，在“.Net”框架下使用 C# 语言开发的应用程序（田清源，2010），系统可应用于 Windows 操作系统环境。同年，该系统经过试运行和完善以后，正式在国内 19 个考点推广使用，为留学生在中国境内参加 HSK 考试的报名提供了一个有效的选择方式。该系统嵌套在我中心的门户网站上，系统服务包括三个层级，分别以服务于考生、考点和考试主办单位为目的。

（一）考生报名层级

系统设计的主要初衷之一是为考生服务，给考生提供一个尽可能便捷、高效的报名方式，特别是对于异地报考的留学生而言，网络报名方式可以提供比信函报名更高的效率，并可以减轻考生到现场报名的负担。因此，系统架构和操作流程的设计都是遵循“用户友好”的原则，并将报名流程中的模糊性、歧义性因素全部通过先进的设计技术和用户模拟使用的方式事先妥善解决。考虑到外国留学生在汉语阅读和理解方面可能存在的障碍，报名过程均提供同步汉语、英语、日语和韩语操作指南，并向国内考点和学生提供网络版和书面印刷手册形式的报考说明（见图 5—15）。

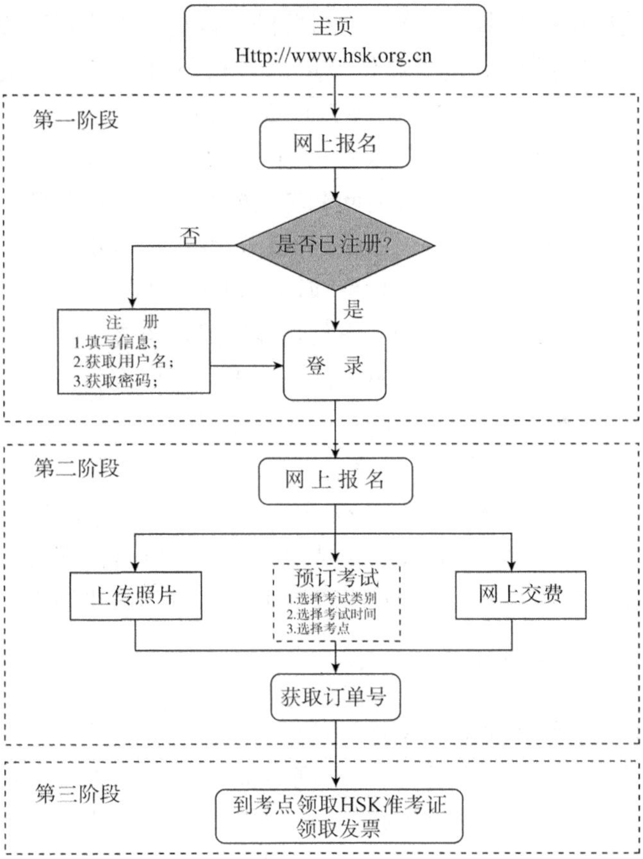

图 5—15　HSK 考生网络报名流程示意图

考生服务层级是系统的核心，考生的网上报名过程包括注册、报名和领取准考证三个阶段。考生只要按照规定的流程（具体报名流程请参见图 5—15）操作，就可以顺利完成整个网络报名工作。考生必须首先登录汉语水平考试中心的官方门户网站（http://www.hsk.org.cn），然后按照以下三个过程就可以完成整个报名工作。

（1）注册阶段，考虑到参加汉语水平考试（HSK）的留学生具有较大的流动性和分散性，而且存在相当多的异地报名情况，所以系统要求考生在基于个人真实信息的基础上，完成实名注册工作。注册信息包括考生的国籍、性别、身份、中文姓名、英文姓名、出生日期、护照号码、教育背景、职业、联系电话、电子邮件、通信地址和其他信息等。为了减轻留学生的输入负担，只要可以采用选择确认方式输入的信息，系统会提供明显的选择菜单，以提高注册的效率和降低考生输入错误信息的概率。一旦注册过程结束以后，考生就可以获得自己的专用用户名和密码，以后考生只要凭借该用户名和密码可以多次报考国内任意时间、在任何考点举办的 HSK 考试，而无须重复注册。

（2）网上报名阶段，考生在完成注册过程以后，不必再重复输入无关信息。考生只要根据网络报名系统的开放时间和考试安排按照系统提醒，完成电子照片上传，对考试类别、考试时间和考点做出选择，并根据考试类别的收费提醒，使用具有网上支付功能的银行卡进行付费即可。如果考生暂时尚不具备网络付费条件，考生既可以在相关银行开通网上支付功能以后，再登录系统，继续完成付费工作，也可以与其他人（借用）共享一张支付卡，完成支付工作。待考生完成付费工作以后，每位考生将获得一个唯一的订单号码。

（3）领取 HSK 准考证和发票，考生完成网上报名以后，凭借个人订单号和护照等有效身份证件，在考前到自己报考的考点领取“HSK 准考证”和交费发票，如果考生或考点发现个别信息有误或电子照片不符合规格等，还可以通过考点的项目主管进行必要的修改。至此，考生的报名过程即告结束。

（二）考点管理层级

系统考点管理层级的服务对象是各考点的项目主管，任何考生都没有访问权限。考点管理层可以为已经开通“HSK 网络报名系统”的考点考务人员提供信息化服务。报名开始前，首先设置相应的考试安排和考生限额。报名结束后，项目主管可以凭借网管授权的单位用户名和密码登录系统的考点管理层，对本考点所有考生的信息进行查询、汇总，为考生自动形成考生代号、编排考场、打印准考证和发票等，最后还可以实现对本考点所有主、监考人员的调度和劳务费的自动结算工作等。

（三）网络管理层级

网络管理层的使用权限仅限于“HSK网络报名系统”的相关网络管理员，考生和其他考点的考务人员均没有登录的权限。该层级的主要任务是负责整个系统的运行和维护，对国内各考点和考生用户进行授权，确保系统在规定时间内的运营。报名结束以后，对各类HSK考生的报名情况、交费情况等按考点和考试类别进行汇总。在考试结束后，将所有考生的报名数据进行格式转换，并与“HSK评分阅卷系统”进行数据流的自动对接。从而实现报名、阅卷、评分和网络公布成绩的信息一体化。

三、HSK网络报名系统的应用现状分析

为了保证系统使用的效果，在系统设计之前，我们充分征求了考务人员、考点工作人员和考生的建议，并且在任务分析（task analysis）和需求分析（needs analysis）的基础上，进行了全面的逻辑分析，将系统的考生服务功能、考点的管理功能以及报名结束后考生的数据管理与评分阅卷系统的接口效率等因素充分考虑在内。同时，考虑到面向国际考生的报名系统需要具有一定的稳定性和兼容性，系统设计完成以后，我们首先邀请若干考务人员和考生进行了全程模拟报名实验，在总结各方面人员提出的建议的基础上又进一步进行了优化和完善。2007年6月，我们在中国国内选择了部分考点进行试用。试用期内主要是针对系统流程是否优化、技术水平是否满足要求、报名速度是否受宽带影响等系统问题进行检验。尽管试用规模不大，但从考生和考点获得的反馈意见来看，考生与工作人员都普遍对系统的科学性、合理性持充分的肯定态度。

2008年，在保留传统的现场报名方式和信函报名方式的基础上，我们正式将“HSK网络报名系统”在国内考点推广使用。截至2011年，已有数万名考生通过网络报名系统报考了国内19个考点的各类HSK考试，网络报名方式在相当大的程度上提高了部分考生的报名效率，减轻了考点的工作负担，丰富了HSK报名的服务方式。不过，尽管系统已经推出近5年的时间，但我们发现通过网络报考HSK的考生人数和我们的预期情况还存在较大差距，使用网络系统报名的考生人数在总考生人数中所占的比例始终比较低，并一直徘徊在20%以内（网络报名人数比例请参见表5－5）。为了深入考查造成这一现象的深层次成因，2010年和2011年，我们采用问卷调查的形式，专门针对“HSK网络报名系统”的使用情况，对考生的认知态度进行了调查，以便深入分析影响系统使用效率的各种原因，为系统普及和完善提供具有针对性的建议。

表 5—5　2008—2011 年 HSK 网络报名考生占总考生比例

年份	2008 年	2009 年	2010 年	2011 年
比例	18.63%	16.52%	17.36%	16.82%

问卷调查的时间分别是 2010 年 11 月和 2011 年 4 月。为了确保调查信息的准确性、可靠性，我们在国内 7 个典型考点采用随机抽样的方式，分别针对两类考生进行调查。第一类是具有“HSK 网络报名系统”使用经历的考生，即曾经通过网络系统报名并完成 HSK 考试的考生；第二类是没有“HSK 网络报名系统”使用经历的考生，即采用现场报名的考生。这样做的主要目的是，一方面是为了获得留学生基于系统使用体验的准确评价信息，另一方面是为了深入探究通过现场报名方式的考生对系统的认知态度和未选择网络报名方式的主、客观原因是什么等。问卷内容主要针对系统本身、考生自身和其他原因三个维度进行。

本研究累计发放问卷 249 份，实际收回有效问卷 218 份。其中包括第一类考生和第二类考生的问卷分别为 112 份和 106 份。调查内容全部采用开放式选择题的形式，要求考生进行单项选择。针对第一类考生的调查问卷，我们设置的题干是“你觉得影响考生使用网上报名方式的最主要原因是什么?”针对第二类考生设置的题干是“你没有通过网上报名的方式报考 HSK 的主要原因是什么?”问卷调查内容与统计结果请参见表 5—6。

表 5—6　考生信息调查问题与结果

网上报名考生 N=112	问卷调查内容	非网上报名考生 N=106
2 (1.79%)	A. 没有电脑	4 (3.77%)
1 (0.89%)	B. HSK 报名系统设计不科学	1 (0.94%)
6 (5.36%)	C. 上网不方便	3 (2.83%)
3 (2.68%)	D. 不知道开通了网上 HSK 报名系统	11 (10.38%)
10 (8.93%)	E. 电子照片上传不方便	5 (4.72%)
6 (5.36%)	F. 不习惯使用网上报名方式	7 (6.60%)
2 (1.79%)	G. 网络速度太慢	3 (2.83%)
70 (62.50%)	H. 没有网上交费银行卡	66 (62.26)
11 (9.82%)	I. 中文、外文姓名输入太难	6 (5.66%)
1 (1.79%)	J. 网络报名说明不详细	0 (0.00%)

为了形象地呈现对考生调查的结果，我们将表 5—6 中的数据用 SPSS 分析软件，以折线图的形式进行表征（具体示意图请参见图 5—16），从而突出调查结果的分布特征。

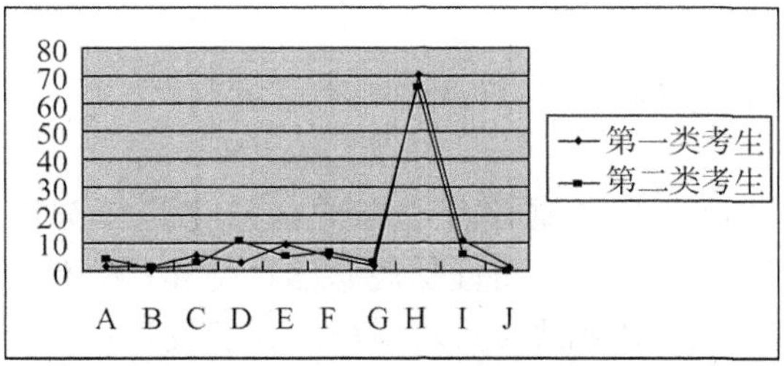

图 5—16 调查结果折线图

根据表 5—6 的统计结果和调查选项折线图我们发现，无论是在第一类考生的调查结果中，还是在第二类考生的调查结果中，选择“没有网上交费银行卡”（H 选项）的绝对考生人数都是最多的，并且分别占被调查总人数的 62.50%和 62.26%。可见，网上银行支付卡在外国考生中的使用普及率并不高，因而这一原因不仅对具有“HSK 网络报名系统”使用经历的考生产生了较大影响，而且也是成为很多考生没有选择网络报名方式的重要原因。除此以外，通过对其他选择结果的比较研究，我们还可以得出如下结论。

（1）由于外国留学生的平均年龄相对较低，因此，他们对现代信息技术的接受程度较高。在被调查的两类 HSK 考生中，选择 A（没有电脑）和 C（上网不方便）两个选项的考生分别只占被调查考生人数的 1.79%、5.36%和 3.77%、2.83%，说明留学生普遍具备登录国际互联网的软、硬件条件，而且证明是否具备上网条件不是导致“HSK 网络报名系统”使用率较低的主要原因。

（2）由于留学生普遍具备登录国际互联网的软、硬件条件，因此，在两个被调查的考生对象中，选择 F（不习惯使用网上报名方式）的考生比例也相当低，分别只占被调查人数的 5.36%和 6.60%，说明外国留学生普遍具备较强的信息化意识。

（3）在对第一类考生的调查结果中，我们发现只有 0.89%的考生选择了 B 项，说明这部分考生在对“HSK 网络报名系统”实际使用体验的基础上，充分肯定了系统的稳定性、科学性和实用性。反过来说，系统设计和性能不是导致“HSK 网络报名系统”使用普及率低的原因。

另外，在第一类考生中，除了选择 H（没有网上交费银行卡）的考生比例相当高以外，选择 E 和 I 的考生比例也分别达到了 8.93%和 9.82%，而在第二考生中这两个选项的比例则分别只有 4.72%和 5.66%，这两项调查结果之间存在的差异说明个别考生在使用“HSK 网络报名系统”时确实存在电子照片不规范和中、外文姓名输入方面的个人困难。但在第二类考生中，选择“不知道开通了网上 HSK 报名系统”的考生比例则高达 10.38%，并明显高于第一类考生的选择比例，据此，我们不难推断由于在系统的宣传方面尚存在一定差距，因而影响了报名系统的认知度。

四、启发与建议

考试报名、考试管理和考试评分阅卷的信息化是教育信息化的重要标志之一，信息化不仅是技术信息化，而且是观念信息化和社会信息化。通过本研究对“HSK 网络报名系统”使用情况的认知调查，我们发现：一方面，汉语水平考试（HSK）网络报名系统的设计技术非常合理，操作流程简洁、实用，在技术水平和系统操作方面的优势得到了被调查考生的普遍认可。另一方面，导致“HSK 网络报名系统”使用率不高的主要原因可以归结为三个方面：首先，网上交费模式限制了考生的使用范围。据统计，2008 年至 2011 年在华学习的外国留学生中，有近 60%的学生属于短期（不超过 1 年）学习或居住者，这种高度的流动性导致了绝大多数学生没有在华开通网上银行支付卡。如果仅仅为了使用“HSK 网络报名系统”报考 HSK 而专门再去银行办理相应的金融卡，对考生而言，特别是对外国留学生来说，确实事倍功半，从而影响了系统使用的普遍性。其次，网上报名系统的宣传力度还不够，从而导致不少考生因为不了解可以通过网络报名的方式报考 HSK，而不得不选择现场报名的方式。最后，留学生在国籍、母语和汉语水平方面确实存在较大的异质性，部分考生在注册时客观上存在中、外文输入困难，比如因为汉语拼音使用水平不高导致中文姓名输入方面的困难等，甚至还有不少日本、韩国考生的中文姓名中存在偏字、难字等现象。

通过我们的调查分析可知，导致“HSK 网络报名系统”使用率较低的根本原因，不是由系统设计本身造成的，而主要是由考生在网络支付方式方面存在的特殊原因造成的。另外，任何一个系统都不可能同时满足一个高度个性化的考生团体的所有问题，而且留学生在汉语系统使用中存在的部分问题，也是国内外信息技术需要面对的具有一定普遍意义的难题，所以，考虑到留学生考生的汉语实际情况以及国内金融服务方面存在的特殊性，我们认为在继续保留 HSK 现场报名和信函报名方式的同时，一方面加大宣传的力度，鼓励考生通过网络系统报考 HSK，另一方面针对已经存在的问题采取与时俱进的态度，从技术、观念和手段等方面寻求妥善的解决方法；当然，我们也必须要从实际出发，在坚持信息化方向的同时，正视服务对象的特殊性，不能单纯地为追求信息技术而忽视服务对象的具体情况和服务效果，循序渐进地推进汉语水平考试的信息化水平，为考生提供人性化、多元化的服务措施。

第六章

中美留学生教育考试体系对比与研究

随着全球汉语国际推广形势的发展和孔子学院教学模式的日臻成熟与完善，选择来华接受学历教育和专业学习的外国留学生人数不断增加，国内不少高等院校对留学生招生选拔考试和教育评价考试的社会需求日益迫切。如何通过建立完备的留学生教育考试体系，确保留学生的招生质量，全面监控教学质量和评价学习效果不仅事关我国高等教育输出的国际声誉问题，而且也是我国各类高等院校留学生教育理论和实践中面临的突出问题之一。本章将在对来华留学生的发展规模、学习层次和专业结构等特征进行详尽分析的基础上，专门对中国来华留学生教育考试体系与美国留学生教育考试体系的基本框架与功能进行对比研究，分析我国留学生教育考试体系中存在的缺失和错位问题，并对构建和完善我国的留学生教育考试体系提出了相应的对策、建议以及具体的考试开发路径。

第一节　概述

随着中国高等教育国际化（internationalization）进程的不断加快，我国正在由留学生输出大国逐步向留学生输入大国转变，国内具备招收来华留学生资格的各类高等院校数量越来越多，来华留学生的规模和生源国别不断扩大，同时，学历生在来华留学生中所占的比例不断提高，留学生的学历层次和专业选择也日趋多元化，可以说，留学生教育已经成为我国高等教育的重要组成部分（中国高等教育分会外国留学生教育管理分会，2010 年）。

为了贯彻国家中长期教育改革和发展规划纲要（2010—2020 年）提出的"扩大规模，优化结构，保证质量，规范管理"的留学生教育方针，作为保障留学生高等教育质量重要手段和内容的留学生招生考试体系和教学评价体系问题，正在成为我国高等教育国际化进程中社会各界关注和研究的热点问题之一（方乐，2005；郑向荣，2010）。特别是如何通过建立完备的留学生考试体系，以确保招生和教学的质量正在成为国内留学生招生和教育机构面临的重大问题。因为，留学生的发展规模和教育质量之间存在着明显的互动效应（interactive effects），留学生规模的发展是教育质量提高的基础，是教育国际化内涵发展的前提，但在发展规模的同时，如果不能有效地保证和提升来华留学生的教育质量，那么不仅难以从根本上持续扩大留学生的招生规模，而且最终也无法保证优质的生源和提高教学的质量以及学生的学习层次（黄勇、李小萌，2008）。同样，没有质量保障的教育规模难以树立国家教育的品牌形象（Jamie，2006；张慧君，2007），来华留学生的规模和效益也就很难在国际教育市场上占据应有的份额。

众所周知，招生（enrollment）、教学（teaching and learning）、评估（evaluation）和管理（management）是世界各国留学生教育体系的核心内容（Spolsky，1990；Frey & Seitz，2011；Horie，2002）。其中以考试（examinations）作为选拔和评估手段的考试体系是留学生教育过程中最重要的工作环节之一。因为，考试对教学过程具有明显的反拨作用（washback effects）（Bailey，1996；黄大勇、金桂林，2001），考试不仅是留学生入学资格评估和招生选拔的基本工具，而且是对留学生学习效果和教学质量进行评价的重要手段，所以，针对留学生招生和教育过程中设置的各种考试体系是否完备、是否科学等是关乎留学生国际教育声誉和教育输出（educational export）质量的核心问题。

留学生教育质量的内涵包括两个方面，其一是生源的质量问题，即教育机构所招收的学生的整体素质如何。其二是针对既有生源素质的教育质量问题。生源素质是教学质量的客观保障，而教学质量则是教育增值和教学附加值高低的直接动因（郑向荣，2005）。因此，无论是从生源保障的角度来说，还是从教学质量的评价方面来讲，考试在留学生教育领域中始终都具有不可替代的作用（杨翼，2008）。改革开放以来，我国在针对留学生本科入学资格考试的研发和实施方面曾经进行过很多尝试，并取得了较大的成就。然而，随着留学生规模和层次的高速发展，目前我国在针对留学生教育考试方面的各种不足日益显现，考试体系方面存在的缺失和错位现象还比较明显，而且针对留学生教育考试体系方面的研究成果也十分有限，这在一定程度上导致我国的留学生招生选拔方式缺乏统一、可靠和灵活的国家标准，教学质量评价和监控手段比较单一（夏青，2011；于富增，2009），从而影响了我国留学生高等教育发展的内涵。

基于上述考虑，本研究将在对来华留学生发展趋势和特点进行分析的基础上，解析在留学生国际教育领域享有盛誉的美国教育考试体系的基本结构与功能，并针对我国来华留学生招生考试体系中的缺失、错位等问题提出具体、可行的改进对策和开发路径，期望研究成果能为我国留学生教育考试理论和实践的全面发展提供借鉴和参考，从而奠定和维护我国留学生教育和招生考试的国际声望。

第二节　来华留学生发展的基本特点

来华留学生的发展过程，是一个与我国政治、经济、文化和教育发展过程密切相关的过程。新中国成立以来，我国在留学生教育方面体现出了明显的时代化特征和阶段性特点。从新中国建立初期（1950 年）到 1965 年是我国留学生教育发展的起步阶段。在这16年的起步阶段中，来华留学生的累计总人数只有7 259人，留学生的来源国家数也只有70个，年均来华留学人数不足500人（见表6－1），而且来华留学生主要是以亚洲、非洲和拉丁美洲为主要生源地的中国政府交换生。1966年至1977年，由于受中国特殊的政治环境因素的影响，我国的来华留学生教育实际上步入了停滞阶段（1966—1972年）和缓慢恢复阶段（1973—1977年），其间来华留学生的总人数只有2 066人，留学生教育的基本特点是以汉语类、非学历教育的个别国家政府公派生为主。改革开放以来（1978年后），随着我国政治、经济和文化等国际地位的不断提升，中国高等教育的国际形象逐步得到了改善和认可，教育国际化的步伐明显加快，来华留学生的规模和来源国家数量相比前几个阶段都发生了明显的变化。如果根据发展速度的不同，改革开放以后的留学生教育发展又体现出了稳步发展（1978—2004年）和高速发展（2005年以后）的阶段性特征。在稳步发展阶段中，留学生的发展规模基本保持着连续、较高的增长速度，来华留学生的总人数达到了731 678人，而且留学生的来源更加广泛，几乎遍及全球绝大多数国家和地区（170个），年均留学生人数也达到了27 099人。2005年以后，由于中国经济的异军突起，加之受全球汉语国际推广形势的发展和孔子学院教学模式的影响，中国教育和文化发展的国际化规模和内涵都发生了前所未有的变化。在留学生国际教育的高速发展阶段（2005—2012年），来华留学生的人数超过了新中国成立以来的总人数，达到了1 846 999人，年均人数也超过了20万人（230 875人），生源国家数则达到了创纪录的200个以上。可见，改革开放以来，我国来华留学生规模加速发展的特征日益明显，尤其是步入21世纪以来的12年中，留学生教育事业的发展所取得的成就更为显著。

表6－1　　来华留学生历史发展概况

时　期	时　段	特　征	累计人数	来源国家	年均人数
改革开放以前（1950—1977）	1950—1965	起步阶段	7 259	70个	454人
	1966—1972	停滞阶段	停止招生		
	1973—1977	恢复阶段	2 066	69个	413人
改革开放后（1978—2012）	1978—2004	稳步发展阶段	731 678	170多个	27 099人
	2005—2012	高速发展阶段	1 846 999	200多个	230 875人

进入21世纪以后（2001—2012年），伴随着中国经济持续、稳定和高速的增长，中国高等教育输出的数量和质量都有了前所未有的发展，不仅来华留学生的人数具有较大幅度的增长，而且留学生的学历层次、来源国家以及专业选择趋势等也体现出了不同以往的特点。

一、留学生发展的总体规模越来越大

规模国际化、层次多元化和教学内容国际化是留学生教育国际化发展的基本步骤（Johnson，1988；于富增，2009），其中规模国际化是层次多元化和教学国际化的基础（Foster，2012）。进入21世纪以后，我国来华留学生教育规模已经基本满足国际化特征。1950—2000年来华留学生的总人数为404 746人，年均增长率只有2.23%。但进入21世纪以后的12年中（2001—2012年），来华留学生的总人数则达到了2 183 256人，是前五十年累计总人数的5.4倍以上，而且年均增长率也超过了16.97%，年均增长率是前者的7.6倍以上。2001年，来华留学生首次突破了6万人，而2012年留学生人数则超过了30万人。从总体发展趋势来看，除了2003年因受“非典”突发性公共事件的影响而导致留学生人数短期略有下降以外，每年来华留学生的总人数基本上延续了线性高速增长的态势（见图6—1）。

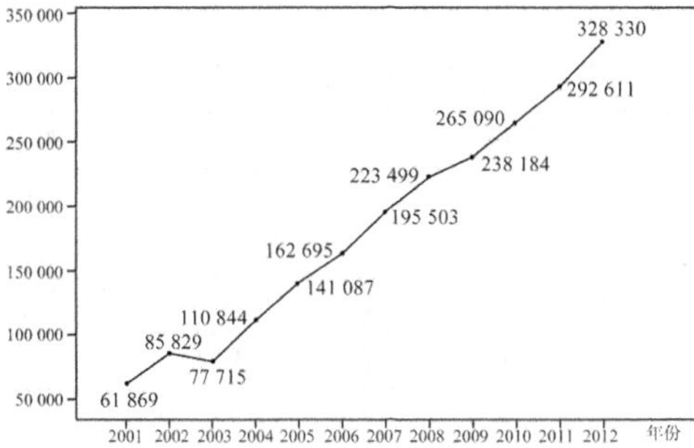

图6—1　2001—2012年来华留学生人数情况

二、留学生的来源国家和地区日趋多样化

来华留学生国籍背景的日趋多元化是中国高等教育形象得到世界普遍认可的标志，同时也是中国高等教育竞争力的集中体现（张慧君，2007）。在改革开放以前的近30年内（1950—1977年），中国教育输出的国家和地区数量只有70个左右，来华留学生的国籍结构相对比较单一，且主要集中在亚、非和拉美地区。但进入21世纪以后，伴随着留学生规模的高速发展，来华留学生的国家和地区数量也有较大幅度的提高，2014年，来华留学生的国家和地区数量已达到了203个，可以说生源国家几乎遍及全球各个角落（见表6—2）。与此同时，国内具备留学生招生资格和提供留学生教育的高等院校数量也有大幅度的增长。2001年，

来华留学生的实际招生院校数量只有 363 所，而 2014 年则达到了 775 所，总增长率和年均增长率分别达到了 113.5%和 8.10%（见表 6—3）。来华留学生的规模、来源国家和招生院校数量的增加，意味着生源分布和国内留学目标院校的地缘多元化特征日益突出。

表 6—2　　留学生来源国家和地区数量

年　份	国家数	院校数	年　份	国家数	院校数
2001	169	363	2008	189	592
2002	175	394	2009	190	619
2003	175	352	2010	194	618
2004	178	420	2011	194	660
2005	179	464	2012	200	690
2006	184	519	2013	200	746
2007	188	544	2014	203	775

表 6—3　　留学生招生院校数量

年　份	院校数	增长率	年　份	院校数	增长率
2001	363	2.5%	2008	592	8.8%
2002	394	8.5%	2009	619	4.6%
2003	352	—10.7%	2010	618	—0.2%
2004	420	19.3%	2011	660	6.8%
2005	464	10.5%	2012	690	4.6%
2006	519	11.9%	2013	746	8.1%
2007	544	4.8%	2014	775	3.9%

三、留学生的学历目标更高

在来华留学生总人数中，申请接受本科教育和研究生学历教育的人数及比例是教育国际化内涵高低的重要指标之一。进入 21 世纪以来，随着我国教育开放程度的提高，无论是从绝对人数来说，还是从所占的比重而言，来华留学生中的学历生规模都有了一个显著的提高。2001 年，在来华留学生中，学历生总数为 16 650 人（含专科生、本科生和研究生），其中本科生和研究生（含硕士和博士）人数只有 11 797 人和 3 571 人，分别占来华留学生总人数（61 869）的 19.07%和 5.77%。2012 年，各类学历生总数则上升到了 133 509 人，其中本科生和研究人数也分别达到了 95 805 人和 36 060 人，在留学生总人数（328 330）中所占的比重分别上升到了 29.18%和 10.99%。另外，从 2001 年到 2012 年，来华留学本科生和研究生每年都保持较高的增长率（见表 6—4）。由此可见，在来华留学生总体规模不断扩大的同时，学历生所占的比重越来越高，尤其是选择攻读研究生学位（含硕士和博士）的留学生人数及其所占的比重在增加幅度方面更为明显。

表 6—4　　2001 年至 2012 年留学生学历概况

年　份	学　历　结　构			增　长　率	
	专科生	本科生	研究生	本科生	研究生
2001	1 282	11 797	3 571	15.4%	9.8%
2002	499	16 309	4 247	38.2%	18.9%
2003	263	19 319	5 034	18.5%	18.5%
2004	450	25 351	5 815	31.2%	15.5%
2005	593	37 147	7 111	46.5%	22.3%
2006	1 009	45 207	8 643	21.7%	21.5%
2007	1 119	56 248	10 846	24.4%	25.5%
2008	860	64 864	14 281	15.3%	31.7%
2009	957	73 515	18 978	13.3%	32.9%
2010	1 178	81 388	24 866	10.7%	31.0%
2011	1 249	87 212	30 376	7.2%	22.2%
2012	1 644	95 805	36 060	9.9%	18.7%

四、留学生的专业选择更明确

留学生学历层次的高低和专业结构的多元化与否，是教育国际化程度和教育实力的反映（William，1984）。进入 21 世纪以后，伴随着来华留学生规模的不断扩大，不仅留学生的学历层次有了明显的提高，而且在专业结构方面也体现出了既相对集中、又趋向多元化协调发展的基本特征。2001 年至 2012 年，在本科生和研究生（含硕士和博士研究生）所攻读的专业中，累计人数最多的前 10 个专业分别是工科、管理、文学、经济、法学、汉语言、中医、西医、理科和教育学（见表 6—5）。选择上述十个专业学习的本科生和研究生在最近十二年（2001—2012 年）中的累计总人数分别达到了 618 384 人和 160 540 人。其中，在本科生所学习的专业中，西医、管理、工科和经济专业人数的增加幅度最大，分别由 2001 年的 1 240 人、390 人、790 和 1 072 人增加到了 2012 年的 26 711 人、7 218 人、10 954 人和 13 496 人，增长率分别达到了 2 054.11%、1 750.77%、1 286.58%和 1 158.96%。在研究生所学习的专业中，管理、经济、教育、汉语言和西医专业人数的增加幅度也分别超过了 3 354.90%、1 442.36%、1 432.93%、1 339.85%和 1 054.23%。由此可见，最近十多年以来，来华留学生的学历结构和专业层次都发生了巨大的变化。

表 6—5　　2001—2012 年学历生的专业分布情况

专　业	本　科	硕　士	博　士	研究生总数
汉语言	136 154	13 317	904	14 221
西　医	151 923	9 144	1 688	10 832
文　学	68 578	17 084	6 467	23 551
经　济	80 502	13 250	2 856	16 106
管　理	39 118	23 515	3 535	27 050
工　科	50 726	18 373	9 767	28 140
中　医	54 281	8 199	4 084	12 283
法　学	21 615	11 323	3 820	15 143
理　科	3 643	3 097	4 192	7 289
教　育	3 844	4 377	1 548	5 925
农　科	1 407	1 515	2 438	3 953
历　史	1 989	1 605	1 696	3 301
哲　学	382	776	1 067	1 843
合　计	614 162	125 575	44 062	169 637

第三节　美国留学生考试体系的结构与功能

目前，世界主要教育输出大国针对外国留学生的招生选拔模式主要有两种：第一种是入学考试选拔模式（entrance examinations），即以针对不同学历（包括本科生和研究生）层次、不同专业要求的留学生所设计的区域性或全国性考试体系作为评价留学生素质和招生录取的主要依据。这种招生考试模式的基本特征是：以系统、严谨的各种招生考试工具作为主要评价手段，同时适当参考申请者的个人评价、学业背景等信息，最终对留学生是否满足在目的语国家完成高等学历教育所要求的语言水平和学业素质（academic aptitude）要求做出综合判断。第二种招生选拔模式则是入学资格评估模式（requirement evaluation），即各招生院校根据申请者提供的教育背景、学业成绩、学术修养和学习素质等背景信息进行综合性主观评价，在适当参考目的语语言水平考试成绩的基础上，由招生专家委员会对申请者是否具备完成学历教育和专业学习所要求的基本素质进行评估，并最终做出录取与否的招生决策（黄德峰等 2003；李素琴、陈娟，2005）。美国、德国等国家的留学生招生模式属于比较典型的第一种模式（徐立华，2009），日本、英国等国家的国际学生招生模式则主要以第二种模式为主。

由于依靠入学资格评估模式在对留学生的语言水平和学业素质的考查方面存在诸多量化困难、标准不统一和主观性较强等问题，因而，随着高等教育大众化和国际化趋势的加速发展，留学生教育的国际输入和输出规模越来越大，入学资格评估模式已经不能完全适应留学生选拔的质量要求和“趋同”（convergence）教育发展的客观需要，而且其公平性也饱受质疑，特别是在非语言类、学历生的招生和教育方面更是如此（许涓，2012；马云桂，2002）。

为了确保在外国留学生招生过程中的公平性和客观性，最大限度地保证被录取的留学生符合本国高等教育所要求的学业素质水平，包括美国、英国、德国、法国、日本和澳大利亚等教育输出大国在继承和总结既有招生模式的基础上，越来越注重视留学生选拔的质量和教学水平，因而入学考试模式的使用范围越来越广泛，招生选拔的效率越来越高，考试的组织形式也由最初的若干高校招生联盟逐渐发展成为全国统一的考试体系，这种招生考试模式正在成为当今各国留学生招生选拔方式发展的共同趋势（史明，2005；黄自进，2003；姚玲等，2007 年；William，1984）。

美国是公认的教育质量较高、留学生规模最大的世界教育强国之一，为了确保生源的素质和教学的质量，经过近一个多世纪的不断探索和实践，美国在留学生招生考试和教育质量评价等方面已经积累了比较成熟和丰富的经验，并已形成了一系列功能齐全，体系完备，既具备统一标准，又不失灵活性的留学生招生考试体系（Spolsky，1995；Herman & Golan，1993）。从 20 世纪初开始，在不断探索、实践和完善的基础上，美国先后针对不同专业和不同学历层次的各类国际学生，专门开发和实施了一系列比较系统的留学生招生考试体系和教学评价体系，这些考试包括入学语言资格考试（minimum language proficiency tests）、专业能考试（academic aptitude tests）和入学后的分班考试（placement tests）乃至课堂教学过程中的形成性考试（formative tests）和学业终结性考试（summative tests）等（William，1984；姚玲，2008）。通过系统地研究和解析美国针对留学生本科招生和研究生招生考试体系的基本结构与功能，借鉴美国在留学生国际教育过程中的评价手段等方面积累的先进理论和成熟经验，不仅对我国正在高速发展的留学生教育具有较高的理论意义，而且在提高招生质量和教学质量方面也具有较高的应用价值。

一、大学本科考试体系

为了保证生源质量和教育质量的双重要求，美国已针对申请接受本科学历教育的国际学生建立了一套迄今为止世界上最系统、最完善的教育考试体系。凡是申请赴美国大学攻读学士学位的外籍留学生（母语非英语者）不仅要参加英语水平考试和专业学能资格考试，而且即使在被正式录取以后，学生还必须参加一系列与教学过程密切相关的诊断性考试（diagnostic tests）和总结性考试。这些考试体系既涵盖了非预科类本科生教育的入学、分班、课堂测试的各个环节，也覆盖了预科类本科生的教育与评价环节，同时还针对学历生和非学历生设置了不同的评估要求（Ground & Waugh，2009；Shohamy，1992）。

在招生选拔考试方面，凡是申请接受本科学历教育的所有外国留学生必须参加两类考试，即英语语言水平考试和大学专业学能（或学业素质）考试。其中英语语言水平考试主要包括 TOEFL 考试和 IELTS 考试两种（Educational Testing Service，ETS，1992，1995）。

TOEFL（托福）考试（Test of English as a Foreign Language）是 1964 年由美国教育测试服务中心（Educational Testing Service，ETS）负责开发和实施的，以测量母语非英语者的外籍学生是否具备在北美地区（含美国和加拿大）以英语作为交际工具和教学语言的大学学习和生活所要求的英语水平为主要目的语言测试工具，其考试成绩不能用来评价申请者的大学专业学习能力或专业知识水平的高低。

IELTS（雅思）考试（International English Language Testing System）则是由英国剑桥大学测试中心（The University of Cambridge Local Examinations Syndicate，UCLES）和隶属于澳大利亚 39 所大学的澳大利亚国际教育开发署（IDP Education Australia Ltd.），以及英国文化委员会（The British Council）联合开发和实施的一项国际英语水平考试。其测量目的主要是为英联邦国家（主要指英国、澳大利亚、苏格兰、爱尔兰、新西兰和加拿大等国家）大学的招生部门、政府移民机构等提供一个对申请攻读大学本科学历者和移民申请者的英语水平进行客观、准确和统一的评价工具，从而确保留学生的招生素质、教学质量和移民申请者的英语水平能够满足移民目的国的语言要求。IELTS 考试包括普通类测试（General Training）和学术类（Academic）测试两个版本，前者主要适用于以移民英联邦国家为主要目的的考生，而后者则适用于对留学生申请者的选拔性考试。其中，学术类测试 IELTS（Academic）包括针对理工科类留学生的入学资格考试（简称：EEIS Ⅰ，即 Entrance Examination for International Students Ⅰ的英文缩写）和针对文科类留学生的入学资格考试（EEIS Ⅱ，即 Entrance Examination for International Students Ⅱ的英文缩写）。由于 IELTS 考试在测量的信度（reliability）和效度（validity）等方面不仅得到了英联邦国家大学的认可，而且也日益赢得了北美地区多所大学的普遍认可，因此，美国的大学要求：凡是申请赴美接受大学本科学历教育或研究生学历教育的母语非英语申请者必须参加 TOEFL 考试或 IELTS 考试，并达到各类招生院校的录取标准。

TOEFL 考试成绩或 IELTS 考试成绩只是留学生招生录取的必要条件之一，而不是录取决策的充分条件。因为除了满足语言水平考试的基本要求以外，美国大学还要求留学生必须参加并提供完成大学本科学历教育应该具备的专业学习能力和知识水平考试成绩，即 SAT 考试或 ACT 考试成绩，或者要求申请者完成 GAC 预科教育课程学习并达到 GAC 考试的要求（见图 6—2）。

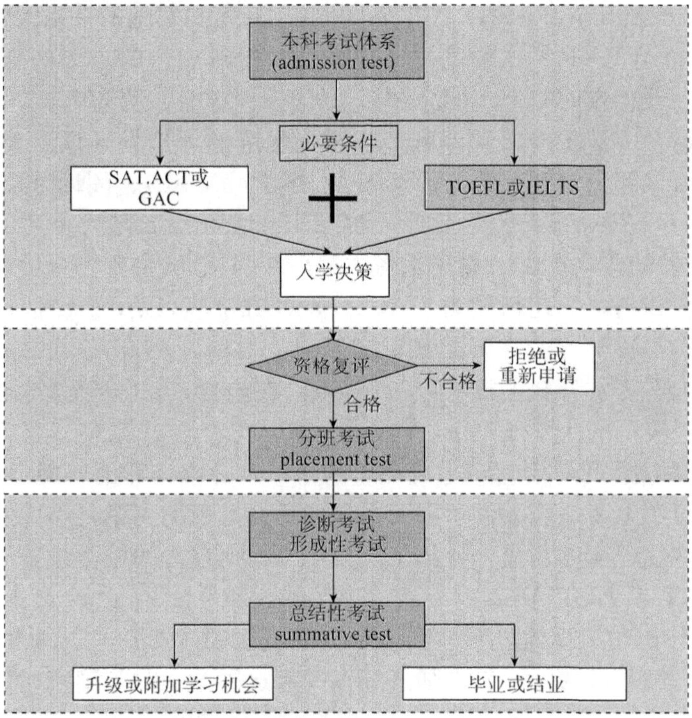

图 6—2 美国留学生本科考试体系示意图

TOEFL 考试和 IELTS 考试的成绩是申请者语言水平高低的标志，考试成绩本身并不能反映被试是否具备接受大学本科教育所应该达到的基本学业能力或知识水平。而 SAT 考试和 ACT 考试的测量目标则是留学生是否达到在美国大学接受并完成本科专业学习所具备的基本学能或学业素养。SAT 考试（Scholastic Assessment Test，中文名称为学术能力评估测试）是由美国大学理事会（College Board，CB）主办和实施并由 ETS 具体负责命题和阅卷工作的一项大学本科招生考试工具。SAT 考试分为两部分，即 SAT Ⅰ考试和 SAT Ⅱ考试，其中，SAT Ⅰ考试属于推理测验（Reasoning Test）或能力测试，而 SAT Ⅱ考试则属于一系列学科知识考试（Subject Tests）（谢小庆，2004）。SAT Ⅰ主要是通过考生的写作、阅读和数学考试表现测量考生的言语推理能力和数量推理能力；SAT Ⅱ则涉及对数学、物理、化学及生物等具体科目的考试。一般高中毕业生申请进入美国大学攻读本科学历只需参加 SAT Ⅰ考试即可，只有部分著名高校的个别学科或专业要求申请者必须提供一到两门 SAT Ⅱ考试的成绩。SAT 考试成绩是包括美国本土学生和世界各国高中毕业生申请美国大学学习及申请奖学金的基本决策依据。

ACT（American College Test）考试是由美国大学入学考试委员会（College Entrance Examination Board，CEEB）1959 年开发和实施的一项大学入学资格考试。ACT 考试与 SAT 考试的基本功能相似，但在测量的主要构想（construct）和考试的设计理念方面略有不同。ACT 不是一种学能或智商考试（IQ test），而是一种对申请者中学阶段所学课程知识掌握程度的评价性考试。ACT 考试的内容包括四个组成部分，即英语（English）、数学（Math）、阅读（Reading）和科学推理（Science Reasoning），此外，ACT Plus Writing 则为上述四个科目之外的一个 30 分钟的作文测试，属于选考内容，ACT 考试主要测量申请者对高中知识的掌握程度和基本的逻辑能力。ACT 考试的成绩可以用于评估被试是否具备进入美国大学本科学习所需要的知识和能力。目前，ACT 考试的成绩已经被全美包括哈佛大学等常青藤名校（Ivy League）在内的 3000 多所大学设置为本科入学标准之一，美国的大学既把 ACT 视为本科入学的要求条件，又把它作为发放奖学金的主要依据。SAT 考试主要测量的是考生的推理和语言能力，而 ACT 考试更侧重于对学生为适应大学学习而必备的学业知识的测量，因此它更强调对考生课程知识掌握程度的测量，各招生院校可以根据自己的招生政策要求申请者参加并提供 SAT 或 ACT 考试之一。

另外，当申请者尚不具备直接参加 SAT 考试或 ACT 考试的水平或条件时，或者申请者已经通过移民、工作随迁等方式而定居英、美等国家时，申请者也可以在美国本土或世界各地参加由 ACT 授权的分支教学、培训机构所提供的 6～12 个月的 GAC（Global Assessment Certificate）课程培训，并取得 GAC 考试相应的资格证书以后，才能继续参加 SAT 和 ACT 考试或直接申请大学本科学习。GAC 是一种国际英语预科课程培训与考试项目，属于美国 ACT 高考的子课程之一。GAC 预科培训与考试项目最初是由澳大利亚校园管理集团于 1986 年联合 14 所大学共同开发和实施的，专门针对母语非英语国家的高中学生以及同等学历者申请赴澳大利亚接受本科学历教育的一项大学预科课程培训和考试项目。2004 年，经过产权整合以后，改由美国大学考试委员会（American College Test）与澳大利亚高校联盟共同主办，并由 ACT Inc. 的全资子公司 ACT Educational Solutions Ltd.（AES）全面负责预科课程体系和考试评估体系的设计和开发工作。GAC 课程培训和考试的结果已经得到了美国和澳大利亚、英国、新西兰以及加拿大等英联邦国家大学招生部门的普遍认可。GAC 大学预科项目设立的主要目的是帮助申请者提前克服语言障碍，完成目的语国家的大学预科课程学习，并按照不同高校的招生要求，要么通过参加英语水平考试（TOEFL 考试或 IELTS 考试）和大学学能考试（SAT 考试或 ACT 考试）申请接受大学学历教育，要么凭 GAC 课程培训证书和考试成绩直接申请进入大学学习。由此可见，美国的本科招生考试体系非常完备、严谨，如果外国留学生希望申请进入美国的大学接受本科学历教育，除了参加必要的英语水平考试以外，还必须参加 SAT、ACT 等学能考试之一，否则，就必须接受 GAC 项目培训和考试（见表 6—6）。

表 6—6　　美国留学生本科入学考试

条　件	考试缩写	英文全称	开发者	考试性质
条件 1 必考之一	TOEFL	Test of English as A Foreign language	ETS	语言考试
	IELTS	International English Language Testing Systems	UCLES	
条件 2 必考之一	ACT	American College Test	ACT	学业考试
	GAC	Global Assessment Certificate	ACT	预科考试
	SAT	Scholastic Aptitude Test	ETS	学能考试

二、研究生招生考试体系

由于美国不仅是接收留学生攻读研究生学历（含硕士和博士）最早的国家，同时也是世界上每年招收研究生数量最多的国家之一，为了确保研究生招生的素质，给所有的本土学生和国际学生提供一个公平竞争的机会，在经过若干年的实践、探索和完善以后，美国高等院校（所）在研究生的招生、遴选和评价等方面也已经形成了一套迄今为止世界上最完整、最系统和最灵活的研究生招生考试体系。目前，美国高校研究生教育采用的是“趋同”教育模式，即本土学生和国际学生在研究生学历教学的内容、标准以及学术（论文）要求方面完全相同，因此，所有的母语非英语（non-natives of English）学生在申请美国研究生院（所）的入学资格时，除了必须参加并提供英语水平考试成绩以外，还必须与本土申请者一样参加相同的研究生专业素养或学能方面的考试。所谓英语水平考试即要求申请者必须具备在研究生学习阶段完成学业所需要的英语语言水平考试，这些考试与申请大学本科学习的语言考试要求基本一致，主要包括 TOEFL 和 IELTS 考试。

除了满足语言水平考试的基本要求以外，在美国的研究生院（所）招生考试体系中最富特色的是针对不同专业学习要求和研究要求所开发的各种研究生学能考试，这些考试主要包括 GRE（general）、GRE（subject）、GMAT、LSAT 和

MCAT 等专业考试（见图 6—3）。

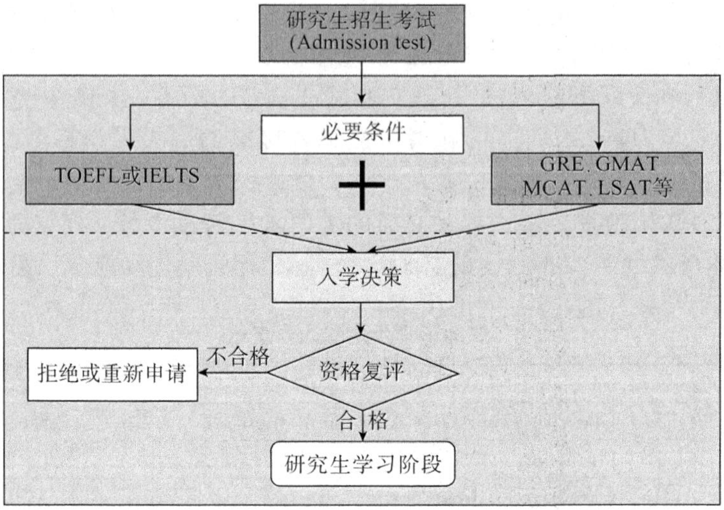

图 6—3　美国研究生招生考试过程示意图

GRE 考试（Graduate Record Examination）是美国研究生院（所）招生考试中发展最成熟、应用范围最广泛的学能考试之一，除商业、经济、管理、法律和医学等专业以外，几乎所有的研究生招生专业都要求申请者参加并提供 GRE 考试成绩。GRE 考试属于典型的研究生学能考试，它包括 GRE（general）普通考试和 GRE（subject）专业考试两个相对独立的体系。其中，GRE（general）普通考试反映的是申请者是否具备完成研究生阶段学习任务的一般学能水平考试，其考试内容包括言语（verbal）、逻辑分析（analytical）和数学（quantitative）三部分内容，考试成绩可以反映研究生学业普遍要求的基本素质，属于申请者的必考项目。当留学生拟申请的研究生专业与申请者本科阶段所学的专业不一致或者尽管两者相同，但招生院校认为其本科学习阶段的平均成绩点数（Grade Point Average，GPA）不足以证明申请者具备研究生学习阶段应该达到的专业素养或学习能力时，招生院校将要求申请者除参加 GRE（general）普通考试以外，还必须参加相应的 GRE（subject）专业考试。与 GRE（general）普通考试相比，GRE（subject）专业考试更侧重对申请者具体专业知识和专业学能的测量。为了满足不同招生院校（所）、不同研究生专业的招生需求，ETS 已经开发并提供了包括英语文学（Literature in English）、生物化学（Biochemistry）、化学（Chemistry）、计算机科学（Computer Science）、生物（Biology）、物理（Physics）、数学（Mathematics）和心理学（Psychology）等若干个专业考试模块，招生单位可以根据本学校的专业学习要求和申请者的具体情况，规定学生是否必须参加相应的 GRE（subject）专业考试，从而综合考虑申请者的 GRE（general）普通考试和 GRE（subject）专业考试成绩做出录取与否的决策。

除了 GRE 考试以外，美国很多专业教育协（学）会和高校招生联盟等还根据研究生学位质量的特殊社会需要和相对风险程度的不同，针对若干专业开发和设计了一系列研究生学能考试，以满足不同研究生招生专业的多元化需求，这些考试主要包括 GMAT、LSAT 和 MCAT 等考试。

GMAT 考试（Graduate Management Admission Test）也是由 ETS 针对申请管理、商业、经济等研究生专业申请者而开发的入学资格考试；LSAT（Law School Admission Test）则是由美国法学院招生考试委员会（Law School Admission Council，LSAC）针对法律专业研究生申请者开发的研究生学能考试。另外，考虑到医学研究生专业的社会风险较高，其学习内容和学习过程相对特殊等因素，因此，凡是申请医学研究生专业学习的学生，必须参加由美国医学院校联合会（American Association of Medical Colleges，AAMC）开发的医学研究生入学资格考试，即 MCAT 考试（Medical College Admission Test）。这些考试只是适用的专业范围有所不同，但其评价功能与 GRE 考试基本平行。

由此可见，美国的研究生招生考试体系与本科生招生考试体系一样，是一个既灵活多样、又完整统一的整体。招生考试体系既包括语言水平考试方面的统一标准（TOEFL 和 IELTS 考试），又包括专业学习能力方面的多个考试模块，招生单位完全可以根据招生的实际需求和专业特点自主规定申请者参加不同的考试项目（见表 6—7），并根据每年申请者的竞争程度、招生限额等不同情况，设置和制定相应的分数标准或入学要求。

表 6—7　　美国留学生研究生入学考试

条　件	考试缩写	英文全称	开发者	考试构想
条件 1 必考之一	TOEFL	Test of English as A Foreign language	ETS	语言水平
	IELTS	International English Language Testing Systems	UCLES	
条件 2 必考之一	LSAT	Law School Admission Test	LSAC	研究生专业学能/学术素养
	GRE（General）	Graduate Record Examination	ETS	
	GRE（Subject）	Graduate Record Examination of Subject	ETS	
	GMAT	Graduate Management Admission Test	ETS	
	MCAT	Medical College Admission Test	AAMC	

第四节　来华留学生招生考试的历史与现状

留学生考试理论与实践的发展水平和发展过程，是一个与留学生招生规模、学历结构和专业层次发展密切相关的过程，招生考试与教学考试体系的完备性和科学性如何反映了留学生教育整体水平的高低（Ground & Waugh，2009；王后雄，2008）。留学生教育考试体系是由招生入学考试、入学以后的安置性考试（placement tests）、教学过程中的诊断性考试、形成性考试、总结性考试以及毕（结）业考试等所构成的完整系统。不同考试的测量功能和测试目的之间既有区别又联系，并从不同的角度、以不同的方式分别对留学生的教学过程产生反拨作用（washback effects）（Bailey，1996；Shohamy，1992；黄大勇，2002；Bachman & Palmer，1996）。留学生的招生选拔过程是留学生教育中非常重要的环节之一，而留学生的招生入学考试则是保证留学生招生工作规范化、确保生源质量的基本手段，同时也是教学质量的重要保障。

一、留学生招生考试的历史

与美国等很多国际教育发达国家相比，我国在留学生的招生考试体系和教学评估体系方面均存在较大的差距，这些差距主要表现在留学生招生考试制度的起步较晚，招生考试体系和教学评估体系还相对薄弱等方面（刘英林，1994）。改革开放以前（1977 年以前），由于每年来华留学生的人数不多（平均每年只有 400 多人），留学生的学习性质主要以政府之间的交换生、政府公派生的非学历性教育为主，而且学习的专业也主要集中在汉语语言学习方面，同时，留学生的招生院校也比较集中。在这种国际教育规模有限、专业同质性较强和招生院校比较集中的留学生教育形势下，针对留学生教育的各种考试需求并不强烈，因此，在改革开放前，我国在留学生的入学语言测试和专业学能测试方面可以说完全是一个空白。

改革开放初期（1978—1994 年），随着来华留学生规模的逐渐扩大，我国高等院校接收非语言类学历教育的外国留学生人数和比例不断提高，留学生招生院校的数量和地域分布日趋多元化，因此，在留学生的生源质量、知识结构和学习能力等方面也出现了参差不齐的现象，不少高等院校在教学过程中都遇到了许多实际困难，并成为了制约留学生教学质量的重要瓶颈之一。为了解决生源素质与教学质量之间存在的突出矛盾，提高留学生本科学历教育的权威性，维护来华留学生学历教育（主要是本科生）的国际声誉，原国家教育委员会曾首次要求针对申请来华攻读理工农医和经济管理类本科专业的留学生，由各高等院校实行数学、物理和化学水平入学考试制度。但遗憾的是在实际操作和执行中，由于缺乏统一的考试标准和具体的操作要求，该文件的实际约束力非常有限，不少高校因为片面追求国际学生的规模而对专业考试标准的要求不高，或者很多学校因为缺乏开发留学生招生考试的专业人才和经验，从而导致针对留学生的专业招生考试的要求名存实亡（李联明，吕浩雪，2004；李盛兵，李燕，2009）。另外，在语言水平考试方面当时也没有提出具体的参照依据和统一要求，因此，各高校当时普遍采用的是“以教代考、以学代考”的免试教育制度，即所有留学生在入学以前既没有经过汉语水平考试的评价，也没有经过严格、统一的专业学能考试或专业知识水平的考核与评估，而是在所有留学生被录取并接受1～2年的汉语教学以后，再由各高校自主掌握本科学历教育的入系学习标准和要求（见表6—8）。

表6—8　　来华留学生考试概况

阶　段	时　段	留学生特征	专业分布	语言考试	专业考试
改革开放以前（1950—1977）	1950—1977	非学历生人数很少	语言为主	无	无
改革开放后（1978—2012）	1978—1994	非学历生规模较大	语言为主专业增多	高校自主	个别高校自主开发
	1995—2009	学历生增多	专业生明显增加	HSK	北大、清华、复旦等高校自主开发
	2010—2012	学历生剧增	专业生明显增加	HSK	自主开发与统一考试酝酿、探索阶段

进入20世纪90年代中期以后（1995年后），在来华留学生中申请接受学历教育（含本科和硕士）的自费生人数和比例大幅度提高，但是由于申请者的实际汉语水平与学历教育需求之间的矛盾比较突出，不少学生在完成学历教育的过程中遇到了严峻的挑战。如何通过语言考试评价本科学历申请者是否满足课堂学习的汉语要求，如何通过设立统一的语言测试工具选拔符合条件的留学生入系（或专业）学习，以及如何确保本科生和研究生的教学质量问题已经成为各招生院校普遍面临的突出问题之一。因此，在这样的历史背景下，为了适应留学生教育发

展的崭新形势，1995 年教育部（原国家教育委员会）针对来华留学生的汉语水平要求首次颁布了教外来〔1995〕668 号文件，该文件规定："凡申请注册入中国普通高等学校接受本科学历教育的外国人，均须参加中国汉语水平考试（HSK），并获得相应的最低合格等级的《汉语水平证书》，方可申请正式注册学习。"该文件的颁布标志着我国在留学生高等教育招生考试方面迈出了关键的一步，标志着我国在留学生招生程序国际化方面取得了实质性进展。由于中国汉语水平考试（HSK）在满足各招生院校对学历生，特别是在对接受专业学习和学历教育的本科生语言水平的测量方面发挥了非常积极的作用，因此，从 1995 年开始后的相当一段时间内，在中国境内参加 HSK 考试的留学生人数始终保持着持续、高速的增长趋势（见图 6—4）。据统计，从 1995 年到 2000 年，在中国国内参加汉语水平考试（HSK）的留学生人数已累计达到了 97 366 人，自教外来〔1995〕668 号文件的颁布到 2012 年在国内参加各个级别 HSK 考试的总人数则累计超过了 929 231 人（次），由此可见，中国汉语水平考试（HSK）的实施，在国内高等院校本科生和研究生的招生评价标准方面发挥了不可忽视的作用。

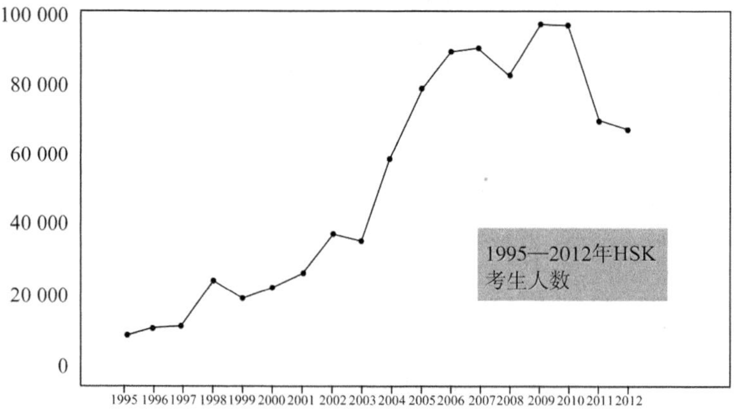

图 6—4　1995—2012 年在华留学生参加 HSK 的人数

进入 21 世纪以来，特别是在最近几年，随着汉语国际教育形势的发展和全球孔子学院教学模式的日益完善，来华留学生规模在继续保持高速增长的同时，留学生的学历目标和专业结构也正在发生诸多变化。由于海外孔子学院为短期汉语学习者、非学历教育性质的汉语学习者提供了更多接受本土化教育的机会，因此对国内短期来华留学生产生了一定的分流作用，但申请来华接受本科学历教育和研究生学历教育的留学生人数在来华留学生总人数中的比例则相对提高。特别是从 2001 年到 2012 年的最近 12 年内，申请来华攻读学士学位和硕士学位的留学生总人数分别达到了 15 368 人和 131 865 人，累计总增长率超过了 758.05%，同时，本科生和研究生在留学生总数中所占的比例也由 2001 年的 24.84%上升到了 2012 年的 40.16%以上。由此不难看出，留学生的学历层次和规模与十年以前相比都发生了显著的变化，但与此同时，我国在针对本科生和研究生学历教育的招生考试方面所存在的若干不足也日益突显，并已经成为影响或制约我国留学生招生与教学质量的重要因素，这些不足主要体现在以下两个方面。

二、语言测试方面的不足

语言是课堂教学和交流的基本工具，具备必要的目的语语言水平是留学生完成课堂学习任务和接受学历教育的前提条件，因此，语言水平考试是招生选拔的重要工具。在我国的留学生招生和教育过程中，汉语招生考试体系与美国等教育发达国家相比，还存在着明显的差距：一是在招生过程中，语言考试实施的历史相对较晚，从教育部颁发教外来〔1995〕668 号文件规定将 HSK 作为本科生和研究生招生的语言测量工具至今尚不足 20 年，而美国的入学语言测试历史已超过 50 年（见表 6—9）。二是现有的汉语水平考试（HSK）体系和效用尚需要进一步完善，尤其是新 HSK 考试在研究生入学标准方面似乎还缺乏预测效度（predictive validity）方面的研究证据，汉语测试研发机构之间也缺乏必要的竞争机制，因此，招生单位的选择灵活性尚显不足，在国内参加 HSK 考试的预期人数与学历生的增加速度之间并不完全吻合。

表 6—9　美国留学生招生考试实施时间

名称	开始时间	应用范围	研发机构	名称	开始时间	应用范围	研发机构
TOEFL	1964	本科生 研究生	ETS	MCAT	1928	研究生	AAMC
IELTS	1989	本科生 研究生	UCLES IDP	GRE	1937	研究生	ETS
SAT	1926	本科生	ETS	GMAT	1954	研究生	ETS
ACT	1959	本科生	ACT	LSAT	1947	研究生	ETS

据统计，从 2001 年至 2007 年，在中国境内参加 HSK 考试（含新 HSK 和原 HSK）的总人数和在华留学生学历生的人数基本保持了线性增长的趋势（见图 6—5），

但从 2008 年开始，尽管来华本科生和研究生的数量继续保持着高速增长的趋势，但参加 HSK 考试的考生人数则出现了较大的波动性，即参加 HSK 考试的实际考生人数与本科生和研究生人数的持续增长之间产生了一定的脱节现象。经过进一步调查分析，我们发现，导致这一“异常”现象产生的原因可能包括两个方面：一是新汉语水平考试（HSK）与原汉语水平考试体系的考试内容、试卷结构、难度分布和分数标准之间并不完全等价，留学生和招生单位由原 HSK 考试向新 HSK 考试的过渡还需要一定的适应期。二是为了充分发挥汉语考试在汉语国际教育推广形势中的积极作用，新 HSK 考试的测量构想（construct）和功能与原 HSK 考试相比发生了较大变化，新 HSK 考试的研发目的特别强调的是“以考促教”和“以考促学”的基本理念（国家汉办/孔子学院总部，2010），考试的用途主要是为了鼓励国内外汉语学习者的语言学习兴趣，服务于汉语国际推广的国家战略。然而，来华留学生学历教育招生单位迫切需要的则是一个能够准确测量或预测申请者是否具备完成本科和研究生学历学习阶段的汉语能力的测量工具，从而全面评价考生的汉语听、说、读、写能力和水平能否满足在华接受学历教育和专业学习的基本要求。目前在留学生汉语测试领域的这种“供需”之间的错位和脱节现象，可能在一定程度上影响了语言测试在招生选拔方面的作用，影响了考生的潜在报考意愿，因此，如何进一步解决新 HSK 考试的研发定位与高校招生需求之间的脱节现象问题，不仅关乎国内留学生的招生质量问题，而且关乎我国留学生教育的国际声誉问题。

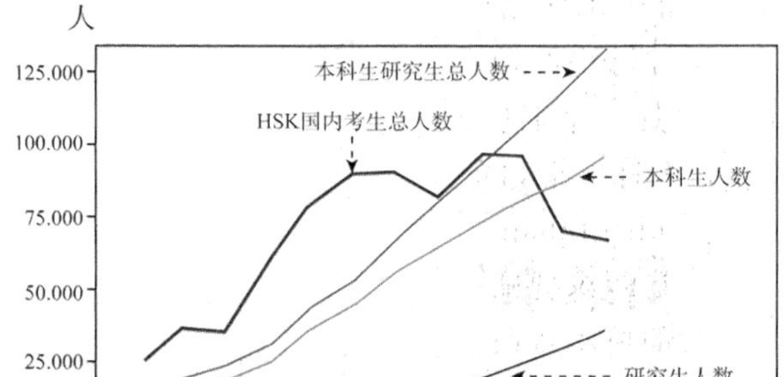

图 6—5　2001—2012 年 HSK 考生人数与本科生及研究生人数情况

三、专业学能测试方面的缺失

如果说在留学生的语言测试领域存在的主要是“供给”和“需求”之间不完全吻合的问题，或者说现有的汉语测试工具对留学生在学历教育和专业学习方面的预测效度尚需完善的问题，那么，在本科招生和研究生招生中的专业学能考试则可以说几乎是一个空白。

改革开放以来，来华留学生的学历层次和专业结构已经和正在发生深刻的变化，尽管国内留学生招生院校在已有的汉语水平考试（HSK）基础上，迫切需要设置针对不同专业本科生和研究生学能和知识水平进行测量和评价的考试标准，迫切需要具有较高信度（reliability）和效度（validity）的专业学能测量工具，以提高不同专业学历生的招生质量和教学效果。但在学历生的专业学能和知识考试方面，除了北京大学、清华大学和复旦大学等个别高校自主开发的专业性入学考试以外，我国在来华留学生的招生考试方面，始终没有建立起标准、统一的专业学能考试制度。

1995 年教育部（前国家教育委员会）颁布的教外来〔1995〕668 号文件虽然对留学生的一般汉语水平做出了原则性规定，并在本科生的招生和教学方面曾经发挥了不可忽视的作用，但是，该文件所界定的入学标准和考试要求主要是基于汉语水平考试（HSK）的原有测量体系。由于近 10 年以来，不仅留学生的规模和结构发生了上述巨大的变化，而且汉语水平考试的运行机制、考试体系和适用范围也发生了明显的变化，因此，在目前的留学生专业学能考试方面还存在着如下不足：即针对本科生和研究生的专业学能考试完全处于一种缺失（shortage）状态，不少招生单位被迫自行开发质量良莠不齐的专业入学资格考试作为招生选拔的工具，甚至个别高校以 HSK 考试或自行设计的信度和效度等指标尚存在疑问的汉语语言考试替代专业学能考试的现象。另外，由于各高校缺乏设计和开发专业考试的资源、技能和人才，因此，导致留学生学历教育的入学标准不仅缺乏统一的评价体系，而且考试的结果既没有普适性，也没有可比性。招生考试体系的错位、缺失以及招生过程中的诸多不规范现象，一方面令申请接受我国大学和研究生学历教育的外国留学生感到困惑，另一方面由于招生单位缺乏对学生素质和学习能力进行准确测量的手段，因而严重损害了留学生招生过程的严肃性、公平性，影响了招生的层次和素质，并给入学后的教学质量和毕业标准带来了严峻的挑战。所以，在国内来华留学生学历教育中，语言测试体系和专业学能考试体系的协调开发和完善，已经成为迫切需要解决的现实问题。

第五节　构建来华留学生考试体系的基本策略

基于对我国留学生教育发展特征和考试体系的深入分析以及对中美两国留学生招生考试体系的系统比较，我们不难发现，我国在针对留学生的教育考试体系方面还存在着明显的缺失、错位和不规范等问题。其中，考试缺失问题主要表现在两个层面：一是针对本科学历教育和研究生学历教育申请者的留学生专业学能考试或专业知识考试还没有完整、统一的国家标准，因而国内各招生单位在留学生的招生实践中，还缺乏稳定、可靠的招生考试入学依据。二是本科生入学以后的安置性考试、形成性考试等诊断性考试以及总结性考试还缺乏系统的体系。考试的错位（mismatch）则主要反映在很多高等院校在留学生的招生过程中，混淆了语言测试和学能考试的基本功能，将中国汉语水平考试（HSK）测量成绩的应用范围人为扩大。众所周知，中国汉语水平考试（HSK）的测量结果主要是用来评价考生是否具备完成本科学习所应该达到的汉语水平，而不是用来评价考生是否具备或达到了本科专业学习或研究生专业学习的基本素质、知识水平或学业能力。所以，HSK 的考试结果只能作为留学生本科招生和研究生招生入学中的语言水平评价工具。不少高校在具体的招生实践中，由于受专业学能考试缺失的限制或出于操作方便性的考虑，不仅没有将 HSK 的考试成绩作为本科生和研究生招生入学的必要条件之一，反而将其作为充分条件，从而以汉语水平考试（HSK）的功能代替了专业学能考试的基本功能，因而普遍存在将 HSK 考试成绩人为误用的现象。另外，还有部分高校在招生过程中，尽管避免了 HSK 考试成绩的误用问题，但在专业学能考试的开发方面还存在主观性较强、自主研发的考试工具缺乏信度和效度等现象，因而考试的结果也无法满足不同专业学能考试的基本要求。

国内高等院校在留学生本科招生和研究生招生考试方面存在的上述缺失、错位或不规范等现象，如果说在招生规模不大、专业相对单一的教育形势下，这种供需矛盾及其所引起的教育后果尚不明显的话，那么在留学生人数连续高速增长、专业结构日趋多元化和学历生比例明显提高的国际教育形势下，如何正视留学生发展的实际情况，由相关教育主管部门在充分调研的基础上，借鉴留学生国际教育的先进经验，尽快采取相关措施，全面、系统地开发和实施来华留学生的招生考试体系，已经成为国内留学生教育领域亟待解决的现实诉求。为了适应来华留学生发展的历史趋势，满足国内各高等院校留学生招生选拔和教学评估的客观需要，我们认为目前应该首先解决针对本科生和研究生的招生考试缺失问题，然后再进一步充实和完善入学分班考试以及教学评价考试体系。由于任何教育考试体系的构建都不是一个一蹴而就的过程，而且各种考试的开发质量和应用效果如何也需要较长时间的历史检验，因此，我们建议应采取如下具体策略，按照需求迫切程度的先后顺序逐步开发针对学历生的招生入学考试和专业学能考试。

首先，建议由来华留学生教育行政主管部门采取公开招标和资格评估相结合的方式，委托具备考试研发资质和研发水平的高等院校，尽快启动留学生本科招生考试、研究生招生考试以及预科生结业考试和入系考试标准的系统调研和设计工作。

其次，由于考试体系的完善是一个相当复杂的系统工程，为了保证留学生招生考试政策和标准的连续性和衔接性，在对留学生教育考试体系的总体结构进行统筹规划和总体设计的基础上，采取由大到小、由粗到细和循序渐进的策略，分步骤、分阶段的完善各种留学生考试体系。目前可考虑在继续发挥和完善 HSK 考试在本科生和研究生招生中的效用和预测效度的基础上，首先对本科生学习相对比较集中的若干专业进行调查分析，并分别按照专业规模的大小，开发一系列适用于本科学历招生需求的入学资格考试；然后，针对不同专业招生和学习要求的研究生申请者开发研究生学能考试或专业资格考试；最后，将来华预科生考试与普通本科生入学考试标准由双轨制统一为单轨制。

再次，考虑到不同招生院校之间在招生实际需求方面存在的客观差异，为了增加考试系统的使用效率和灵活性，我们建议在本科专业学能考试的开发过程中，首先对不同本科专业和研究生专业学习的普遍要求进行归纳，然后遵循专业相似性的原则，对若干目标专业进行适当归类，从而按照各类本科专业人数的排名先后顺序开发相应的专业学能考试，最终形成覆盖所有学科和所有专业，功能齐全、完整的考试体系。

最后，进一步明确和规范中国汉语水平考试（HSK）与专业学能考试之间的区别、适用范围和测量目标，并规定所有申请攻读本科学历和研究生学历的来华留学生一方面必须参加或提供证明其汉语水平的 HSK 考试成绩，另一方面必须参加并满足不同招生院校所要求的专业学能考试成绩，以确保生源质量。在留学生招生考试体系基本完善的基础上，再逐步开发和完善入学后的安置性考试、教学诊断性考试等，提高留学生教育考试的系统性、完整性。

第六节　留学生考试体系的基本结构及开发路径

留学生的教育过程是一个由招生选拔、入学资格审查、教学和毕业（或结业）等环节构成的完整过程，其中每一个环节都需要相应的测量工具作为评估手段，从而为教育过程和教学效果反馈信息，对教育过程进行全面监控。因此，留学生教育考试体系具有明显的结构化和阶段性特征，不同阶段的考试具有不同的测量对象和测量功能。从招生选拔阶段的考试来说，招生考试体系既包括针对本科学历招生的考试体系，也包括针对研究生（含博士生）学历招生的考试体系；从测量的构想、目标和用途角度来说，招生考试体系不仅包括教学（工具）语言要求方面的考试，而且包括针对不同学历、不同专业的学能考试。

进入 21 世纪以来，来华留学生的规模扩张较快，由于不少留学生招生单位之间的同质性竞争过强、片面追求招生数量等原因，因而忽视了对留学生入学资格的测试和审查，加之我国留学生教育领域目前尚未建立起系统、规范的招生选拔考试（entrance examinations）制度，因而导致留学生的基础生源质量难以保证，而且针对留学生的教育增值（added value）效果也不理想，所以，部分高校对来华留学生所颁发的文凭规格和形式虽然是统一的，但文凭背后所承载的内涵与质量却良莠不齐（史明，2005）。反观国际教育输出大国（如美国、英国、德国、日本等）经过近百年的教育探索与实践，已经建立起了一套结构合理、功能齐全的面向所有国际学生，并涵盖各个学历层次和覆盖所有专业领域的完整的留学生招生考试体系，这不仅在招生公平性（fairness）和保证生源质量方面发挥了关键性作用，而且也为教学质量提供了可靠的保障。

我国留学生教育考试中存在的上述诸多问题，特别是在招生考试体系方面所暴露的各种不足，已经在留学生教育领域达成了共识。考虑到历史和现实原因，目前在还不具备与美、英、德、日等国留学生教育考试制度完全接轨的前提下，我们建议根据来华留学生的学历结构和专业规模等特点，首先从开发和健全留学生的招生考试体系入手，在把好入学“质量关”的基础上，再逐步实施统一、标准的留学生教学评估考试。在招生考试体系的开发方面，应采取分专业、按规模大小优先级的策略，有步骤、分阶段地分别开发和实施针对大学本科学历和研究生学历招生的全国统一性学能考试以及语言测试。在考试体系的具体开发路径方面，可以分为三个阶段，即首先设计和实施针对留学生本科招生的汉语考试体系和专业学能考试，然后进一步开发和实施针对研究生学历招生的语言考试和专业知识或学能考试，最后，在本科和研究生招生考试体系基本完善的前提下，综合考虑不同学历层次和不同专业教学的具体要求和特点，继续开发和实施适用于不同学科、不同专业教学过程的个性化教学评估考试，丰富中国教育国际化的内涵，全方位满足国内各高校在招生、分班和教学评价中的多元化需求。

一、本科招生考试体系

由于申请攻读本科学历的来华留学生人数在学历生中所占的比例最高、增长速度最快，同时，申请者的专业选择多元化特征也比较明显，所以国内各招生院校对来华留学本科生入学考试的客观需求最为迫切（夏青，2011；史明，2005）。因此，为了尽快避免“以教代考、先招后考”和“以学代考”的被动局面，在充分参照和借鉴美国留学生本科招生考试体系的基础上，我们可以首先开发针对本科学历招生的“来华留学本科生入学/学能资格考试”（英文名称暂定为：China's Scholastic Aptitude Tests for International Students，可以缩写为 CSAT 或 CSATIS）。

为了兼顾不同本科招生专业的普遍需求和特殊要求，确保招生入学考试的结果具有较高的预测效度和针对性，CSATIS 考试体系的结构可以分为两个部分：第一部分是针对所有专业的、具有普遍意义的本科学能考试，即 CSATIS（general）考试，可以简写为 CSATIS（g）。CSATIS（g）考试不是以测量某一个具体专业或特定学科领域的知识为主要目标，而是从整体上测量申请者是否具备在中国大学完成本科学历教育阶段所需要的基本素质和基本能力。在 CSATIS 考试的开发过程中，还可以根据专家论证的结果，结合我国高校留学生本科招生和教学的实际情况，开发一项同时适用于文科招生和理科招生的 CSATIS（g）考试，也可以考虑分别开发满足文科招生和理科招生需要的 CSATIS（g）考试，比如：CSATIS（g1）（文科）、CSATIS（g2）（理科）等；CSATIS（g）考试与一般语言要求考试（比如 HSK 等）是所有本科招生专业的必考项目（required testing programs），是外国留学生申请接受中国大学本科学历教育的必要条件之一（见图 6－6）。

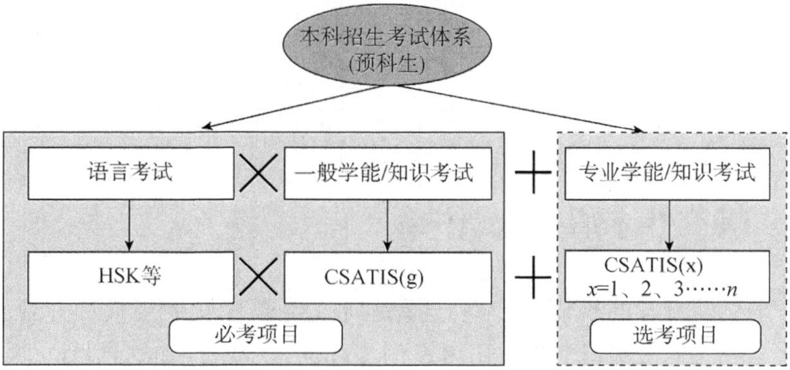

图 6－6　来华本科生招生考试体系结构示意图

由于不同本科专业对学生的专业学习能力和知识素养要求之间可能存在着较大的差异，因此，针对本科学历招生需要所开发的第二部分考试则属于选考项目（selective testing programs），即在开发和完善 CSATIS（g）考试的基础上，再针对不同学科和不同专业的教学过程进行需求分析（need analysis），并进行同质性归类，然后分别开发针对不同学科和专业招生要求的学能考试。该考试体系可以用 CSATIS（x）表示，其中 x 可以取 1、2、3、4……n 等不同的值，分别表示不同本科专业的学能考试。CSATIS（x）考试体系是一个相对开放的模块化系统，可以根据留学生专业发展的现实情况和未来的潜在需求，不断进行动态补充和完善。同时，为了充分尊重和维护留学生招生单位的自主权和灵活性，应该将 CSATIS（x）考试定位为选考项目，即考生是否需要参加 CSATIS（x）考试，以及参加哪个科目的 CSATIS（x）考试等完全由招生院校、招生专业等根据申请者之间的竞争程度、申请者的学业背景以及招生院校之间的具体差异等因素自行确定（CSATIS 考试的专业结构见表 6—10）。

表 6—10　　本科生与研究生专业知识与学能考试开发结构

本科生考试类别	研究生考试类别	适用专业	2012 年人数			开发顺序	备　注
			本科生	硕士生	合计		
CSATIS（1）	CGREIS（1）	西　医	26 711	2 002	36 914	1	按照每个专业人数多少，确定开发顺序
		中　医	7 075	1 126			
CSATIS（2）	CGREIS（2）	汉语言	16 050	3 687	33 143	2	
		文　学	10 328	3 078			
CSATIS（3）	CGREIS（3）	经　济	13 496	3 007	29 787	3	
		管　理	7 218	6 066			
CSATIS（4）	CGREIS（4）	工　科	10 954	4 353	15 307	4	
CSATIS（5）	CGREIS（5）	法　学	2 615	2 276	4 891	5	
CSATIS（6）	CGREIS（6）	理　科	462	599	1 061	6	
CSATIS（g）	CGRE（g）	全　部	94 909	26 194	121 103		
……	……	……	……	……	……	……	

二、研究生招生考试体系

来华本科学习者的规模和专业选择是研究生教育发展规模和专业选择的基础，因此，考虑到来华留学生学历教育的连续性、稳定性和继承性，在开发和完善来华本科生招生考试体系的基础上，还必须逐步开发和实施针对研究生入学资格的考试体系，以实现留学生招生考试体系的完整性和系统性。

为了兼顾不同研究生招生专业的普遍需求和特殊要求，确保研究生招生考试体系的应用范围和预测效度，我们应该在全面总结和吸收本科招生专业考试应用效果和经验教训的基础上，参照美国研究生招生考试体系的基本结构，进一步开发针对研究生学历教育招生的“来华留学研究生学能/入学资格考试”（英文名称可暂定为：China's Graduate Record Examinations for International Students，缩写为 CGRE 或 CGREIS）。CGREIS 考试与 CSATIS 考试的结构一样，也包括两个不同的类别：一个是满足所有研究生专业招生普遍需求的研究生资格考试，即 CGREIS（general）考试，缩写为 CGREIS（g），或者考虑分别开发满足人文社会科学类研究生招生和理工科类研究生招生需求的 CGREIS 考试，比如 CGREIS（g1）考试（文科）和 CGREIS（g2）考试（理工科）等；另一个是针对不同研究生招生专业特殊需求所开发的研究生专业学能考试，即 CGREIS（x）考试。CGREIS（g）考试的性质和功能与美国现行的研究生入学资格考试 GRE 相类似，主要是用来测量申请者是否具备完成研究生阶段学业所要求的基本学业素质或能力。CGREIS（g）考试与中国汉语水平考试（HSK 等）也是绝大多数研究生专业入学要求的必考项目（见图 6—7）。

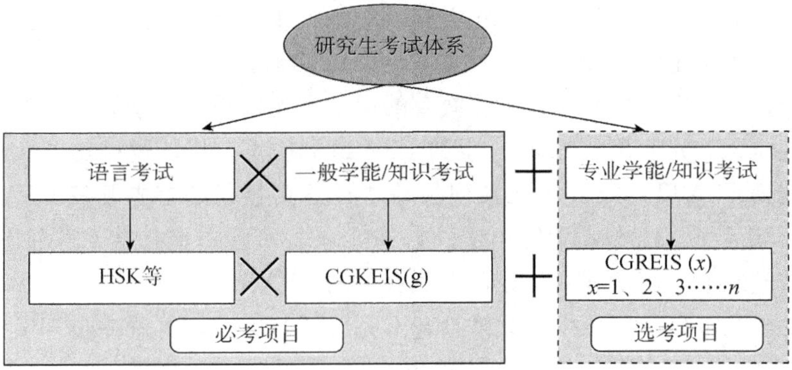

图 6—7　来华研究生招生考试体系结构示意图

由于不少研究生专业（比如医学、法学、经济学等）对学生的专业素养和学能要求具有一定的特殊要求，因此，在开发上述 CGREIS（g）考试的基础上，还应该针对不同专业领域的特殊学业要求，逐步开发满足不同专业招生要求的研究生入学资格考试，即 CGREIS（x）考试，其中 x 是专业学能考试的学科代码，可以取 1、2、3、4……n 等不同的值，分别表示不同学科的研究生专业学能考试。为了确保招生单位的灵活性，CGREIS（x）考试也不属于必考项目，而是选考项目。考生是否参加 CGREIS（x）考试，以及应该参加哪个科目的 CGREIS（x）考试等完全由招生院校、招生专业根据研究生学历教育的实际要求和申请者的学业背景等自行确定，甚至 CGREIS（g）考试和 CGREIS（x）考试项目的具体分数标准等也可以由招生单位自主设定（考试的专业分类参考见表 6—10）。

三、招生考试的开发路径

考试体系的开发路径（development routine）即一系列考试开发的先后顺序和考试体系的具体架构（architecture），国际上，留学生本科生和研究生招生考试体系的开发一般遵循趋同归类、规模优先、由粗到细、逐渐完善的基本原则（Horie，2002；Spolsky，1995）。由于中美两国的高等教育体制、课程设置等并不完全相同，来华留学生与赴美留学生在专业倾向、专业结构和规模等方面也不完全相似，因此，来华留学生招生考试的开发路径和专业结构等不能完全照搬美国的模式，但可以遵循教育国际化的普遍规律，有所选择地借鉴美国的本科生和研究生招生考试的基本经验。为了保证考试开发的使用效益最大化，根据教育部对 2012 年来华留学生专业结构的统计数据，我们可以在已有的汉语水平考试（HSK）的基础上，按照如下优先级（priority）和专业结构分别开发针对本科生和研究生学历招生的 CSATIS 考试和 CGREIS 考试。

第一，由于申请接受本科学历教育的留学生人数明显多于研究生的人数，因此，我们应该首先开发针对本科生的 CSATIS 考试，并且遵循由 CSATIS（g）考试系列到 CSATIS（x）考试系列的基本开发路径，即首先开发 CSATIS（g）考试，以满足文、理本科学历招生的普遍需求，然后，在总结 CSATIS（g）考试经验的基础上，逐步开发与专业学能有关的 CSATIS（x）考试。

第二，在本科学历招生考试体系基本完善的基础上，再进一步开发针对研究生学历招生的 CGREIS 考试，同时也必须遵循由 CGREIS（g）考试系列到 CGREIS（x）考试系列的基本开发路径。

第三，在 CSATIS（x）考试和 CGREIS（x）考试开发的具体过程中，必须遵循“规模优先”的基本原则，根据留学生各专业本科人数和研究生人数的多少，确定各专业学能考试开发的具体顺序。根据本研究（见表 6—5）对历年来华留学生专业结构和人数的统计分析，建议按照如下具体顺序和专业结构分别开发适用于本科招生的学能考试体系和适用于研究生招生的学能考试体系。

（1）CSATIS（1）和 CGREIS（1）考试：由于医学从业者的素质对公民健康和社会风险的影响权重较大，因此，留学生医学专业教育对申请者的学习要求具有一定的特殊性，而且申请接受医学专业学历教育的留学生总人数最多（2012 年共有 36 914 人），所以，应首先开发针对医学专业类（含西医和中医）本科生和研究生的入学资格考试。

（2）CSATIS（2）和 CGREIS（2）考试：分别是针对汉语言与中国文学专业本科生和研究生的入学资格考试，2012 年的潜在考生人数为 33 143 人。

（3）CSATIS（3）和 CGREIS（3）考试：分别是针对经济、管理、商业、贸易等专业的本科生和研究生入学资格考试，2012 年的潜在考生人数可达 29 787 人。

（4）CSATIS（4）和 CGREIS（4）考试：分别是针对工科专业本科生和研究生的入学资格考试，2012 年的潜在考生人数可以达到 15 307 人。

（5）CSATIS（5）和 CGREIS（5）考试：分别是针对法学专业（含中国法学、国际法、经济法等）本科生和研究生的入学资格考试，2012 年的潜在考生人数可达 4 891 人。

(6) CSATIS (6) 和 CGREIS (6) 考试：分别是针对理科专业本科生和研究生的入学资格考试，2012 年的潜在考生人数可达 1 061 人。

如果严格按照上述开发路径和专业结构采取分阶段、按步骤的开发策略，逐步构建和完善本科生和研究生的入学招生考试体系，不仅可以为留学生申请者提供一个逻辑清晰、结构严谨的申请程序和考试标准，而且在很大程度上可以为各招生院校提供一个操作便捷、标准统一、功能齐全和灵活多样的招生评价体系与选拔工具，逐步解决我国留学生教育中长期存在的招生考试标准不统一、生源质量无法得到有效保证的混乱局面，为留学生教育国际化奠定坚实的基础。

四、招生考试的操作模式

所谓招生考试的操作模式，即各招生院校在留学生本科招生和研究生招生过程中的实施思路以及招生考试工具的使用方法。留学生本科招生和研究生招生考试体系的统一开发和完善，并不意味着招生院校在招生过程中完全失去了自主权，相反，在本科招生和研究生招生过程中，国家考试体系的开发和设立，只是为不同招生单位和专业提供了对申请接受本科学历和研究生学历教育的留学生进行统一评价和选拔的测量工具，而不是以此为标准剥夺招生单位的招生自主权和限制留学生的招生指标。至于不同院校的招生分数线 (cutoffs) 如何确定、申请者是否有必要参加选考项目以及选考项目的具体录取标准等，则完全可以由不同招生单位、不同专业根据实际情况进行灵活掌握。另外，采用必考项目（一般语言水平考试、通用本科学能考试和通用研究生学能考试）和选考项目相结合的模块化组合方式，不仅提高了不同招生院校之间在招生标准方面的可比性和透明度，而且还充分保障了不同院校、不同专业在招生过程中的多元化需求。

第七节　结束语

留学生教育考试体系 (educational testing systems for international students) 是留学生教育的重要组成部分，同时也是留学生教育国际化程度的标志 (Brown，2011；Wang，2012)。留学生教育招生考试体系和教学评价体系的构建和完善是一个相当复杂的系统工程，在留学生教育发展的初级阶段和教育规模较小的历史背景下，招生考试体系和教学评价体系的缺失、错位和误用等问题所产生的社会后果尚不明显，但随着留学生教育规模、学历层次和专业结构的不断发展和日益分化，招生考试体系和教学评价体系方面存在的各种不足对留学生教育质量的消极影响将越来越明显，因此，如何通过健全来华留学生的招生考试体系和教学评价体系保证招生质量和教学质量的社会需求已经日趋迫切。

鉴于目前我国来华留学生教育所面临的特殊发展机遇和挑战，同时考虑到对外汉语教学事业在国际交流和教育输出中的特殊性、重要性和现实性，为了适应我国留学生教育发展的历史趋势，我们呼吁国家教育行政主管部门和世界汉语教学学会等职能部门及相关机构，一方面正视考试体系在留学生入学资格筛选、分班教学和专业学习中存在的考试缺失、错位和不规范等弊端，参照上述留学生招生考试体系的基本构想和开发路径，统筹规划，循序渐进，尽快采取有效措施，通过开发符合我国留学生教育发展特点的完备的考试体系，充分发挥考试对招生、分班、教学和毕（结）业过程的全面监控和评估作用。另一方面，将留学生考试体系的构建作为我国教育输出的国家战略定位，完善相应的招生、教学考试政策，建立规范的招录程序和评价体系，全方位保障我国来华留学生教育按照“扩大规模、提高层次、保证质量、规范管理”的国家留学生教育发展指导思想健康、顺利地向前发展，并逐步奠定中国留学生教育的国际品牌，维护我国高等教育的国际形象。

注 1：该章引用的来华留学生人数均由中华人民共和国教育部国际合作与交流司提供。

注 2：该章引用的中国汉语水平考试（HSK）人数均由国家汉语国际推广领导小组办公室/孔子学院总部和北京语言大学汉语水平考试（HSK）中心提供。

第七章

面向社会的语言测试研究

第一节 概述

语言测试是对考查对象（考生）所具有或达到的语言水平或者说语言能力进行测量与评价的基本手段。语言测试的类型有很多，传统上，对语言测试的分类主要是从测试的目的（可分为水平测试、分班测试、学业成绩测试、诊断性测试等等）、评分方法（可分为主观性测试、客观性测试）和测试分数解释的参照体系（可分为标准参照性测试和常模参照性考试）等角度进行划分的。关于面向社会的语言测试，目前还没有一个公认的标准化定义，因此，我们只能从考试测量的对象、内容、测量目的等角度对面向社会的语言测试的特征进行描述。总的说来，面向社会的语言测试是相对于教育考试而言的，它一般具有以下四个主要特征。

（1）测试的目标对象主要是针对（但不限于）各类社会人员，比如，针对某一个或若干个母语团体、职业团体、民族团体以及教育对象等。

（2）测试的内容通常不以某一具体教育机构、教材和教学内容为测试命题的依据。

（3）测试的直接目的是为社会提供语言评价工具、贯彻国家的语言文字政策和推广语言知识，唤起国民的语言意识，提升公民的语言能力，而不是直接用来评价教育质量和作为招生决策的工具。

（4）测试往往是由国家行政部门的考试机构或由政府批准的专业测评机构主管并负责实施，因此具有较高的权威性、专业化和产业化特征。

面向社会的语言测试与一般教育测试的区别主要反映在两者所承担的社会功能方面。面向社会的语言测试不仅是教育测量与评价体系的重要组成部分，而且是贯彻国家语言文字政策的手段之一，是构建国家语言能力体系的有效措施，同时在社会人才的评价、选拔、分流和配置中也发挥着重要作用。面向社会的语言测试所具备的社会功能主要包括：

（1）贯彻国家的语言文字推广政策；

（2）引导公民的语言意识；

（3）提升公民的语言知识和语言文字能力；

（4）评价考生的语言水平和能力；

（5）选拔符合一定语言标准的社会人才。

尽管面向社会的语言测试与一般教育考试的社会功能有所不同，但是，面向社会的语言测试对教育类语言测试具有一定补充作用，比如，“雅思”考试（IELTS）属于比较典型的外语类社会语言测试，但因为其信度和效度得到了社会各界的高度认可，它能够比较准确地测量出考生的实际英语水平，因而不少国内外高校已将“雅思”考试的成绩作为硕士研究生入学后免修相应英语课程的决策标准。因此，面向社会的语言测试不仅具有特殊的社会功能，同时也兼具有部分教育考试的功能。

对面向社会的语言测试进行分类，可以采用不同标准。从测试的目标语言与考生的母语之间的关系来分，面向社会的语言测试可以分为：母语社会语言测试（国家职业汉语能力测试、国家汉字等级水平测试以及针对我国壮族考生设计的壮语文水平考试、针对我国蒙古族考生设计的蒙语标准音水平考试等）和外语或第二语言测试（美国 ETS 设计的 TOEFL 考试、教育部民族教育司负责实施的中国少数民族汉语水平等级考试等）。从测试的内容范围来分，面向社会的语言测试可以分为：综合性社会语言测试（如涵盖听、说、读、写四项语言技能的中国汉语水平考试、TOEFL 考试等）和专项社会语言测试（比如商务汉语考试、汉语口语测试、普通话测试等）。从考试的开发主体和测试语言的关系来分，面向社会的语言测试也可以分为两类，一类是由母语开发机构设计的针对外籍考生的考试，比如由美国 ETS 开发的针对英语为外语的考生的语言测试（TOEFL），由北京语言大学开发的针对外国留学生和华侨的中国汉语水平考试（HSK）等；另一类是由非母语机构开发的针对本国公民的外语类社会语言测试，比如由中华人民共和国教育部考试中心开发的，面向中国公民的外语水平考试（WSK），由日本中国语学力检定协会开发的“中国语检定”考试、日本中国语交际协会开发的“中国语交际能力测试”和日本商贸汉语协会开发的“商贸中国语检定考试”等面向日本考生的各类汉语能力鉴定考试等均属此类。

第二节　面向社会的外语水平测试

根据上述社会语言测试的分类标准，这里的外语类社会语言测试主要是指由国外考试机构开发的、在中国境内针对中国公民举办的各类外语类社会语言测试。由于受各国语言推广战略和教育政策的影响，截至 2011 年，由外国机构开发的、在中国境内举办的各种外语类社会语言测试已经多达 10 种以上（主要涉及英语、法语、德语、西班牙语、意大利语、日语、朝鲜语、俄语、葡萄牙语等），由于这类考试的种类太多，本研究不可能进行全面考察，所以只能选择考试知名度较高、考试规模和社会影响较大的几个典型考试进行介绍。

一、“托业”考试

“托业”考试是国际交流英语考试的汉语俗称，其英文全称是“Test of English for International Communication”，英文简称是TOEIC。TOEIC考试属于最典型的外语类社会语言测试，它是由美国ETS（Educational Testing Service）开发和设计的，专门用于测试母语为非英语的外籍人士在国际环境下的社会生活以及日常工作中的英语交际能力，其主要目的是考查应试者在商务、贸易、文化、教育等国际环境中使用英语的熟练程度。因为TOEIC考试的主要测量目标是考生在商贸工作中使用英语进行交流、沟通和应用的语言水平，因此，北美大学和研究生院一般不使用TOEIC考试成绩作为招生录取的依据。目前，已有10 000多家国际跨国公司正式承认并使用TOEIC考试的成绩作为聘用、考核员工英语交际能力的标准。2002年由中华人民共和国劳动部正式将TOEIC考试引入中国，并由ATA公司全面负责在中国的推广实施工作。2011年，在全球120多个国家有超过600万人次的考生参加了TOEIC考试，其中在中国参加TOEIC考试的考生人数达到22万人次（数据来源：ETS中国办公室）。

二、“托福”考试

“托福”是英语作为外语的水平考试的汉语俗称，其英文全称是“Test of English as a Foreign Language”，英文简称是TOEFL。TOEFL考试最初是外国学生留学美国、加拿大等国家所必备的一项英语语言水平考试。它是由成立于1947年的美国ETS考试服务中心1964年开发设计的、以测试母语非英语者是否具备在北美地区大学学习所要求的英语水平为主要目的的标准化考试。TOEFL考试也是第一个被引入中国的国际化英语考试。为了适应国际语言测试理论的最新发展趋势，现行的TOEFL考试已经先后进行过多次改版，并由过去的只侧重对接受性（receptive）语言技能的测量，逐渐完善为一个以听、说、读、写为主要考试内容，全面考查考生英语水平的大规模国际性外语水平考试。截至2011年，在美国和加拿大等国家已有超过2 400所大学和研究生院承认该项考试成绩，并以此作为招收国际学生的依据之一。由于 TOEFL 考试的质量和权威性日益获得全球高等教育结构和社会各界的普遍认可，因此 TOEFL 考试经过若干年的发展与推广以后，已经由过去的单纯的教育测试性质逐渐向社会语言测试领域扩展，不少企业和商务机构也将其作为员工录用时英语水平的考核标准。TOEFL 考试于 1981 年正式被引入中国，由中国教育部考试中心全面负责在中国地区的推广和实施（教育部考试中心，1993）。根据 ETS 的官方统计，中国是 TOEFL 考生人数最多的国家之一，从 2006 年 9 月新 TOEFL 考试正式在全球开考以来，TOEFL 考试在中国的考生人数平均以每年 20%～30%的速度递增。2010 年在中国 88 个考点的考生人数已超过了 20 万人次，而 2011 年 TOEFL 考试在中国的考点数量也增加到了 96 个，考生人数则突破了 30 万人次（数据来源：ETS 中国办公室）。

三、“雅思”考试

“雅思”是国际英语测试系统的汉语俗称，其英文全称为“International English Language Testing System”，英文简称为 IELTS。IELTS 考试是由英国剑桥大学测试中心（The University of Cambridge Local Examinations Syndicate—UCLES）、澳大利亚高校国际开发署（IDP Education Australia）以及英国文化委员会（The British Council）联合开发和实施的一项国际英语水平测试。IELTS 考试也是比较典型的面向社会的外语类语言测试。IELTS 考试是专门为测试准备进入以英语作为教学媒介和工作、生活语言的大学和学院学习的学生或拟申请向英语国家（主要指英联邦国家）移民的有关人士的英语水平而设计的综合性语言测试。目前，IELTS 考试包括普通类测试（General Training）和学术类（Academic）测试两个版本，前者主适用于以移民英联邦国家为主要目的的考生，而后者则属于留学选拔性考试。学术类测试分别开发了针对理工科类留学生的入学资格考试（简称：EEIS Ⅰ，即 Entrance Examination for International Students Ⅰ的英文缩写）和针对文科类留学生的入学资格考试（EEIS Ⅱ，即 Entrance Examination for International Students Ⅱ的英文缩写）。由于 IELTS 考试更注重对考生实际英语应用能力的考查，因此它比传统的以多项选择题为主要测试形式的英语考试具有更高的效度（validity），目前，部分北美地区的大学也开始承认 IELTS 考试的成绩，并以此为依据作为对留学生英语水平和能力进行评价的依据。部分中国大学已经将 IELTS 考试的成绩作为中国硕士研究生入学后免修相应英语课程的依据，同时，越来越多的跨国公司也将其作为录用和考核员工英语水平的重要标准之一。尽管与TOEFL考试相比，IELTS考试引入中国的时间并不长，但参加该考试的人数却持续攀升，2010年在中国参加IELTS考试的各类考生人数已达到了20多万人次，而2011年则超过了35万人次。IELTS考试是目前由国外机构开发的、面向中国公民的考试人数最多的外语类社会语言测试（数据来源：北京语言大学海外考试中心）。

除了上述考试规模和影响较大的三种英语类社会语言测试以外，截至2011年，还有德国、法国、西班牙、巴西、意大利、日本、韩国和俄罗斯等国家开发的专门针对外国公民的德语考试（TestDaF考试）、法语考试（TCF考试）、西班牙语考试（DELE考试）、葡萄牙语考试（Celpe-Bras考试）、意大利语考试（PLIDA考试）、日语考试（J. TEST考试）、韩国语考试（TOPIK考试）和俄语考试（ТПРЯ考试）等社会语言测试先后引入中国。

第三节　汉语作为母语的水平测试

语言文字应用能力是一个人综合素质的重要组成部分，是个人文化素养的直观表现，它对人的成长、成才、成功及全面发展具有基础性影响作用，是推进素质教育的重要内容。世界各国的研究也表明，母语能力的培养在增强国家和民族认同感方面，发挥着独特的、不可替代的作用。目前，欧美等发达国家都对母语能力提出了具体的要求，并设置了相应考试。面向母语者的测试不仅可以用来引导公民的语言文字意识，还可以为各类社会机构的人员评估、录用、培训、晋升以及各级各类教育培训机构提供参考，有助于提升全民对语言学习和语言应用的重视程度。

近年来，社会上普遍存在"外语热，母语冷"的现象，加之汉语欧化、网络语言不规范等语言行为的出现，因此，教育部、国家语委等有关部门已充分意识到加强社会语言测试、匡正语言观念、营造良好的汉语生态环境的重要性。2008年，国家语言文字工作委员会提出，必须尽快建立综合、全面的汉语能力测试体系，提供客观评价汉语水平和能力的科学方法，作为不同层次母语学习和能力提升的参照，作为社会相关行业从业人员职业语言能力要求的参照，从而推动全社会的汉语学习，提高公民的汉语应用能力。

为了贯彻国家的语言文字政策，充分挖掘和利用汉语资源的社会价值，由不少学术机构、研究机构和高等院校开发和设计的各种汉语测试系统相继问世。其中，面向中国公民的、影响较大的综合性汉语类社会语言测试主要包括国家职业汉语能力测试（ZHC）、国家汉语能力测试（HNC）等；专项汉语测试则主要包括国家汉字应用水平测试（HZC）、国家普通话水平测试（PSC）等。

一、国家职业汉语能力测试（ZHC）

国家职业汉语能力测试（ZHIYE HANYU CESHI，ZHC）是由前中华人民共和国人力资源和社会保障部职业技能鉴定中心（OSTA）组织研制和实施的，旨在测量中国公民（主要是汉语母语者）在职业活动中的汉语应用能力的国家级语言能力测试。ZHC 考试包含 ZHC（专业版）和 ZHC（职业版）两个版本，其中，ZHC（专业版）的主要测试对象是各类高等院校中文系的大学生、研究生以及从事汉语母语教学的各类汉语教师等；ZHC（职业版）考试则是在 ZHC（专业版）的基础上开发的专门为测试我国各类中等职业学校和高等职业学校在校学生的汉语应用能力而开发的汉语能力考试，同时，ZHC（职业版）考试也兼顾了港澳台同胞以及国内少数民族考生的汉语言能力的测量需要。ZHC（职业版）重点考查应试者在工作场所和职业情境中汉语的实际应用能力，引导中职、高职院校的教学朝着提高职业胜任能力的基本方向发展，从而满足国内企业招聘的客观需求，提高学生就业率。

2011 年，ZHC 在中国 17 个省、市、自治区的 82 个考点共计举办过 22 次考试，考生报名总人数达到了 16 289 人次，各省、市、自治区的具体报考人数情况请参见表 7—1（数据来源：国家职业汉语测试中心）。

表 7—1　　2011 年 ZHC 报考情况

省、市、自治区	北京	福建	黑龙江	湖北
人数	96	109	1 917	319
省、市、自治区	山东	山西	陕西	上海
人数	3 475	1 890	561	2 480
省、市、自治区	吉林	江苏	辽宁	内蒙古
人数	7 898	1 596	2 787	100
省、市、自治区	浙江	河南	河北	四川与重庆
人数	1 265	120	171	1 474

（一）ZHC 考试的内容

国家职业汉语能力测试（ZHC）考试的内容由阅读理解和书面表达两部分构成，ZHC（专业版）和 ZHC（职业版）考试的卷面结构、试题数量及考试时间等请参见表 7—2。

表 7—2　　ZHC 考试的试卷结构

类　别	测试内容	试题数量	答题参考时间
ZHC（专业版）	阅读理解	50 题	60 分钟
	书面表达	50 题	40 分钟
		2 题	50 分钟
	总　计	102 题	150 分钟
ZHC（职业版）	阅读理解	30 题	40 分钟
	书面表达	40 题	40 分钟
		2 题	45 分钟
	总　计	72 题	125 分钟

（二）ZHC 考试的基本功能

（1）考查一个人运用汉语进行交际的能力和逻辑思维能力。

（2）衡量一个人解决问题的能力和再学习的能力。

（3）预测一个人在实际工作中的工作绩效和发展潜力。

（三）ZHC 考试的等级证书与分数结构

国家职业汉语能力测试（ZHC）满分为 1 000 分，按成绩从低到高分为初级、中级、高级三个等级。凡成绩合格者均可以获得由人力资源和社会保障部职业技能鉴定中心（OSTA）颁发的相应等级的《职业汉语水平等级证书》。ZHC 的分数与等级对应关系请参见表 7—3。

表 7—3　　ZHC 的分数体系

ZHC 分数	ZHC 等级
399 分以下	/
400～599 分	初级
600～799 分	中级
800 分以上	高级

二、国家汉语能力测试（HNC）

国家汉语能力测试（HANYU NENGLI CESHI，HNC）是由中华人民共和国教育部、国家语言文字工作委员会推出，教育部考试中心具体负责组织实施的国家级汉语综合应用能力测试。HNC 旨在评估以汉语作为生活、学习、工作基本用语人群的汉语应用能力，以考促学，以评促学，推进公民的汉语学习意识和应用水平。HNC 测试涵盖汉语听、说、读、写四方面的综合能力。测试手段主要采用音频、视频等多媒体技术，通过在计算机上再现语言文化活动的具体情境，呈现较为真实的语言测试或使用任务，有效评估考生的语言应用能力。目前，除写作考试外，HNC 测试均可在计算机上进行。该考试于 2008 年开始启动，经过多次试测和评估以后，于 2011 年 7 月正式推出并在我国部分地区进行试点。

HNC 是一项公益类社会性语言考试，考试的实施始终坚持非强制性、非选拔性和非营利性的基本原则，立足于为社会提供权威的专业化的汉语综合应用能力测试与评价服务平台。HNC 的考试结果可以为个人和单位提供汉语综合应用能力的证明；帮助应试人员有针对性地提高自己的汉语水平；引导学校语文教育从知识体系向能力体系转化，推进学校教育由知识学习向能力培养转化。

（一）HNC 的测试内容

HNC 考试主要考查汉语口语理解能力（聆听）、汉语口语表达能力（说话）、汉语书面语理解能力（阅读）和汉语书面语表达能力（写作）。测试以《汉语能力标准》为依据。

（二）HNC 的定位

HNC 是一项公益类社会性考试，坚持非强制性、非选拔性和非营利性的原则，立足于为社会提供权威的专业化的汉语综合应用能力测试与评价服务平台。

（三）HNC 的功能

HNC 可以为个人和单位提供汉语综合应用能力的证明；帮助应试人员有针对性地提高自己的汉语水平；引导学校语文教育从知识体系向能力体系转化，推进学校教育由知识学习向能力培养转化。

（四）HNC的考试等级与职业参照

HNC考试分为六个等级，分别满足不同职业对从业人员汉语水平的需求。

一级 能参与家庭成员、亲友邻里及与其基本生活密切相关的交流对象之间的简单社交活动。其语言的积累、知识经验的储备、思考的空间、感兴趣的话题等基本上围绕家庭生活展开。以口语为基本交流途径。所听、所说基本上属于关于具体人、事、物的记叙性话语。

学历参照：具有相当于小学中年级的文化水平。

职业参照：从事简单家务、一般手工劳动者等。

二级 能关注本地社会特别是与其自身生活相关的事务，能参与工作和学习圈里的小型社交活动。以口语为基本交流途径，但在其生活领域中有一定的阅读要求和少量书面表达要求。

学历参照：具有相当于小学高年级的文化水平。

职业参照：一般从事家务、手工劳动和比较简单的技术操作工作。

三级 能参与和自身生活、文化娱乐活动、学习和工作相关的事务与社会活动，能关注身边的社会现象与问题并阅读与此相关的材料。语言交流以口语为主，也能运用书面语。

学历参照：具有相当于初中毕业的文化水平。

职业参照：一般从事对语言文字运用能力略有要求的初级技术工作。

四级 语言积累较丰富，阅读面较宽，能思考地方、国家和世界范围内的重大事件，并发表一些片段式的个人见解，能初步使用相关领域的专门词语。

学历参照：具有相当于高中毕业的文化水平。

职业参照：一般从事对语言文字能力有一定要求的一般技术工作。

五级 能参与较广泛的社会活动，熟悉自己专业领域的语汇，有较宽的知识视野，对社会政治、经济、文化等方面问题有较广泛的关注和理性思考。

学历参照：具有相当于大专及以上的文化水平。

职业参照：一般从事对语言能力有较高要求，但不以语言文字为专业的工作。

六级 词语积累、语言运用知识和经验的积累都比较丰富，视野开阔，知识面广，对社会政治、经济、文化等方面问题有广泛的关注和比较系统的思考。

学历参照：具有相当于本科及以上的文化水平。

职业参照：一般从事语言文字方面的专门工作。

三、国家汉字应用水平测试（HZC）

国家汉字应用水平测试（HANZI YINGYONG SHUIPING CESHI，HZC），是由中华人民共和国教育部、国家语言文字工作委员会组织实施的一项语言类标准化测试。HZC 考试属于面向汉语母语者的专项语言测试。HZC 适用于公务员、编辑、记者、校对和文字录入人员，各级各类学校教师和学生，文秘及办公室工作人员，广告从业人员，中文字幕机操作人员，以及日常工作与汉字应用紧密相关的其他各类人员。同时也适用于想要了解自己汉字应用水平和能力的其他人员。HZC 的测试目的是贯彻执行《中华人民共和国国家通用语言文字法》，加强我国国民的语言文字规范意识，提高国家通用语言文字的应用水平，弘扬中华民族文化。通过测验的方式，衡量接受过中等以上教育程度的人或文化程度与此相当的人在阅读、书面表达及其他相关活动中，是否掌握了汉字应用水平测试范围内汉字的规范字形、正确读音，并能在实践中正确运用；是否掌握了这些汉字在权威工具书中所载的普通话读音、现代汉语义项及用法，并能在实践中准确运用，评定他们掌握和使用汉字的水平及能力。2011 年参加 HZC 考试的各类社会考生已达到 17 122 人次（数据来源：国家汉字应用水平测试委员会）。

（一）汉字应用水平测试（HZC）的目的

HZC 的测试目的是贯彻执行《中华人民共和国国家通用语言文字法》，加强我国国民的语言文字规范意识，提高国家通用语言文字的应用水平，弘扬中华民族文化。通过测验的方式，衡量接受过中等以上教育程度的人或文化程度与此相当的人在阅读、书面表达及其他相关活动中，是否掌握了汉字应用水平测试范围内汉字的规范字形、正确读音，并能在实践中正确运用；是否掌握了这些汉字在权威工具书中所载的普通话读音、现代汉语义项及用法，并能在实践中准确运用，评定他们掌握和使用汉字的水平及能力。

（二）汉字应用水平测试（HZC）的测试范围与内容

HZC 的测试范围是根据教育部、国家语委公布的《汉字应用水平测试字表》中的 5 500 字，以及这些字所能组成的 46 246 个词。而这 5 500 个字还被按照汉字的常用程度和相关人群识别率等划分为甲、乙、丙三个子表，其中识别率和出现频率最高的 4 000 字，回答正确率需要达到 80%以上。2011 年参加 HZC 考试的社会考生已达到 17 122 人次。

（三）汉字应用水平测试（HZC）的具体级别描述

汉字应用水平等级共分三级，由高至低依次为一级、二级和三级。

一级水平：能够在很广泛的使用环境中认识并使用 4 500 至 5 500 个汉字。

二级水平：能够在较广泛的使用环境中认识并使用 4 000 至 4 500 个汉字。

三级水平：能够在一般的使用环境中认识并使用 3 500 至 4 000 个汉字。

其中记者、编辑、编审等工作需要达到一级水平，公务员、教师等则需要二级水平。

四、普通话水平测试（PSC）

国家普通话水平测试（PUTONGHUA SHUIPING CESHI，PSC），是由国家语言文字工作委员会为加快我国共同语普及进程、提高全社会普通话水平而组织、实施和设置的一项语言口语测试。普通话水平测试（PSC）不是对口才的评定，而是对应试人掌握和运用普通话所达到的规范程度的测查和评定，是对应试人的汉语标准语的测试。

普通话水平测试（PSC）是我国现阶段普及普通话工作的一项重大举措。通过普通话测试制度和手段在一定范围内对某些岗位的人员进行普通话水平测试，并逐步实行普通话等级证书上岗制度，标志着我国普及普通话工作已经走上了制度化、规范化、科学化的新阶段。开展普通话水平测试工作，将大大加强推广普通话工作的力度，加快速度，使普通话成为现代汉语的标准语，提高全社会的普通话水平和汉语规范化水平。

（一）普通话水平测试（PSC）的功能

普通话水平测试（PSC）是我国现阶段普及普通话工作的一项重大举措。在一定范围内对某些岗位的人员进行普通话水平测试，并逐步实行普通话等级证书上岗制度，标志着我国普及普通话工作走上了制度化、规范化、科学化的新阶段。开展普通话水平测试工作，将大大加强推广普通话工作的力度，加快速度，使普通话成为现代汉语的标准语，提高全社会的普通话水平和汉语规范化水平。

（二）普通话水平测试（PSC）的考试内容

普通话水平测试（PSC）一律采用口试方式进行。应试人在运用普通话口语进行表达过程中所表现的语音、词汇、语法规范程度，是评定其所达到的水平等级的重要依据。普通话水平测试试卷由四个测试项构成，总分为 100 分。其具体试卷结构如下。

（1）读单音节字词 100 个，限时 3 分钟，满分为 10 分。目的是考查应试人普通话声母、韵母和声调的发音。

（2）读双音节词语 50 个，限时 3 分钟，满分为 20 分。目的是考查除应试人声、韵、调的发音外，还要考查上声变调、儿化韵和轻声的读音。

（3）400 字短文朗读，限时 4 分钟，满分为 30 分。目的是考查应试人使用普通话朗读书面材料的能力，重点考查语音、语流音变、语调等。

（4）说话，时间不少于 3 分钟，满分为 40 分。目的是考查应试人在无文字凭借的情况下说普通话所达到的规范程度。

（三）普通话水平测试（PSC）的等级与评定依据

根据国家语言文字工作委员会和国家教育委员会、广播电影电视部颁布的《普通话水平测试等级标准（试行）》（国语〔1997〕64 号），普通话水平分为三个级别（一级可称为标准的普通话，二级可称为比较标准的普通话，三级可称为一般水平的普通话），每个级别内划分甲、乙两个等次。三级六等是普通话水平测试中评定应试人普通话水平等级的依据。

（四）普通话水平测试（PSC）的应试对象

为了进一步推广普通话水平测试，1994 年由国家语言文字工作委员会、教育部（前国家教育委员会）、广播电影电视部联合颁布了《关于开展普通话水平测试工作的决定》，规定要求 1946 年 1 月 1 日以后出生至现年满 18 岁（个别可放宽到 16 岁）之间的下列人员应接受普通话水平测试：

（1）中小学教师。

（2）中等师范学校教师和高等院校文科教师。

（3）师范院校毕业生（高等师范里，首先是文科类毕业生）。

（4）广播、电视、电影、戏剧，以及外语、旅游等高等院校和中等职业学校相关专业的教师和毕业生。

（5）各级广播电台、电视台的播音员、节目主持人。

（6）从事电影、电视剧、话剧表演和影视配音的专业人员。

（7）其他应当接受普通话水平测试的人员和自愿接受普通话水平测试的人员。

第四节　汉语作为第二语言的测试

面向非母语者的汉语类社会语言测试主要是指针对外籍人士的各类汉语测试和针对中国少数民族地区公民的汉语考试。其中，针对外国人和华侨考生的综合类汉语测试主要包括：中国汉语水平考试（HSK）、新汉语水平考试（新 HSK）、汉语口语水平测试（HKC）、实用汉语水平认定考试（C. TEST）等，针对我国少数民族考生的汉语测试主要是中国少数民族汉语水平等级考试（MHK）等。

一、中国汉语水平考试（HSK）

中国汉语水平考试（HANYU SHUIPING KAOSHI，HSK）是为测试母语非汉语者（包括外国人、华侨）的汉语水平而设立的国家级标准化考试。HSK 的主办单位是国家汉语水平考试委员会，具体研发工作由北京语言大学汉语水平考试中心负责。HSK 属于证书考试，凡考试成绩达到规定标准者，均可获得相应等级的汉语水平证书。

中国汉语水平考试（HSK）包括基础汉语水平考试［简写为 HSK（基础）］，初、中等汉语水平考试［简写为 HSK（初、中等）］和高等汉语水平考试［简写为 HSK（高等）］。截至 2011 年，已经有超过 130 个国家的近 200 万考生参加了各类 HSK 考试。其中，2011 年在中国国内的 48 个考点共举行过 5 次考试，考生人数达到了 20 787 人（次）。各级别考生人数，请参见表 7—4（数据来源：北京语言大学汉语水平考试中心）。

表 7—4　　2011 年 HSK 考生人数情况

	HSK（基础）	HSK（初中等）	HSK（高等）	合计
人数	428	17 216	3 143	20 787

（一）HSK 考试的证书等级

中国汉语水平考试（HSK）的证书等级由基础证书、初等证书、中等证书和高等证书四个等级构成，每个等级的证书按语言水平由低到高进一步分为 C、B、A 三个级别（证书等级结构请参见表 7—5）。

表 7—5　　HSK 考试证书等级

类　别	证书等级	级　别	等级分数	满分
HSK（基础）	基础证书	C	1 级	300
		B	2 级	
		A	3 级	
HSK（初中等）	初等证书	C	3 级	400
		B	4 级	
		A	5 级	
	中等证书	C	6 级	
		B	7 级	
		A	8 级	
HSK（高等）	高等证书	C	9 级	500
		B	10 级	
		A	11 级	

（二）HSK 的证书效力

（1）作为达到进中国高等院校入系学习专业或报考研究生所要求的实际汉语水平的证明。

（2）作为汉语水平达到某种等级或免修相应级别汉语课程的证明。

（3）作为聘用机构录用人员时评价其汉语水平的依据。

二、新汉语水平考试（新 HSK）

新汉语水平考试，简称新 HSK，是由国家汉办/孔子学院总部组织中外汉语教学、语言学、心理学和教育测量学等领域的专家，在充分调查、了解海外实际汉语教学情况的基础上，借鉴近年来国际语言测试研究的最新成果，推出的新汉语水平考试（HSK）（以下简称新 HSK）。新 HSK 是一项国际汉语能力标准化考试，坚持以考促学、考教结合的理念，重点考查汉语非第一语言的考生在生活、学习和工作中运用汉语进行交际的能力。

新 HSK 分为笔试和口试两部分，笔试和口试是相互独立的。笔试包括 HSK（一级）、HSK（二级）、HSK（三级）、HSK（四级）、HSK（五级）和 HSK

（六级）；口试考试则包括 HSKK（初级）、HSKK（中级）和 HSKK（高级），口试采用录音的形式。2011 年在国内和海外各考点参加新 HSK 考试的总人数超过 17 万人次，各级别考试人数请参见表 7—6（数据来源：国家汉语国际推广领导小组办公室/孔子学院总部）。

表 7—6　　2011 年新 HSK 国内外考生人数情况

	一级	二级	三级	四级	五级	六级	合计
国内	274	755	2 504	11 635	18 018	12 975	46 161
海外	8 657	13 979	16 609	27 561	36 514	23 520	126 840
合计	8 931	14 734	19 113	39 196	54 532	36 495	173 001

三、汉语口语水平测试（HKC）

汉语口语水平测试（HANYU KOUYU SHUIPING CESHI，HKC）是由中华人民共和国教育部、国家语言文字工作委员会为构建中国全方位立体化的语言文字测试体系，顺应国际汉语学习交流的需要，为测试母语非汉语人群及华人华裔考生汉语口语水平而设计的专项汉语水平标准化考试。国家语委委托天津市语言文字培训测试中心研发并负责实施。HKC 测试从形式到内容充分体现了生活化和中国化，贴近生活实际，实现考、用统一。从最基本、较广泛、更广泛三类生活领域入手，解决生存、生活问题并满足人生发展的精神文化需求，同时将中国文化的精髓融入其中，构成三位一体测试体系，最终达到通向中国、通行中国、通晓中国的三个能力层级。HKC 等级证书是汉语交际能力的最有效证明，它将成为在中国留学、求职、晋升、发展的重要条件之一。

（一）汉语口语水平测试（HKC）的测试目的

通过测试，衡量应试人运用汉语普通话表情达意、交流思想、接受和传递信息完成交际任务的水平和能力。

（二）汉语口语水平测试（HKC）的测试内容

HKC 以考查应试人汉语口语交际的语音水平、理解水平、表达水平为主要测试内容，测试内容涉及汉语口语语音、词汇、语法等。

（三）汉语口语水平测试（HKC）的体系

汉语口语水平测试（HKC）分为三等九级，即初等、中等、高等；每等分为三级：初等一、二、三级，中等四、五、六级，高等七、八、九级。

（四）汉语口语水平测试（HKC）的测试的依据

汉语口语水平测试（HKC）测试以中华人民共和国教育部、国家语言文字工作委员会颁布的“语言文字规范”为依据（GF0016—2010）（2011 年 2 月 1 日实施）。

四、实用汉语水平认定考试（C. TEST）

实用汉语水平认定考试（Test of Practical Chinese，C. TEST），是专门用来测试母语非汉语的外籍人士在国际环境下社会生活以及日常工作中实际运用汉语的能力，它的主要目的是考查应试者在商务、贸易、文化、教育等国际交流环境中使用汉语的熟练程度，对应试者的汉语实际应用能力给予权威的认定。C. TEST 考试是由国内第一个语言测试的专业研发机构北京语言大学汉语水平考试中心开发和设计的。

C. TEST 是汉语作为第二语言的语言熟练程度的考试，任何一位母语非汉语人士，如果想获得对其汉语实际运用能力的权威认定，都可以参加 C. TEST 考试。C. TEST 考试对应试者的年龄、性别、国籍、学历、身份或其他个人经历没有任何限制。C. TEST 考试包括适用于测量初级汉语水平的 C. TEST（E－F 级）考试和适用于测量中高级别汉语水平的 C. TEST（A－D 级）考试两个类别。C. TEST 考试是人力资源管理部门鉴定职员职业汉语能力、按国际通用标准合理安排工作的可靠而公正的依据，因此，一般来说，C. TEST 考试特别适合那些想凭借汉语水平的权威认定来得到企业或其他用人机构的认可，而获得工作岗位、职位提升或业务培训等职业机会的母语非汉语的外籍人士。2011 年，在国内外参加 C. TEST 考试的总人数为 412 人（数据来源：北京语言大学汉语水平考试中心）。

（一）C. TEST 的用途

由于 C. TEST 考试的主要目的是考查应试者在国际交流环境下的社会活动以及日常工作中实际运用汉语的熟练程度，因此，它可以成为全球需要评估待聘人员和现有员工的实际汉语水平的众多机构认可的标准，特别是那些与中国的相关部门存在国际交流关系或业务往来的外国机构，可以凭借应试者或现有员工的 C. TEST 考试成绩来判断他们在实际工作中使用汉语进行交流的能力。C. TEST 可以用来评估国际交流环境下的商务、贸易、工业、技术、管理等行业或领域需要使用汉语进行工作的人员，可以帮助企业或机构在聘任、提升、调配、培训员工方面对相关人员的汉语水平进行认定和考核；教育培训机构可以将 C. TEST 考试成绩作为新学员入学和继续学习的分班依据和学习进展证明；高等教育机构可以把母语非汉语者的 C. TEST 考试成绩作为重要参考，并以此为依据对他们毕业后的就业提供有针对性的指导意见。

（二）C. TEST 的考试体系

根据难易程度的不同，C. TEST 包括两个独立的考试等级即 C. TEST（E～F 级）和 C. TEST（A～D 级）。应试者可以选择参加适合自己级别的一种考试。C. TEST（E～F 级）是初级水平考试，一般来说，适合于已经学习了 400～600 学时汉语的应试者；C. TEST（A～D 级）是中、高级考试，一般来说，适合于已经学习了 1 000～2 000 学时（或更长时间）汉语的应试者。

（三）C. TEST 口语面试

除了上述两个级别的笔试以外，实用汉语水平认定考试（C. TEST）还包括一个单独测量考生汉语口语交际能力的考试，即 C. TEST 口语面试。该考试是目前中国国内唯一采用面试官（interviewer）与考生面对面交流的形式测量母语非汉语者的汉语口语水平的专项汉语技能考试，因而考试的效度较高。考试对象与 C. TEST 笔试的考试对象完全相同，考试的结果已被日本、韩国等国家的若干跨国公司采纳，并作为评价员工汉语口语能力的标准之一。

五、中国少数民族汉语水平等级考试（MHK）

中国少数民族汉语水平等级考试（MINZU HANYU KAOSHI，MHK）是由中华人民共和国教育部民族司组织实施，由中国少数民族汉语水平等级考试课题组负责研制的国家级汉语考试；主办单位是中国少数民族汉语水平等级考试委员会，具体事务由中国少数民族汉语水平等级考试委员会办公室和有关省市自治区的相应教育机构负责。MHK 是在第二语言教学理论的指导下，结合我国少数民族学生学习汉语的基本特点，专门为测试母语非汉语的少数民族汉语学习者汉语水平而设立的国家级标准化考试。主 MHK 主要考查各少数民族考生实际运用汉语进行交际的能力和运用汉语工具完成生活、学习、工作和社会交往任务的能力。MHK 按照难度水平从低到高分为一级、二级、三级、四级，共 4 个等级，2011 年在青海、吉林、新疆和内蒙古等省、自治区参加各级 MHK 的少数民族考生已经达到了 111 972 人次（数据来源：中国少数民族汉语水平等级考试委员会）。

（一）MHK 的考试体系

MHK 按照难度水平从低到高分为一级、二级、三级、四级，共 4 个等级，每个级别的适用对象如下。

一级：小学毕业生应达到的水平；

二级：初中毕业生应达到的水平；

三级：高中毕业生应达到的水平；

四级：大学毕业生应达到的水平，即基本接近母语水平。

（二）MHK 考试级别

MHK 的每个级别的考试均包括笔试和口试两部分，其中各级别笔试部分的考试内容和结构如下。

一级：听力理解、阅读理解与书面表达（汉字书写和短文写作）；

二级：听力理解、阅读理解与书面表达（日常应用文写作）；

三级：听力理解、阅读理解与书面表达（一篇作文）；

四级：听力理解、阅读理解与书面表达（一至两篇作文）。

（三）MHK 的考试用途

（1）作为有关部门在招生、招工、人员任用等过程中评价应考者汉语水平的依据；

（2）作为各类院校允许学生免修汉语课程的依据；

（3）作为对汉语授课教师任职资格进行审查的参考依据；

（4）作为汉语教学机构汉语教学效果评价的依据；

（5）帮助学习者了解自己的汉语学习过程。

第五节　中国少数民族语言水平测试

除了上述外语测试、汉语作为第一语言和作为第二语言的测试以外，为了深入挖掘民族文化遗产，充分保护和利用我国的民族语言资源，促进民族语言在新时期的推广和应用，我国部分少数民族省市和自治区还相继实施了针对不同少数民族考生的民族语言测试。这类考试的开发和实施是我国少数民族语文标准化考试的有益探索和尝试。其中比较有代表性的民族语言测试体系主要包括“壮语文水平考试”和“蒙古语标准音水平测试”。

一、壮语文水平考试

壮语文水平考试是由广西壮族自治区少数民族语言文字工作委员会，依托中央民族大学、广西民族大学、广西壮文学校等联合开发、设计和实施的一项针对我国壮族考生的水平考试，即壮语文水平考试。壮语文水平考试定位为一项省部级语言类标准化水平测试，旨在鉴定应试者的壮语文综合应用能力，帮助应试者了解和提高自己的壮语文应用水平。该考试已于 2010 年开始启动，2011 年已经在广西壮族自治区部分考点完成了模拟考试和题目分析。考试开发和实施的初衷是希望借壮语文水平考试促进壮语文教学的改善、提高，为学校相关专业录取学生、为国家机关和企事业部门录用人员提供参考，同时也使壮语文工作更具现实意义、更加贴近群众。

根据考试的推广规划，2012—2014 年为壮语文水平考试的试点工作阶段，2012 年试点工作将率先在广西南宁市进行；从 2015 年开始考试将正规化、常态化。试点工作期间，暂进行笔试，在总结笔试实践经验的基础上，将适时开设口试。壮语文水平考试分为初级（一级）、中级（二级）和高级（三级）共三个等级，每个等级又分别划分为甲、乙两个等次。考试内容包括壮语文语音、词汇、语法、句子、组词造句、阅读理解、壮汉语文翻译、作文等内容。凡考试通过者都将获得相应的壮语文知识水平等级证书。壮语文水平考试的一级相当于小学毕业的能力，二级相当于中学、中专毕业的能力，三级则相当于大学本科毕业的能力。

二、蒙古语标准音水平测试

为了加强蒙古语言文字的规范化、标准化、信息化工作，由内蒙古自治区民族事务委员会、广播电影电视局、教育厅和文化厅于2004年联合组织、实施了蒙古语标准音水平测试，对以蒙古语为职业语言的在岗人员进行蒙古语标准音的培训和测试。蒙古语标准音水平测试的实施是我国蒙古语标准音推广工作的重要组成部分，也是我国蒙古语标准音推广工作逐步实现科学化、标准化和规范化的重要措施。该考试并不是蒙古语标准音知识的考试，并不是对文化水平的考核，也不是对口才和演讲技巧的评估，而是对应试人员运用蒙古语标准音知识所达到的标准程度的检测和评定。所以考试中以音为主，并考查适当比例的词汇量和语法。

蒙古语标准音水平测试完全采用口试的方式进行，测试内容包括五项，即读元音和辅音、读单词、读短语和接附加成分的词、朗读短文与说话。前四项都提供书面材料，说话只提供说话题目。凡是考试成绩达到相应标准者，均可以获得蒙古语标准音等级证书。蒙古语标准音水平测试的等级分为三等六级。不同职业的标准要求如下：

（1）播音员、节目主持人、演员、配音演员应达到一级水平，乌兰牧骑等文艺团体蒙古语演员应达到二级水平；

（2）蒙语授课教师应达到一级或二级水平，蒙语授课语文教师应达到一级水平；

（3）国家公务员及从事蒙古语文工作专业和服务行业的人员应达到二级水平。

蒙古语标准音水平测试是一种标准参照性质的测试（criterion-referenced test），它是以蒙古语标准音为参照标准，通过测试来评定应试者的蒙古语标准音水平等级，为蒙古语播音员，节目主持人，蒙古语授课的幼儿园、中小学教师以及师范学校毕业的学生，以及有关高校的老师，蒙古语电影、电视演员，乌兰牧骑演员等行业人员逐步实行持证上岗制度服务。从这个意义上说，蒙古语标准音水平测试也是一种资格证书的考试。2011年在内蒙古自治区的14个考点举行了11次考试，考生总人数达到2 500人次（数据来源：内蒙古民族事务委员会，内蒙古蒙古语文工作委员会）。

第六节 问题与思考

语言是一种资源，这种资源包括自然资源和衍生资源。语言既然是资源，那么它就具有文化价值，具有经济价值，而能否充分地挖掘和利用语言资源，关键在公民的语言能力。公民的语言能力首先体现在自然语言能力，如果公民没有自然语言能力的话，民族语言就不可能传承，不可能挖掘，外语就不可能有效学习和利用，那么国家的语言能力也就不高。因而语言能力不仅是个人和国家的“软实力”，而且是一种“硬实力”（李宇明：“语言也是硬实力”2011 年 9 月，载《华中师范大学学报》第 5 期）。

语言是一种产业，其中语言教育和语言测试、语言翻译、语言出版等是语言产业的重要组成部分。比如：“北京新东方教育集团、美国教育测试服务中心(ETS)”等都是语言教育和语言测试产业的典型例子。语言测试作为语言资源的衍生资源，同时也是一种语言产业、语言教育引导工具。开发和运用合理的语言测试体系，不仅可以充分发挥语言测试产业在语言资源利用中的经济价值，而且在选拔语言人才、评价语言人才和提升国家语言能力等方面都具有不可忽视的作用。

上述面向社会的各类语言测试在文化传播、国际交流、语言资源保护和人才选拔与评价等方面均发挥了重要作用，在贯彻国家的有关语言文字政策、引导公民语言文字意识和充分发挥语言资源的经济价值方面也具有不可替代的作用，因而不少语言考试已经发展为完整的产业链，赢得了社会各界的普遍认可并成为时下的热门话题之一。

不过，综观目前已经实施的各类面向社会的汉语测试和外语测试，我们也不难发现：我国的汉语测试与国外的外语测试之间尚有一定的差距。汉语测试体系在目标考生的定位方面还存在“空位”和“重复”并存的现象；个别考试的社会定位尚不够明确；对考试质量的监控还缺乏独立、完善的社会机制。与国外的语言测试产业相比，我们的汉语测试的运作方式在专业化、市场化和产业化程度等方面也存在一定差距。语言测试是一种特殊的测量工具，只有满足一定科学要求的语言测试才能为社会提供积极的反馈。因此，为了适应汉语国际推广的新形式，满足国内外社会各界对语言测试的多元化需求，确保面向社会的各类汉语测试的健康、有序发展，充分发挥测试的社会服务功能、引领功能、评价功能和传播功能，我们认为现阶段亟须做好以下几方面的工作：(1) 尽快启动考试的立法工作，以法制化手段保证各类面向社会的汉语测试的健康发展；(2) 国家和政府有关部门要尽快建立考试的监控体系，加强对面向社会的各类语言测试，特别是汉语测试的质量监控工作；(3) 加强测试研发部门和机构之间的分工与协作，明确考试的社会定位，避免不必要的重复开发和资源浪费；(4) 建立系统的考试问责机制，强化政府和考试开发机构的权利、义务和责任意识，进一步推动考试的产业化、专业化和市场化程度，充分保障考试研发机构、考试用户和考生的合法权益，为各类面向社会的语言测试的健康、有序发展提供制度上的保障。

参考文献

[1] 北京语言大学汉语水平考试中心. 实用汉语水平认定考试应试指南及真题分析 [M]. 北京：北京语言大学出版社，2006.

[2] 蔡旻君，刘仁云. 计算机辅助教育测量与评价 [M]. 北京：中国水电出版社，2010.

[3] 蔡阳洋. 大学英语四、六级考试阅读理解推断类题型对比研究 [D]. 上海：上海交通大学，2013.

[4] 曹亦薇，张厚粲. 汉语词汇测验中的项目功能差异初探 [J]. 心理学报，1999，31 (4)：460—467.

[5] 柴省三. 关于 HSK（初中等）平行信度的实证研究 [J]. 汉语学习，2002 (2)：65—69.

[6] 柴省三. 汉语水平考试（HSK）听力测验构想效度研究 [J]. 语言文字应用，2011 (1)：73—80.

[7] 柴省三. 关于 HSK 考生听力理解应试策略的实证研究 [J]. 云南师范大学学报：对外汉语教学版，2011 (5)：1—7.

[8] 柴省三. 关于 HSK 阅读理解测验构想效度的实证研究 [J]. 世界汉语教学，2012 (2)：243—253.

[9] 柴省三. 蕴涵量表法在 HSK 阅读理解测验公平性研究中的应用 [J]. 考试研究，2012 (5)：53—61.

[10] 柴省三. 汉语水平考试（HSK）复本测验稳定程度的历时性研究 [J]. 现代语文，2012 (2)：123—127.

[11] 柴省三. 面向社会的语言测试 [G] //教育部语言文字信息管理司. 中国语言生活状况报告 2011. 北京：商务印书馆，2012.

[12] 柴省三. 汉语水平考试（HSK）阅读理解测验公平性研究 [J]. 语言文字应用，2013 (4)：107—116.

[13] 柴省三. 中国汉语水平考试（HSK）远程 CAT 阅读测试模式研究 [J]. 中国远程教育，2013 (6)：81—96.

[14] 柴省三. 计算机自适应性语言测试的智能选题方法研究 [J]. 中国教育信息化，2014 (8)：81—85.

［15］柴省三．汉语水平考试（HSK）考生信息资源库的建设与应用［J］．语言教学与研究，2014（4）：32—40．

［16］柴省三．阅读理解考试篇章数量与题目数量拟合度研究［J］．中国考试，2014（5）：3—11．

［17］柴省三．基于概化理论和边际效用递减法则的测验长度研究［J］．考试研究，2014（1）：48—55．

［18］柴省三．中美留学生语言测试体系比较研究［J］．中国考试，2015（5）：39—46．

［19］董圣鸿，马世晔．三种常用DIF检测方法的比较研究［J］．心理学探新，2001，21（1）：43—48．

［20］方乐．跨境高等教育背景下的质量保障［J］．中国高等教育评估，2005（4）：23—36．

［21］谷思义，漆书青，赖民．中学英语水平计算机自适应测试系统的研制报告［J］．外语电化教学，1990（3）：5—6．

［22］国家汉办/孔子学院总部．新汉语水平考试大纲（HSK五级）［M］．北京：商务印书馆，2010．

［23］郭树军．HSK阅读理解试题的设计［C］//刘英林．汉语水平考试（HSK）研究．北京：现代出版社，1989．

［24］郭志刚．社会统计分析方法——SPSS软件应用［M］．北京：中国人民大学出版社，1999．

［25］黄春霞．汉语水平考试［HSK（初中等）］试题中的DIF检验［D］．北京：北京语言大学，2004．

［26］黄大勇，金桂林．语言测试对教学的反拨作用［J］．西南交通大学学报：社会科学版，2001（2）：107—110．

［27］黄理兵，郭树军．HSK阅读理解试题的语料和命题［J］．世界汉语教学，2008（2）：135—144．

［28］黄勇，李小萌．构建来华留学生高等教育质量监控体系的大探讨［J］．外国留学生工作研究，2008（4）：13—16．

［29］简小珠，张敏强，彭春妹．计算机自适应性测验的测试流程与测试技术［J］．教育测量与评价，2011（12）：9—14．

［30］教育部国际合作与交流司．2011来华留学生简明统计［R］．北京：中

华人民共和国教育部，2012.

[31] 孔文. 英语专业四级考试阅读任务效度研究 [M]. 北京：中国社会科学出版社，2009.

[32] 李联明，吕浩雪. 高等教育国际化进程中制约国际学生流向的主要因素 [J]. 比较教育研究，2004 (6)：71—75.

[33] 李鸣. 对合理确定考试题量的探讨 [J]. 韶关大学学报，1995 (2)：43—47.

[34] 李盛兵. 大学国际化评价指标体系初探 [J]. 华南师范大学学报，2005 (6)：113—116.

[35] 李燕. 对外汉语教学形成性课堂评估探析 [J]. 鲁东大学学报：哲学社会科学版，2009 (5)：30—33.

[36] 李铁群. 关于发展我国来华留学生教育的几点思考 [J]. 中国高教研究，2012 (9)：27—29.

[37] 刘清伟，张学高，等. 卫生专业技术资格考试测试长度科学性实证研究 [J]. 中国考试，2010 (4)：50—54.

[38] 刘英林. 汉语水平考试研究（续集）[M]. 北京：现代出版社，1994.

[39] 鹿士义. 汉语水平考试（HSK）的 DIF 研究 [D]. 南京：南京师范大学，2004.

[40] 罗贵明. 未来测验新趋势——计算机自适应测验 [J]. 沈阳大学学报，2007 (4)：9—11.

[41] 马瑞. 阅读理解测试中的难度因素探索 [J]. 英语教师，2012 (3)：57—62.

[42] 亓鲁霞. 不确定判断与阅读多选题的策略 [J]. 中国考试，2008 (7)：9—16.

[43] 漆书青. 现代教育测量理论在考试中应用 [M]. 武汉：华中师范大学出版社，2003.

[44] 漆书青，戴海崎，丁树良. 现代教育与心理测量学原理. [M]. 北京：高等教育出版社，2002.

[45] 任杰. 在 HSK 考试中如何保证试题的公平性 [J]. 汉语学习，2002 (3)：66—69.

[46] 任杰，谢小庆. 中国少数民族考生与外国考生 HSK 成绩的公平性分析

[J]. 心理学探新，2002，22（2）：51—56.

[47] 史明. 留学生（本科）入学考试制度的改革与探索 [J]. 中国大学教学，2005（3）：41—42.

[48] 唐进. 计算机化语言测试题库与 CET4 的对比实验研究 [J]. 外国语言文学，2011（1）：32—37.

[49] 王保军. 心理测验的效度与长度的关系探析 [J]. 唐山师范学院学报，2005（6）：92—93.

[50] 王海军. 多项选择、填空与问答式阅读题型的效标关联效度对比研究 [J]. 西安外国语大学学报，2012（4）：80—83.

[51] 王佶旻. 语言测试概论 [M]. 北京：北京语言大学出版社，2011.

[52] 王建勤. 第二语言习得研究 [M]. 北京：商务印书馆，2009.

[53] 汪顺玉，席仲恩. 复杂结构语言试卷信度的多元概化理论分析——以 CET—6 数据为例 [J]. 重庆大学学报，2008（6）：130—135.

[54] 巫华芳. 计算机化自适应测验系统的设计与实现 [J]. 科技广场，2011（1）：111—113.

[55] 吴瑞林，王连晓. 基于固定路径的 CAT 的阅读和听力测验 [J]. 中国考试，2010（12）：18—24.

[56] 夏青. 来华留学生入学考试制度改革探析 [J]. 高等理科教育，2011（3）：53—56.

[57] 谢小庆. 汉语水平考试的分数体系 [C] //北京语言学院汉语水平考试中心. 首届汉语考试国际学术讨论会论文选. 北京：北京语言学院出版社，1995.

[58] 谢小庆. 考试公平的三种含义 [C] //谢小庆，张晋军主编. 考试研究文集. 北京：经济科学出版社，2006.

[59] 谢小庆，李航. 关于 HSK（初中等）长度适当性的研究 [J]. 语言教学与研究，1999（1）：44—49.

[60] 熊春明，吴瑞. 纸笔测验和计算机自适应测验的比较研究 [J]. 计算机与现代化，2006（9）：28—35.

[61] 熊丽萍. 公开考试中表现性评价信度和效度之研究 [D]. 广州：华南师范大学，2007.

[62] 杨惠中，C. Weir. 大学英语四、六级考试效度研究 [M]. 上海：上

海外语教育出版社，1999.

[63] 杨建原，柏桧，赵守盈. 计算机自适应性测验开发的程序研究 [J]. 中国考试，2012 (3)：3—7.

[64] 杨阳，柴省三. 语言测试构想效度与公平性之关系解析 [J]. 湖北招生考试，2012 (3)：65—70.

[65] 杨翼. 对外汉语教学测试与评估的历史演变与发展趋势 [J]. 中国考试，2008 (4)：45—50.

[66] 杨志明，张雷. 用多元概化理论对普通话的测试 [J]. 心理学报，2002 (1)：50—55.

[67] 杨志明，张雷. 测评的概化理论及其应用 [M]. 北京：教育科学出版社，2003.

[68] 姚玲. 试述研究型大学与培养高层次来华留学生 [M]. 北京：北京语言大学出版社，2008.

[69] 于富增. 改革开放 30 年的来华留学生教育 [M]. 北京：北京语言大学出版社，2009.

[70] 曾秀芹，孟庆茂. 项目功能差异及其检测方法 [J]. 心理学动态，1999，7 (2)：41—47.

[71] 张厚粲，刘昕. 考试改革与标准参照测验 [M]. 沈阳：辽宁教育出版社，1992.

[72] 张慧君. 国际化进程中来华留学生教育质量的提升 [J]. 中国高等教育，2007 (24)：61—66.

[73] 张凯. 标准参照测验理论研究 [M]. 北京：北京语言文化大学出版社，2002.

[74] 张昆仑. 边际效用递减规律新探 [J]. 现代财经，2004 (4)：8—10.

[75] 张敏强，刘淑桢，黎光明. 概化理论在英语阅读精确性研究中的应用 [J]. 教育测量与评价，2010 (5)：4—8.

[76] 赵桂. “托福”考试的变更和外语教学的改革 [J]. 北京第二外国语学院学报，1995 (1)：87—89.

[77] 赵琪凤. 高级汉语口语测验两种评分标准的信度比较 [J]. 考试研究，2011 (4)：54—60.

[78] 赵世明. 资格认证测验的信度估计极其特征分析 [J]. 心理学探新，

2006（3）：84－87.

［79］郑向荣. 制约来华留学生教育发展的因素探析［J］. 教育导刊，2005（2）：49－50.

［80］郑向荣. 对当前扩大来华留学生教育规模的思考［J］. 教育探索，2010（8）：83－85.

［81］中国高等教育分会外国留学生教育管理分会. 来华留学教育管理研究［M］. 北京：北京语言大学出版社，2010.

［82］邹申. 提高考试公平性——以英语专业四级、八级考试为例［J］. 外语测试与教学，2011（1）：42－50.

［83］Ackerman，P. L. & Kanfer，R. Test Length and Cognitive Fatigue：An Empirical Examination of Effects on Performance and Test-Taker Reactions［J］. *Journal of Experimental Psychology*，2009，15（2）：163－181.

［84］Aiken，L. R. 2003. Psychological Testing and Assessment［M］. London：Pearson Education，Inc. 2003.

［85］Alderman，D. & Holland，P. Item performance across native language groups on the TOEFL（TOEFL Research Rep. No. 9）. Princeton：Educational Testing Service，1981.

［86］Alderson，J. C. Assessing Reading［M］. Cambridge：Cambridge University Press，2000.

［87］Alderson，J. C. & Urquhart，A. This test is unfair：I'm not an economist［G］//C. Hauptman，R. LeBlanc，& M. B. Wesche（Eds.）. Second language performance testing. Ottawa：University of Ottawa Press，1985：15－24.

［88］Alsawalmeh，Y. M. & Feldt，L. S. Testing The Equality of Independent Alpha Coefficient Adjusted for Test length［J］. *Educational and Psychological Measurement*，1999，59（3）：373－383.

［89］American Educational Research Association（AERA），American Psychological Association（APA），& National Council on Measurement in Education（NCME）. Standards for Educational and Psychological Testing［S］. Washington，D. C：American Psychological Association，1985.

［90］American Educational Research Association（AERA）. American Psychological Association（APA），& National Council on Measurement in Education

(NCME). Standards for Educational and Psychological Testing [S]. Washington, D. C. : American Educational Research Association, 1999.

[91] American Educational Research Association (AERA). American Psychological Association (APA) & National Council on Measurement in Education (NCME). Standards for Educational and Psychological Testing [S]. Washington, D. C: American Psychological Association, 2014.

[92] Anderson, N. J. Exploring Second Language Reading: Issues and Strategies [M]. Heinlein: Thomson Learning, 1999.

[93] Bachman, L. F. Fundamental Considerations in Language Testing [M]. Oxford: Oxford University Press, 1990.

[94] Bachman, L. F. , & Palmer, A. S. Language Testing in Practice [M]. Oxford: Oxford University Press, 1996.

[95] Bachman, L. F. & Savignon, S. J. The evaluation of communicative language proficiency: a critique of the ACTFL Oral Interview [J]. *The Modern Language Journal*, 1986, 70 (4): 380—390.

[96] Baharloo, A. Test fairness in traditional and dynamic assessment [J]. *Theory and Practice in Language Studies*, 2013, 3 (10): 1930—1938.

[97] Bailey, K. M. Working for washback: a review of the washback concept in language testing [J]. *Language Testing*, 1996, 13 (3): 257—279.

[98] Bell, R. & Lumsden, J. Test Length and Validity [J]. *Applied Psychological Measurement*, 1980, 4 (2): 165—170.

[99] Berk, R. A. Selecting the index of reliability [C] // In R. A. Berk (Ed.), A guide to criterion-referenced test construction. Baltimore, New York: Johns Hopkins University Press, 1984.

[100] Bernhardt, E. B. Understanding Advanced Second-Language Reading [M]. New York: Taylor & Francis Group, 2011.

[101] Bolus, R. E. , Hinofotis, F. B. & K. M. Bailey. An introduction to generalizability theory in second language research [J]. *Language Learning*, 1982, 32 (2): 245—258.

[102] Brown, A. The role of test taker feedback in the test development process: Test takers' reactions to a tape-mediated test of proficiency in spoken

Japanese [J]. *Language Testing*, 1993, 3 (10): 277—301.

[103] Brown, J. D. The relative importance of persons, items, subtests and languages to TOEFL test variance [J]. *Language Testing*, 1999, 2 (16): 217—238.

[104] Brown, J. D. & Hudson, T. Criterion-referenced Language Testing [M]. Cambridge: Cambridge University press, 2002.

[105] Brown, J. D. & Ross, J. A. Decision dependability of item types, sections, tests, and the overall TOEFL test battery [C] //Milanovic, M. & N. Saville (Eds.). *Performance testing, cognition and assessment*. Cambridge, UK: Cambridge University Press, 1996: 231—265.

[106] Bruce, B. & Jeffrey, L. T. The law of demand versus diminishing marginal utility [J]. *Review of Agricultural Economics*, 2006, 28 (2): 262—271.

[107] Buck, G. & Tatsuoka, K. Application of the rule-space procedure to language testing: examining attributes of a free response listening test [J]. *Language Testing*, 1998, 15 (2): 119—157.

[108] Burisch, M. You don't always get what you pay for measuring depression with short and simple versus long and sophisticated scales [J]. *Journal of Research in Personality*, 1984, 18 (1): 81—98.

[109] Burisch, M. Test length and validity revisited [J]. *European Journal of Personality*, 1997, 11 (4): 303—315.

[110] Camilli, G. C. & Shepard, L. A. Methods for Identifying Biased Test Items [M]. California: SAGE Publications, Inc. 1994.

[111] Chalhoub-Deville, M. Issues in Computer-adaptive Testing of Reading Proficiency [M]. Cambridge: Cambridge University Press, 1999.

[112] Chalhoub-Deville, M & Deville, C. Computer adaptive testing in second language contexts [J]. *Annual Review of Applied linguistics*, 1999 (19): 273—299.

[113] Chang, H. H., Mazzeo, J. & Roussos, L. Detecting DIF for Polytomously Scored Items: An Adaptation of the SIBTEST Procedure [J]. *Journal of Educational Measurement*, 1996, 33 (3): 333.

[114] Chen, Z. & Henning, G. Linguistic and cultural bias in language proficiency tests [J]. *Language Testing*, 1985, 2 (2): 155—163.

[115] Clapham, C. M. The Development of IELTS: a Study of the Effect of Background Knowledge on Reading Comprehension [M]. Cambridge: Cambridge University Press, 1996.

[116] Cleary, T. A. Test bias: Prediction of grades Negro and white students in integrated colleges [J]. *Journal of Educational Measurement*, 1968, 2 (5): 115—124.

[117] Cohen, A. D. & Upton, T. A. Strategies in responding to the new TOEFL reading tasks [R]. *TOEFL Research Report* (*No. RR*—06—06). Princeton: Educational Testing Service, 2006.

[118] Cohen, J. A. A coefficient of agreement for nominal scales [J]. *Educational and Psychological Measurement*, 1960, 20 (1): 37—46.

[119] Cohen, J. A. Weighed Kappa: Nominal Scale Agreement with Provision for Scaled Disagreement or Partial Credit [J]. *Psychological Bulletin*, 1968, 70 (4): 213—220.

[120] Coscarelli, W. & Shrock, S. The two most useful approach to estimating criterion-referenced test reliability in a single test administration [J]. *Performance Improvement Quarterly*, 2002, 15 (4): 74—85.

[121] Cronbach, L. J. Construct Validation after Thirty Years [C] //R. E. Linn (Ed.), Intelligence: Measure, Theory, and Public Policy. Urbana: University of Illinois Press, 1982.

[122] Cronbach, L. J., Gleser, G. C., Nanda, H. & Rajaratnam, N. *The Dependability of Behavior Measurement: Theory of Generalizability for Scores and Profiles* [M]. New York: Wiley, 1972.

[123] Davey, B. Factors affecting the difficulty of reading comprehension items for successful and unsuccessful readers [J]. *Journal of Experimental Education*, 1988, 56 (2): 67—76.

[124] Davies, A., Brown, A., Elder, C., Hill, K., Lumley, T. & McNamara, T. Dictionary of Language Testing [M]. Cambridge: Cambridge University Press, 1999.

[125] Dorans, N. J. Two new approaches to assessing differential item functioning: standardization and the Mantel-Haenszel method [J]. *Applied Measurement in Education*, 1989, 2 (3): 217—233.

[126] Dorans, N. J. & Kulick, E. M. Assessing unexpected differential item performance of female candidates on SAT and TSE/TWE forms administered in December 1977: An application of the standardization approach (ETS Research Report RR—88—9) [R]. Princeton: Educational Testing Service, 1977.

[127] Dorans, N. J. & Kulick, E. M. Demonstrating the utility of the standardization approach to assessing unexpected differential item performance on the Scholastic Aptitude Test [J]. *Journal of Educational Measurement*, 1986, 23 (4): 355—368.

[128] Edwards, G., Carmines, R. & Zeller A. Reliability and Validity Assessment [M]. Newbury Park: SAGE publications, Inc., 1979.

[129] Eells, K., A. Davies, R. J. Havighurst, V. E. Herrick, & Tyler, R. W. Intelligence and Cultural Differences [M]. Chicago: University of Chicago Press, 1951.

[130] Emons, W. H. M. & Sijtsma, K. 2012. Test length and decision quality in personnel selection: when is short too short [J]. *International Journal of Testing*, 2012, 12 (4): 321—344.

[131] Ferdman, B. M. Affirmative action and the challenge of the color-blind perspective [G] //F. A. Blanchard & F. J. Crosby [C] (Eds.), Affirmative action in perspective. New York: Springer-Verlag., 1989: 169—176.

[132] Feyten, C. The power of listening ability: An overlooked dimension in language acquisition [J]. *The Modern Language Journal*, 1991, 75 (ii): 173—180.

[133] Fitzpatrick, A. R. & Yen, W M. The effects of test length and sample size on the reliability and equating of tests composed of constructed-response items [J]. *Applied Measurement in Education*, 2001, 14 (1): 31—57.

[134] Fox, J. From products to process: An ecological approach to bias detection [J]. *International Journal of Testing*, 2003 (3): 21—47.

[135] Freedle, R. & Kostin, I. The prediction of TOEFL reading item dif-

ficulty: implication for construct validity [J]. *Language Testing*, 1993, 10 (2): 133—170.

[136] Frey, A. & Seitz, N. 2011. Hypothetical use of multidimensional Adaptive testing for the assessment of student achievement in the programme for international student assessment [J]. *Educational and Psychological Measurement*, 2011, 71 (3): 503—522.

[137] Fulcher, G. Practical Language Testing [M]. London: Hodder Education, 2010.

[138] Gaver, D. & Jacobs, P. A. Methodology for an Operationally-Based Test Length Decision [R]. Monterey: Report Documentation Page, Performing Organization Report Number: NPS—OR—97—015, 1997.

[139] Geranpayeh, A. & Kunnan, A. J. Differential Item Functioning in Terms of Age in the Certificate in Advanced English Examination [J]. *Language Assessment Quarterly*, 2007, 4 (2): 190—222.

[140] Glaser, R. & Klaus, D. J. Proficiency measurement: assessing human performance [G] //R. M. Gagne (Ed.), Psychological principles in systems development. New York: Holt Rinehart & Winston, 1962.

[141] Glaser, R. & Nitko, A. Measurement in Learning and Instruction [A]. In: R. L. Thorndike, editor. Educational Measurement [M]. Washington: American Council on Education, 1971.

[142] Gossen, H. H. The Laws of Human Relations and the Rules of Human Action [M]. Cambridge: Massachusetts Institute of Technology Press, 1983.

[143] Gray, W. M. A comparison of Piagetian theory and criterion-referenced measurement [J]. *Review of Educational Research*, 1978, 48 (2): 223—249.

[144] Greer, T. G. Detection of differential item functioning (DIF) on the SATV: A comparison of four methods: Mantel-Haenszel, logistic regression, simultaneous item bias, and likelihood ratio test, Dissertation Abstracts International Section A [J]. *Humanities and Social Sciences*, 2004, 65 (2—A): 410.

[145] Ground, N. E. & Waugh, C. K. Assessment of Student Achievement

[M]. Upper Saddle River: Pearson Education, Inc. , 2009.

[146] Hale, G. A. Student major field and text content: Interaction effects on reading comprehension in the test of English as foreign language [J]. *Language Testing*, 1988, 5 (1): 49—61.

[147] Hambleton, R. K. The rise and fall of criterion referenced measurement [J]. *Educational Measurement: Issues and Practice*, 1994, 13 (4): 21—26.

[148] Hambleton, R. K. & Rogers, H. J. Detecting potentially biased test items: Comparison of IRT area and Mantel-Haenszel methods [J]. *Applied Measurement in Education*, 1989, 2 (4): 313—334.

[149] Hambleton, R. K. , Swaminathan, H. , Algina, J. & D. B. , Coulson. Criterion-referenced testing and measurement: A review of technical issues and developments [J]. *Review of Educational Research*, 1978, 48 (1): 1—47.

[150] Hatch, E. & Lazaraton, A. The Research Manual: Design and Statistics for Applied Linguistics [M]. Boston: Heine & Heine Publishers, 1991.

[151] Henning, G. H. et. al. Comprehensive Assessment of Language Proficiency and Achievement among Learners of English as a Foreign Language [J]. *TESOL Quarterly*, 1981, 15 (4): 457—66.

[152] Hogan, T. P. , Benjamin, A. & Brezinski, K. L. Reliability methods: A note on the frequency of use of various types [J]. *Educational Measurement*, 2000, 60 (4): 523—531.

[153] Holland, P. W. & Thayer, D. T. Differential Item Functioning and the Mantel-Haenszel Procedure [G] //H. Wainer & H. I. Braun (Eds.), Test Validity. Hillsdale: Lawrence Erlbaum Associates, 1988.

[154] Holmes, F. The MIMIC model as a method for detecting DIF: Comparison with Mantel-Haenszel, SIBTEST, and the IRT likelihood ratio [J]. *Applied Psychological Measurement*, 2005, 29 (4): 278—295.

[155] Horie, M. The internationalization of higher education in Japan in the 1990s: A reconsideration [J]. *Higher Education*, 2002, 43 (1): 65—84.

[156] Hunter, B. & Lee, Y. Investigating Uniform and Non-Uniform Gender DIF in Computer-based ESL Writing Assessment [J]. *Applied Measurement*

in Education, 2007, 20 (4): 377—403.

[157] Jamie, M. UK told to raise language bar for foreign students [J]. *Times Higher Education Supplement*, 2006 (1774): 1—3.

[158] Jamieson, J. Trends in computer-based second language assessment [J]. *Annual Review of Applied Linguistics*, 2005 (25): 228—242.

[159] Johnson, P. English language proficiency and academic performance of undergraduate international students [J]. *TESOL Quarterly*, 1988, 22 (1): 164—168.

[160] Johnston, P. Prior knowledge and reading comprehension test bias [J]. *Reading Research Quarterly*, 1984, 19 (2): 219—239.

[161] Kalsoom, B. B. Foreign Affairs of China in Higher Education and Issues of International Students in China [J]. *Journal of Studies in Education*, 2011, 2 (1): 114—130.

[162] Kane, M. T. Validity and Fairness [J]. *Language Testing*, 2010, 27 (2): 177—182.

[163] Khalif, H. & Weir, C. J. Examining Reading: Research and Practice in Assessing Second Language Reading [M]. Cambridge: Cambridge University Press, 2009.

[164] Kim, Y. & Jang, E. Differential Functioning of Reading Subskills on the OSSLT for L1 and ELL Students: A Multidimensionality Model-Based DBF/DIF Approach [J]. *Language Learning*, 2009, 59 (4): 825—865.

[165] Koh, M. Y. The role of prior knowledge in reading comprehension [J]. *Journal of Reading in a Foreign Language*, 1985, 3 (1): 375—380.

[166] Kunnan, A. J. DIF in native language and gender groups in an ESL placement test [J]. *TESOL Quarterly*, 1990, 24 (4): 741—746.

[167] Kunnan, A. J. The author responds to comments on Kunnan [J]. *TESOL Quarterly*, 1992, 26 (3): 598—602.

[168] Kunnan, A. J. Test fairness [C] //Milanovic & Weir (Eds.), European Year of Language Conference Papers. Cambridge: Cambridge University Press, 2004: 27—48.

[169] Lee, G. The influence of several factors on reliability for complex

reading comprehension testlets [J]. *Journal of Measurement*, 2002, 39 (2): 149—164.

[170] Lee, J. F. Background knowledge and L2 reading [J]. *Modern Language Journal*, 1986, 70 (2): 350—354.

[171] Linn, R. L. , Levine, M. V. , Hastings, C. N. & Wardrop, J. L. Item bias in a test of reading comprehension [J]. *Applied Psychological Measurement*, 1981, 5 (2): 159—173.

[172] Livingston, S. A. Criterion-referenced application of classical test theory [J]. *Journal of Educational Measurement*. 1972, 9 (1): 13—26.

[173] Luecht, R. M, Brumfield, T. & Breithaupt, K. A testlet assembly design for adaptive multistage tests [J]. *Applied Measurement in Education*, 2006, 19 (3): 189—202.

[174] Mantel, N. & Haenszel, W. Statistical aspects of the analysis of data from retrospective studies of disease [J]. *Journal of National Cancer Institute*, 1959, 22 (4): 719—748.

[175] McNeil, L. Investigating the contributions of background knowledge and reading comprehension strategies to L2 reading comprehension: an exploratory study [J]. *Reading and Writing*, 2011, 24 (8): 883—902.

[176] Messick, S. Validity [G] //Linn R. L. (Ed.): Educational Measurement. New York: American Council on Education and Macmillan, 1989: 13—103.

[177] Millman J. Passing Scores and Test length for Domain Referenced Tests [R]. Chicago: American Educational Research Association, 1972 (4).

[178] Mosier C. I. A Critical Examination of the Concept of Face Validity [J]. *Educational and Psychological Measurement*, 1947, 7 (2): 191—205.

[179] Nitko, A. J. Defining criterion-referenced-tests [C] //R. A. Berk (Ed.): A Guide to Criterion-referenced Test Construction. Baltimore: Johns Hopkins University Press, 1984: 8—26.

[180] Novick, M. R. & Lewis, C. Coefficient alpha and the reliability of composite measurements [J]. *Psychometrika*, 1967, 32 (1): 1—13.

[181] O'Malley et al. Listening comprehension strategies in second language acquisition [J]. *Applied Linguistics*, 1989, 10 (4): 418—37.

[182] Ormazabal, K. M. The Law of Diminishing Marginal Utility in Alfred Marshall's Principles of Economics [J]. *European Journal of the History of Economic Thought*, 1995, 2 (1): 0967—2567.

[183] Ornstein, A. C. The Striking Contrasts Between Norm-Referenced and riterion-Referenced Tests [J]. *Contemporary Education*, 1991, 62 (4): 287—293.

[184] Ornstein, A. C. Norm-referenced and criterion-referenced tests: An overview [J]. *NASSP Bulletin*, 1995, 77 (555): 28—39.

[185] Oxford, R. L. Language-learning Strategies: What every Language Teacher Should Know [M]. Boston: Heinele & Publishers, 1990.

[186] Pae, T. I. & Park, G. P. Examining the relationship and differential test functioning [J]. Language testing, 2006, 23 (4): 475—496.

[187] Paltridge, B. EAP placement testing: An integrated approach [J]. *English for Specific Purposes*, 1992, 11 (3): 243—268.

[188] Penfield, R. D. & Lam, T. C. M. Assessing item bias in performance assessment: Review and recommendations [J]. *Educational Measurement: Issues and Practice*, 2000, 19 (3): 5—15.

[189] Popham, W. J. Educational testing in America: What's right, what's wrong? A criterion-referenced perspective [J]. *Educational Measurement: Issues and Practice*, 1993, 12 (1): 11—14.

[190] Popham, W. J. & Husek, T. R. Implications of criterion-referenced measurement [J]. *Journal of Educational Measurement*, 1969, 6 (1): 1—9.

[191] Richards, J. C . Listening comprehension: approach, design, and procedure [J]. *TESOL Quarterly*, 1983 (7): 219—240.

[192] Rost, M. Listening in Language Learning [M]. London and New York: Longman Publishing Group, 1990.

[193] Roussos, L. & Stout, W. Differential item functioning analysis [C] //D. Kaplan (Ed.), The Sage Handbook for Social Sciences. Newbury Park: Sage Publications, Inc. , 2004: 107—115.

[194] Rover, C. Web-based language testing [J]. *Language Learning & Technology*, 2010, 5 (2): 84—94.

[195] Rupp, A. A. , Ferne, T. & Choi, H. How assessing reading comprehension with multiple-choice questions shaped the construct: a cognitive processing perspective [J]. *Language Testing*, 2006, 23 (4): 441—474.

[196] Sawaki, Y. Comparability of conventional and computerized tests of reading in a second language [J]. *Language Learning & Technology*, 2001, 5 (2): 38—59.

[197] Sawaki, Y. , Stricker, L. & Oranje, A. Factor structure of the TOEFL Internet-based Test (iBT): Exploration in a field trial sample [R]. Educational Testing Service. TOEFL Research Report: 08—09. Revised November 2, 2008, from Http: //www. ets. org/Media Research/pdf/RR—08—09. pdf.

[198] Schulz, E. M. & Wang, L. The Classification Accuracy of Shortened Versus Full Length Tests with Number Correct Scoring [C] // The Annual Meeting of the National Council on Measurement in Education. Seattle: WA. , 2001.

[199] Schwartz, B. The Paradox of Choice: Why More is Less [M]. New York: Harper Perennial, 2005.

[200] Shealy, R. & Stout, W. A model-based standardization approach that separates true bias/DIF from group ability differences and detects test bias/DTF as well as item bias/DIF [J]. *Psychometrika*, 1993, 58 (2): 159—194.

[201] Shepard, L. A. Evaluating Test Validity [J]. *Review of Research in Education*, 1993, 19 (1): 405—450.

[202] Shohamy, E. Does the testing method make a difference? The case of reading comprehension [J]. *Language Testing*, 1984, 1 (2): 147—170.

[203] Shohamy, E. How can language testing and SLA benefit from each other? The case of discourse [C] //In Bachman & Cohen (Eds.), Interfaces Between Second Language Acquisition and Language Testing Research. Cambridge: Cambridge University Press, 1998.

[204] Shohamy, E. & Inbar, O. Validation of listening comprehension tests: the effect of text and question type [J]. *Language Testing*, 1991, 8 (1): 23—40.

[205] Spolsky, B. The Prehistory of TOEFL [J]. Language Testing, 1990, 7 (1): 98—118.

[206] Stout, W. & Roussos, L. 1996. Dimensionality-based DIF/DBF package: SIBTESTm POLY—SIBTEST, CROSSING SIBTEST, DIFSIM, DIF-COMP [Computer software]. Urbana-Champaign, IL: The William Stout Institute for Measurement, 1996.

[207] Swaminathan, H. & Rogers, H. J. Detecting differential item functioning using logistic regression procedures [J]. *Journal of Educational Measurement*, 1990, 27 (4): 361—370.

[208] Swartz, C. W. et al. Using generalizability theory to estimate the reliability of writing scores derived from holistic and analytical scoring methods [J]. *Educational and Psychological Measurement*, 1999, 59 (3): 492—506.

[209] Sherman, J. The effect of question preview in listening comprehension tests [J]. *Language Testing*, 1997 (3): 241—256.

[210] Wainer, H. , Brandlow, E. T. & Wang, X. Testlet Response Theory and its Applications [M]. New York: Cambridge University Press, 2007.

[211] Walker, D. A. The standard error of a proportion for different scores and test length [J]. *Practical Assessment, Research & Evaluation*, 2005, 10 (5): 1—9.

[212] Weir, C. J. Language Testing and Validation: An Evidence-Based Approach [M]. Basingstoke: Palgrave Macmillan, 2005.

[213] Wilcox, R. R. A note on the length and passing score of a mastery test [J]. *Journal of Educational Statistics*, 1976, 1 (4): 359—364.

[214] Wilcox, R. R. 1977. Estimating the likelihood of a false-positive or a false-negative decision with a mastery test: An empirical Bayesian approach [J]. *Journal of Educational Statistics*, 1977 (2): 289—307.

[215] Wilcox, R. R. On false-positive and false-negative decisions with a mastery test [J]. *Journal of Educational Statistics*, 1979, 4 (1): 59—73.

[216] Willingham, W. W. A systematic view of test fairness [C] //Messick, S. (Ed.), Assessment in higher education: Issues in access, quality, student development, and public policy. Mahwah: Lawrence Erlbaum, 1999:

213—242.

[217] Willingham, W. W. & Cole, N. Gender and Fair Assessment [M]. Mahwah: Lawrence Erlbaum Associates, 1997.

[218] Yang, M. Computer-Adaptive Testing of ESL Reading Proficiency [J]. *Read and Write Periodical*, 2011 (3): 10—11.

[219] Zeidner, M. Are English language aptitude tests biased towards culturally different minority groups? Some Israeli findings [J]. *Language Testing*, 1986, 3 (1): 80—95.

[220] Zhang, S. Investigating the relative effects of persons, items, sections, and languages on TOEIC score dependability [J]. *Language Testing*, 2006, 23 (3): 351—369.

[221] Zieky, M. Fairness Reviews in Assessment [C] //Handbook of Test Development. New Jersey: Lawrence Erlbaum Associates, 2006.

[222] Zumbo, B. D. A handbook on the theory and methods of differential item functioning: logistic regression modeling as a unitary framework for binary and Likert-Type (ordinal) item scores. Ottawa: Directorate of Human Resources Research and Evaluation [E], Department of National Defense, 1999.

[223] Zumbo, B. D. Three Generations of DIF Analysis: Considering Where It Has Been, Where It is now, and Where It is going [J]. *Language Assessment Quarterly*, 2007, 4 (2): 223—33.

致　谢

书稿付梓之际，我首先要特别感谢北京语言大学汉语进修学院院长邢红兵教授多年以来在学术研究方面给予的鼓励、指点和学习等全方位的帮助，感谢北京语言大学前校长崔希亮教授，北京语言大学副校长张旺熹教授任职汉语水平考试中心期间在学术规划、研究方面给予的关心与帮助，感谢杭州师范大学李庆本教授（曾任职北京语言大学）在外文研究文献购置方面给予的慷慨相助，感谢北京师范大学张维佳教授（曾任职北京语言大学）针对本人在学术研究过程中遇到的困惑给予的指点，感谢北京语言大学科研处处长聂丹教授在书稿技术处理方面给予的中肯、实用的建议，感谢北京语言大学汉语考试与教育测量研究所所长王佶旻教授多年以来在研究条件、研究资源等方面提供的各种便利，感谢北京语言大学原汉语水平考试中心的历任领导、所有同事在学术研究方面给予的各种形式的关心和支持，感谢国家社科基金重大项目“汉语文本可读性测评和分级的跨学科研究”（项目批准号：17ZDA305）首席专家、北京语言大学对外汉语研究中心江新教授在学术研究方面提供的指导与帮助。

最后，我还要由衷地感谢对外经济贸易大学出版社各位编辑老师在本书的编辑、出版过程中提出的宝贵修改建议以及付出的辛勤劳动。感谢我的研究生们在长期的教学相长、良性互动过程中为我提供的宝贵的自我完善动力与难得的学习机会。感谢我的研究生赵毅、蔡江坪、李运英、师盼瑶和赵文文等同学在本书参考文献的整理及校对过程中提供的无私帮助。

柴省三

2018 年 6 月于北京